[完全版]

毒になる親

スーザン・フォワード

玉置 悟●訳

DR. SUSAN FORWARD

TOXIC PARENTS

OVERCOMING THEIR HURTFUL LEGACY AND RECLAIMING YOUR LIFE

毎日新聞出版

完全版刊行によせて

『毒になる親』単行本の初版が毎日新聞社出版局（当時）から刊行されたのは、今から二十二年前の一九九九年三月末のことでした。その二年後の二〇〇一年には内容を少し短くした文庫版も他社から発売になり、それ以来、『毒になる親』は単行本、文庫ともに版を重ねてきました。

それから十年以上過ぎてからでしょうか、いつだれが言い出したのかはわかりませんが、〝毒親〟なる言葉が生まれ、今ではその言葉の由来が本書であることを知らなくてもその言葉を知らない人はいないほどになっているそうです。この現象は、程度の違いこそあれ、親による子供に対するさまざまな虐待がそれほど蔓延していたことを示してはいないでしょうか。

こうしたいきさつを経て、今も『毒になる親』は単行本、文庫版とも多くの方々に読み続けられています。この状況を受けて、このたび毎日新聞出版から「完全版」が刊行される運びとなりました。

日本で出版されるほとんどの訳書は、多かれ少なかれ原書より短くなっています。その理由は、ほとんどの原書はページ数も一ページの行数も日本の本よりずっと多く、しかも本のサイズも大判のため文章の量が多く、すべてを日本語に置き換えると非常に分厚い本になってしまうからです。日本では分厚い本は敬遠される傾向が強く、多くの人に読んでもらえません。

そのため多くの訳書は部分的に省略したり、描写を短くするなどして短縮が行われています。また原文通りに日本語にするとかえってわかりにくい文章になってしまうこともあり、そういう箇所では意訳が行われます。内容をよく知ってもらうには詳しく書かねばならないのですが、その一方で訳書には全体を縮めなければならないというジレンマが常につきまとっているのです。

この事情は『毒になる親』でも同じで、旧バージョンでは全体を三〇〇ページ程度に収めるため、部分的な省略や、場所によっては大幅な意訳を行うことで短縮を行いました。解説の部分は短くしたくなかったので、短縮はおもに実例として載せられているエピソードを端折ることでページ数を調整しました。文庫版ではさらに短くする必要があり、残念ながら一つの章を丸ごとカットしなければならなかったほか、さらに圧縮を行いました。

そこでこの完全版では、旧バージョンで短くしたところをオリジナル通りに書き直し、それ以外のところも文章を改めるなど手を加えました。ページ数はだいぶ増えてしまいましたが、省略や意訳により短縮した部分を復活させたことで、オリジナルの内容をさらに詳しくお伝えできたのではないかと期待しています。三十年前に書かれたこの本がいまだに輝きを失っていないのは、著者がいかに被害者の苦しみを深く理解し、問題の根源を正しくとらえ、正しい解決法を示しているかのあらわれです。今やこのテーマの古典となった本書が、この完全版の刊行をきっかけに今後も末永く読み続けられることを願っています。

なお、子供時代に親に苦しめられてつらい思いをして育った人は、本書の前半を読んでいくうちに過去の苦しみが心のなかに再現され、精神状態が不安定になることがあるかもしれません。もしそうなっても、それはまったく正常な反応です。しかしあまり苦しいようでしたら読むペースを落とし、気分転換などをして休みを入れながら少しずつ進んで下さい。そのような反応は専門家による心理治療でも起きるのが普通であり、本書の十二章で説明されているように、わき起こる感情をじっくり感じ取りながらその状態を通り過ぎることが治療のプロセスになるのです。もし強い怒りや悲しみのために先に進めないような場合は、資格のある心理セラピストに相談されることをお勧めします。

玉置　悟

毒になる親　完全版

目次

七章　性的な行為をする親……子供への究極の裏切り――179

毒になる親

完全版

はじめに

「そりゃあ、子供のころ親父にはよくぶたれたけど、それは僕が間違った方向にいかないようにしつけるためだったんですよ。そのことと、僕の結婚が破綻したことが、いったいどう関係あるんですか」

そう言ったのは、腕がいいことで評判の三十八歳になる整形外科医だった。彼は六年間一緒に暮らした妻に出ていかれ、私のところにカウンセリングを受けにきていた。なんとかして妻には戻ってほしいのだが、彼女のほうは彼がかんしゃく持ちの性格をなおさない限り絶対に戻らないと言っているという。彼女は、彼が腹を立てると突然怒りを爆発させることに怯え、しかも情け容赦もなくののしるのにはもう疲れきっていた。彼は自分がかんしゃく持ちで時として口やかましくなることはわかっているが、まさかそのために彼女が出ていくとは思わなかったという。

私は彼自身のことについて質問しながら面談を進めていった。両親についてたずねると、彼は微笑み、著名な心臓外科医だという父親について誇らしげに語った。彼の話によると、父はすべての患者から聖人のように慕われている素晴らしい人物で、その父がいなかったら彼は医師にならなかっただろうという。

私はつぎに、その父との現在の関係はどうかとたずねてみた。彼はちょっと落ちつかなげに笑った。最近、整形外科をやめて自然療法などの分野に進むことを考えていると言ったところ、父は激怒し、それ以来、話をするたびに言い争いになるのだという。自然療法は正統的な西洋医学の世界ではいわゆる主流とはみなされておらず、彼の父はそのようなものの価値をまったく認めていなかった。つい前日にもその話がまたむしかえされ、怒った父は、彼のような人間は一家の一員とは見なさないと宣言したという。それで彼は非常に傷ついた。

彼が語った父親の姿は、明らかに彼が主張するほど素晴らしい人物のものではなかった。私は彼が父親について話している時に、両手の指を組んだり離したりして非常に落ちつかないことに気がついた。

父親はいつもそのように独裁的なのかとたずねると、彼は答えた。

「そんなことはないんですよ。父はよく大声でわめいたり怒鳴ったりしたし、子供のころにはたたかれたこともよくあったけど、でもそれはどこの家でもあることでしょう。父が特に独裁的だったとは思いません」

私はその時、「たたかれた」と言った時の彼の声が微妙に変化したことに気づいた。そこで私はたたかれた時の状況についてさらに詳しくたずねてみた。彼ははじめあいまいに受け答えしていたが、しばらく話しているうちに、子供のころにはなんと週に二、三回はベルトでたたかれていたということがわかったのである。ちょっと口答えしたり、学校で悪い成績を取ったり、なにかすべきことを忘れたりしただけで、父の罰を受けるには十分だった。たたかれる場所は決まっておらず、背中、脚、腕、手、おしりなど、その時によってまちまちだったという。

私はつぎに、たたかれた時にはどれくらいの傷になったのかと聞いてみた。ケガをするほどひどいことはなかったと彼は答え、父親がたたいたのは息子のためを思ってのことだったと主張した。さらに私が、そういう時には父親が恐ろしくなかったかとたずねると、怖かったことは認めたものの、なおも父親は息子を矯正しようとしていたのだと言い張った。だが彼はその時、私と目を合わせなかった。そして私がさらに質問を続けていると言葉につまりはじめ、とうとう目に涙がうかんだのが見えた。

私は胃の中に何かが突き上げてくるのを感じた。

彼の抵抗はそこまでだった。その時、彼はひどい苦しみと闘いながらも、長いあいだ心の奥にひそんでいた〝怒り〟の原因が何だったのかを生まれてはじめて認めたのである。これこそ、腹を立てやすい性格の根源だったのだ。彼は子供の時から、自分でもはっきりと意識することのないまま、父親に対するいきどころのない怒りをずっと押さえ込んできた。それはときどき噴火する火山のように、外部からの精神的なプレッシャーが高まると爆発した。そしてその爆発は手近にいる人間ならだれでも構わず向けられ、たいていの場合は妻がその対象となったのだ。

ここまでわかれば、もう彼のすべきことはひとつしかない。この事実を正直に認め、心のなかにいまでも住んでいる「傷ついた少年」を癒すことである。

その晩、私は家に帰ってからも彼のことが頭から離れなかった。親からいかにひどい扱いを受け、みじめな思いをしながら育ったかということをやっと認めた時の、目に涙をためた彼の顔が何度もまぶたの裏にうかんだ。

私はその前から、彼と似たような問題を抱えた数千人の成人男女を長年にわたってカウンセリングしてきた。彼らはみな、いずれも愛情の欠ける親によって子供時代を破壊され、その結果、心にネガティブなパターンをセットされてしまっていた。そして、そのために大人になった現在も日々の生活が大きく影響され、いまだにその心のパターンに人生がコントロールされているという問題に苦しんでいた。

私は思った。世の中には、彼らのほかにも同じような理由で人生がうまくいかず、だがなぜそうなのかがわからずに苦しんでいる人たちは何百万人といるに違いない、と。私が本書を書く気になったのはその時だった。

なぜ過去を振り返る必要があるのか

いまあげた整形外科医の物語は、特にめずらしい話ではない。私はこれまでにもカウンセラーとして、十八年間に（訳注：本書が書かれたのは一九八九年であり、著者はその後も引き続き活動を続けている）数千人の悩める人々を見てきたが、その多くは子供時代に親からしっかりと心を支えてもらった体験がなく、むしろその逆に、日常的に暴力を振るわれたりののしられたりして心を傷つけられ、罪悪感にさいなまされ、あるいは救いようがないほど過保護にされ、そのために心の健全な成長が妨げられて、生きていることに価値を見いだせない苦しみを抱えていた。

　ところがいまあげた整形外科医の例でもわかるように、自分の身に起きている問題や悩みと「親」との因果関係について気づいている人はほとんどいない。これはよくある心理的な盲点なのだ。なぜかといえば、ほとんどの人は、自分の人生を左右している問題の最も大きな要因が親だと考えることには抵抗を感じるからである。

　一方、カウンセラー（心理セラピスト）の取る手法のほうは、かつては被治療者の幼児期からの体験を分析することに多くの比重が置かれていたが、最近の傾向としては〝いま現在〟のことのみに注目し、過去の出来事には触れないまま現在の行動パターンや人間関係や心理機能を改善することに力点が置かれている。治療法がこのように変わってきたおもな理由は、過去にまでさかのぼって体験を分析して行う方法は膨大な時間がかかり、それにともなって被治療者の負担する治療費もかさみ、そのわりには効果がはかばかしくないこともあるからだと考えられる。

　私自身、〝いま現在〟の問題だけに焦点を合わせる短期集中型セラピーの利点はよく認識しており、その方法に異論をとなえるつもりはまったくない。しかし、現在あらわれている症状だけを対象として取り扱う方法は対症療法であり、それだけでは十分でないことは経験から実感している。治療をより確実なものにしようとするなら、どうしたって現在の症状を作り出すもとになっている〝根本原因〟を相手にしなくてはならなくなるのだ。〝いま現在〟の問題に直接取り組むのと同時に、その原因となっている過去のトラウマから本人を切り離す作業を行って、はじめてセラピーは効果的なものになるのである。

この整形外科医はセラピーを通じて怒りをコントロールするテクニックを学ぶ必要があったが、その効果を永続させ、ストレスにさらされた時に安定した精神状態を保てるようになるには、内面から根本的に変わる必要があった。そのためには、やはり子供時代に体験した「心の痛み」にまでさかのぼらねばならなかったのだ。

私たちはだれでも、子供の時に親から心に「感情の種」を植えられる。そしてその「種」は、私たちが成長するとともに芽を出し成長していく。それは、ある親子にとっては「愛情」、「他人を尊重する心」、「独立心」などに成長する「種」であるが、そうでない多くの家庭においては、「恐れる心」、「不安感」、「過剰で不必要な義務感」、「罪悪感」、「いくらやっても不十分な気分」などに成長する種である。

もしあなたが後者に属するひとりなら、本書はきっとあなたの役に立つだろう。あなたの心に植えられた種は、あなたが成長するとともに心のなかに根を張る雑草となり、いまではあなたが夢にも思わなかったような形で人生のさまざまな局面に侵入しているからだ。その雑草はあなたが気づかない間に生え広がって、対人関係や仕事や結婚生活を危うくさせる原因になっているかもしれない。あなたはその雑草のおかげで、ひとりの人間として存在していることへの自信が間違いなく持ちにくくなっているだろう。

本書は、あなたの心のなかの雑草の茂みを見つけだし、それはいったい何なのかを解き明かし、それを根絶するのを助けるために書かれたものである。

「毒になる親」とは

この世に完全な親などというものは存在しない。どんな親にも欠陥はあり、だれでも時にはそれをさらけ出すことはあるものだ。この私自身、自分の子供に対してひどいことをしてしまったことはある。どんな親でも一日二十四時間子供に気を配っていることなど不可能だし、時には大声を張り上げてしまうこともあるだろう。それに、時には子供をコントロールしすぎることもあるだろうし、たまになら、怒ってお尻をたたくことくらいはあるかもしれない。

そういう失敗をしたら親として失格なのかといえば、もちろんそんなことはない。親といえども人間だし、自分自身のことでもたくさん問題を抱えているのが普通なのだ。親子の間に基本的な愛情と信頼感が十分にあれば、たまに親が怒りを爆発させることがあっても子供は大丈夫なものなのである。

ところが世の中には、子供に対するネガティブな行動パターンが執拗に継続し、それが子供の人生を支配するようになってしまう親がたくさんいる。子供に害悪を及ぼす親とは、そういう親のことをいう。

私はそのような親をどう呼んだらいいのかとさんざん考えてみた。そして、さまざまなパターンはあるにせよ、そういうたぐいの親を一言で表現するのにぴったりな言葉はないものかと考えるたびに、頭をよぎったのは、「有毒な」とか「毒になる」という言葉だった。ちょうど公害を引き起こす有毒物質が人体に害を与えるのと同じように、こういう親によって子供の心に加えられる傷はしだいにその子供の全存在にわたって広がり、心を蝕んでいくからである。そして子供が成長するに従い、負わされた苦しみもまた大きくなっていく。このような、成長した後もなお子供を苦しめ続ける、いわば「くり返し継続しつづけるトラウマ」とでも呼べる苦痛の原因となっている親を表現するのに、これ以上ぴったりな言葉があるだろうか？

ところで、いまここで「くり返し継続しつづける」と書いたが、そうでなくてもあてはまる例外が二つだけある。それは身体的な暴力と性的な行為である。これらの場合は、ほんの一回の出来事であっても非常に大きなトラウマとなり得ることから、子供の心には計り知れないネガティブな影響を与えてしまう。

私たちにとって、子育てとは決定的に重要な技術を必要とする仕事のひとつなのだが、残念なことに、ほとんどの家庭においては経験から学んだ勘を頼りに手探りで進んでいかなくてはならないのが実状だ。この分野の研究が進んだのはごく最近のことであり、私たちの親の世代までは、子育ての方法については、ほとんどの場合あまりそれが上手ではなかった人々、つまり彼ら自身の親から学ぶ以外になかったのである。私たちは親が自分を育てたやり方を見て気づかない間に学び、自分に子供ができた時には無意識のうちにその多くを模倣してしまう。こうして世代から世代へと受け継がれてきた子育てのための古いアドバイスには、いまでははっきり言って間違っていると言えるものがたくさんある。「子供はたたいて育てろ」などはそのよい例である。

「毒になる親」は子供の将来にどのような影響を与えるか

「毒になる親」に育てられた子供は、大人になってからどのような問題を抱えることになるだろうか？　子供の時に体罰を加えられていたにせよ、いつも気持ちを踏みにじられ、干渉され、コントロールされてばかりいたにせよ、粗末に扱われていつもひとりぼっちにされていたにせよ、性的な行為をされていたにせよ、残酷な言葉で傷つけられていたにせよ、過保護にされていたにせよ、後ろめたい気持ちにさせられてばかりいたにせよ、いずれもほとんどの場合、その子供は成長してから驚くほど似たような症状を示す。どういう症状かといえば、「ひとりの人間として存在していることへの自信が傷つけられており、自己破壊的な傾向を示す」ということである。そして、彼らはほとんど全員といっていいくらい、いずれも自分に価値を見いだすことが困難で、人から本当に愛される自信がなく、そして何をしても自分は不十分であるように感じている。

「毒になる親」の子供がこのように感じるのは、意識的であれ無意識的であれ、親から迫害を受けた時に、「自分がいけなかったからなのだろう」と感じるためであることが多い。外部の世界から自分を守るすべがなく、生活のすべてを親に依存している小さな子供は、親が怒っているのは自分がなにか〝悪いこと〟をしたからだろうと感じるのが普通である。自分を守ってくれるはずの親が実は信頼できない人間だったなどということは、小さな子供には考えもつかないからだ。

そのような子供は、「罪悪感（なんとなく後ろめたい感じ）」や「自分が不十分な感じ」を心の奥に抱えたまま育っているので、成長して大人になった時にポジティブで落ちついた自己像を持つことが非常に困難になる。自分に対する基本的な自信がなく、生きていくことの価値がなかなか見いだせないようになるのはそのためなのだ。この心のメカニズムは成長後も継続し、人生のさまざまな局面に影響を及ぼすようになっていく。

自分をよく見てみよう

自分の親が「毒になる親」かどうか（すでに亡くなっている場合には、生存中そうだったか）を判断するのは、常にたやすいとは限らない。親との関係がうまくいっていない人はたくさんいるが、それだけの理由でその親が「毒になる親」だとはいえないからだ。なかには、親がひどいのか、それとも自分が繊細すぎるのか、と頭を悩ましている人も多いことだろう。

以下に示すのは、その判断を助けるためのヒントである。これらの質問を読んで不安を感じたり、居心地悪く感じる人もいるかもしれないが、もしそうなっても心配する必要はない。「私の親はどれほど私を傷つけただろうか」などと考えるのは楽しいことではないのが普通だからだ。まして、傷つけられていたことをはっきり認識できる人は、その事実について自分に正直に語るのはつらいのが当然だ。だからもし自分の過去を振り返ってみることが苦痛だったとしても、それはまったく正常な反応である。

以下で「親」と呼んでいるのは、父親でも母親でもどちらでもかまわない。

(1) あなたが子供だった時、

1 あなたの親は、あなたの人間としての価値を否定するようなことを言ったり、ひどい言葉であなたを侮辱したり、ののしったりしたか。あなたを始終批判してばかりいたか。

2 あなたの親は、あなたを叱る時に体罰を加えたか。あなたはベルトやヘアブラシその他のものでぶたれたか。

3 あなたの親は、しょっちゅう酒に酔っていたり、薬物を使用したりしていたか。あなたはその光景を見て、頭が混乱したり、嫌な気がしたり、怖くなったり、傷ついたり、恥ずかしいことだと感じたことがあるか。

4　あなたの親は、いつも精神状態が不安定だったり、体が不調で、そのためにいつもひどくふさぎ込んでいたり、あなたをいつもひとりぼっちにして放っていたか。

5　あなたの親はいろいろな問題を抱えており、そのためにあなたは親の世話をしなければならなかったか。

6　あなたの親は、あなたに対して何か秘密を守らなくてはならないようなことをしたことがあるか。あなたに対して何らかの性的な行為をしたことがあるか。

7　あなたは親を怖がっていることが多かったか。

8　あなたは親に対して腹を立ててもかまわなかったか。それとも、親に対してそういう感情を表現することは怖くてできなかったか。

（2）大人としての現在のあなたは、

1 異性関係を含み、いつも人との関係がこじれたり、いつも相手を踏みにじったり踏みにじられたりして争いになるか。

2 あまり心を開いて人と親しくなりすぎると、その相手から傷つけられたり関係を切られたりすると思うか。

3 たいていいつも、人との関係では悪い結果を予想しているか。人生全般についてはどうか。

4 自分はどんな人間か、自分はどう感じているか、何が望みか、といったことを考えるのは難しいか。

5 本当の自分を知られたら、人から好かれなくなるのではと不安か。

6 何かがうまくいきはじめると心配になってくるか。自分が〝ニセ物〟であることをだれかに見抜かれはしないかと不安になるか。

7　はっきりわかる理由が見あたらないのに、時どき無性に腹が立ったり、なんとなく悲しくなったりすることがあるか。

8　何事も完全でないと気がすまないか。

9　リラックスしたり、楽しく時間を過ごすことが苦手か。

10　まったく悪意はなく、人によくしようと思っているのに、気がつくと「まるで自分の親みたい」に行動をしていることがあるか。

（3）現在のあなたと親との関係

1　あなたの親はいまだにあなたを子供のように扱うか。

2　あなたが人生において決定するおもなことの多くは、親がそれをどう思うだろうかということが基本になっているか。

3 親と離れて暮らしている場合、あなたはこれから親と会うことになっている時や、親と一緒に時間を過ごした後で、精神的、身体的にはなはだしい反応がでるか。

4 あなたは親の考えに反対するのは怖いか。

5 あなたの親は、あなたを威圧したり、罪悪感を持たせたりして、あなたを自分の思うように操ろうとするか。

6 あなたの親は、金銭的なことを利用して、あなたを自分の思うように操ろうとするか。

7 親がどういう気分でいるかはあなたの責任だと思うか。もし親が不幸だとしたら、それはあなたのせいだと思うか。親に幸福感を感じさせるのはあなたの仕事だと思うか。

8 あなたが何をしても親は満足しないと思うか。

9　あなたはいつの日か親が変わってくれる時がくると思っているか。

これらの質問に対するあなたの答えの少なくとも三分の一が「イエス」だったら、本書はあなたの助けになるに違いない。本書で述べられているさまざまなタイプの「毒になる親」のなかには、あなたには直接関係ないと思われるものもあるかもしれないが、どのようなタイプの「毒になる親」であっても、子供の心に残す傷は基本的に同じようなものであるということを忘れないでほしい。例えば、親がアルコール中毒ではなかったとしても、ほかのタイプの「毒になる親」だった場合、子供は精神不安定、心の混乱、楽しい子供時代の喪失など、アルコール中毒の親を持った子供が示す典型的な症状とほぼ似たような症状を示す。

それゆえ、あなたの親がどのような種類の「毒になる親」であっても、あなたが自分を回復するための原理と方法は似たようなものになる。したがって、自分のケースにはあてはまらないと思われる章もすべて通読してほしい。

「毒になる親」の遺産から自己を解放する道

もしあなたが「毒になる親」に育てられていても、現在すでに大人になっているなら、親から負わされた罪悪感や自己不信などのネガティブな遺産から自分を解放する方法はたくさんある。

そのために本書が示す希望とは、あなたの親がたちまち変わるなどという魔法のような偽りの希望ではない。あなたの心を親の有害な影響から心理学的に解き放つ、現実的な希望だ。あなたに必要なのは勇気を出すことだけだ。

愛情豊かな親は、死んだ後も心のなかで私たちをあたたかく励ましてくれるが、その反対に、すでに死亡している「毒になる親」によって相変わらずコントロールされ続けている人もたくさんいる。その状態は、心理学的な幽霊につきまとわれているようなものと言ってもいい。そういう人においては、親の期待や要求や、そのために負わされた無実の罪悪感が、親が死んで何年たっても消えないのである。

なかには、すでに若いころから、そのような親の害毒から自分を解放しなくてはならないと感じていた人もいるだろう。そのことで親と対決したことがある人もいるかもしれない。私のところにカウンセリングを受けにきていたある女性は、いつも口ぐせのようにこう言っていた。

「親に人生をコントロールされたりなどするものですか。親なんか大っ嫌いなんです。むこうもそれは知っていますよ」

けれども私と話しているうちに、彼女はそのように怒りを煽られているという事実こそ、いまだに心をコントロールされている証拠なのだということにしだいに気づきはじめた。彼女はそのようにして心の奥にたまった怒りにエネルギーを注ぐことによって、人生のほかの部分で必要としているエネルギーを失っていたのだ。

「毒になる親」とはっきり向き合って対決することは、過去の亡霊や現在も生き続けている悪魔を追い払うための重要な一歩ではあるが、この女性の例でもわかるように、心が怒りに支配されている状態ではけっして行うべきではない。

「自分の問題は自分の責任ではないか」という意見について

「自分の問題を他人のせいにしてはならない」というのはもちろん正しい。けれども結論から先に言えば、それをそのまま幼い子供に当てはめることはできないのだ。幼い子供に対して親がしたことに関する限り、すべての責任はその親が負わねばならない。

もちろん、私たちは、大人になってから後の人生については自分に責任がある。だが、あなたがどのような大人に成長するかは、成長の過程においてあなたの力ではコントロールできない家庭環境というものに大きく影響され、それによってその後の人生の大きな部分が形作られているということを忘れてはならない。これをまとめれば次のようになる。

◉自分を守るすべを知らない子供だった時に大人からされたことに対して、あなたに責任はない。

◉しかし、大人になったあなたには、自分が抱えている問題に対していますぐ建設的な対策を

講じ、問題を解決する努力をする責任がある。

本書にできること

これからあなたが出発する旅は、嘘のない、そして発見のためのとても重要な旅だ。この旅が終わった時、あなたはいままでなかったほど自分の人生を自分の意思で生きていることを実感するだろう。ただし、本書を読んだからといって、あなたの抱えている問題が魔法のようにたちまち消え失せるなどというようなことは約束できない。けれども、もしあなたに、本書に書かれていることを学び、行動する勇気と強さがあれば、あなたはひとりの人間として本来与えられているべきであるにもかかわらず親に奪われてしまった大人としての力や、人間として本来備えているべき尊厳のほとんどを取り戻すことができるようになるだろう。

とはいえ、その作業には「大きな心の痛みと苦しみ」という代価を支払わねばならない。いままで自分を防衛するために何重にもかぶっていた殻をひとつずつ剝いでいくと、あなたはそれまではっきり意識していなかった「怒り」、「不安」、「心の傷」、そして特に「深い悲しみ」を体験することになるだろう。そして、生まれてからずっと抱いていた親の虚像が破壊されれば、いいようのない孤独感や「捨てられた気分」に襲われるだろう。

それゆえ、本書に書かれている「自己を回復するための方法」を実行するにあたっては、けっして先を急がず、自分にあったペースで進めてほしい。もし抵抗を感じて実行が困難だと感じたら、無理なく乗り越えられるようになるまでじっくり時間をかけてほしい。大切なのは前進することであって、スピードの速さではない。

読者の理解を助けるため、本書には私がカウンセリングした人たちの具体例がいくつか載せてある。これらは私の治療記録や録音した会話から再現したものであり、引用した手紙の文章は原文のままである。記録されていないセラピーの会話も私は鮮明に記憶しており、それらもその通りに再現してある。極端な例ばかりを集めたのだろうと思われる人もいるかもしれないが、これらは実は典型的な例なのである。こういうことは日常いたるところでくり返されており、私は仕事柄こういう人々の話を毎日のように聞かされている。

本書は二部に分かれており、第一部では「毒になる親」にはどのようなタイプがあるかについて、第二部ではそのような親を持った人が自己を回復するにはどうしたらよいかという方法について述べてある。

「毒になる親」から受ける「ネガティブな力」を減少させるには時間がかかる。けれどもあきらめずに一歩一歩進んでいくことにより、子供のころからずっと押し隠してきた内面の力を解き放ち、奥に隠れていた本当の自分を解放すれば、個性的で愛情のあるあなたが現れてくるだろう。そしてあなたは「毒になる親」の呪縛から解放され、あなたの人生はあなたのものになるだろう。

第一部

「毒になる親」とはどんな親か

一章　「神様」のような親

ギリシャ神話に登場する神々はオリンポス山の頂上に住み、地上を見下ろしては人間のするあらゆることに裁定を下した。そして、人間が何か彼らの気に入らないことをすれば、ただちに罰を下した。彼らは優しい神々である必要はなく、公平であることも正義を守る必要もなかった。実際、彼らは気まぐれで、不合理そのものだった。彼らの怒りにふれようものなら、人間はたちまち山びこに変えられたり、巨石を押して坂の頂上まで登ることを永遠にくり返さねばならなかったのだ。神はその時の気分で何をするかわからないので、人間は常にビクビクして暮らさねばならなかった。心のなかに「恐れ」の種を植えられていたのだ。

多くの「毒になる親」とその子供たちとの関係は、このギリシャ神話の神と人間との関係によく似ている。その時の親の気分でどんな〝罰〟を受けるか予測のつかない子供は、内心いつもビクビクしていなくてはならない。

小さな子供にとって、親は生存のためのすべてであり、そういう意味ではいわば神のようなものだ。親がいなければ、自分を愛してくれる人をほかに見つけることはできず、外部の世界から身を守る方法も知らず、住む場所も食べ物も手に入れることができず、絶え間ない恐怖とともに暮らさねばならなくなる。だから子供は、親なしにひとりで生きのびることはできないことを知っている。子供にとって、親は必要なものをすべて与えてくれる全能の存在なのだ。

そういう状況のもとにある幼い子供は、たとえ親が間違っていても、それを知る方法がない。幼い子供はごく当然のこととして、親は正しく完璧なものだと推測する。育っていくにつれ、まわりを取り巻く世界はベビーベッドより大きくなっていき、その結果ますます遭遇する未知の世界から身を守るために、子供はこの「いつも正しくて完全な親」のイメージを維持する必要性が増す。親は正しくて完璧と信じている限り、自分は守られていると感じることができ、安心できるからだ。

だが、現実世界の子供がギリシャ神話に登場する人間と違うところは、知力も心も成長していくということだ。二歳から三歳になると独立心が芽生えはじめ、子供は自己を主張するようになってくる。しだいに親のいうことにはなんでも逆らうようになり、これがいわゆる第一反抗期である。このころの子供がなんでも「いや！」と言うのは、自分のことには自分の意思を反映させたいと思うようになり、親の言いなりになるのは服従だと感じるからだ。こうして子供は自分のアイデンティティーを打ち立てて意思を確立しようともがく。

子供が親から離れていくプロセスは思春期にピークを迎え、子供は親の価値観、好み、権威、といったものと対立していく。比較的安定している家庭においては、親はそのような親子関係の変化が作り出す心配事にもたいていは耐えることができ、子供の離反や頭をもたげる独立心を、積極的に後押しはしないまでも黙認しようと努力することはできる。比較的理解のある親なら、自分の若かったころを思い出して「まあ、いまはそういう時期だから」といって見守ってやることができるのである。そういう親は、子供の反抗や離反は情緒の正常な発達のためのプロセスであることがわかっている。

ところが、心が不健康な親は、そのような理解を示すことができない。幼児期から思春期に至るまで、あるいは成人していればなおのこと、子供の離反はおろか自分と考えが違うことすら、自分に対する個人的な攻撃と受けとめてしまう。そういう親は、子供の「非力さ」と親に対する「依存度」を大きくさせることによって自分の立場を守ろうとする。子供の健康的な精神の発達を助けるのではなく、それと反対に、無意識のうちにそれをつぶそうとするのである。しかも困ったことに、しばしば本人は子供のためを思ってそうしているのだと考えていることが多い。このような親のネガティブな反応は子供の自負心を深く傷つけ、開きかけている独立心の芽を摘み取ってしまう。

親の方ではいくら正しいと思っていても、子供にとって親から受けるこのような攻撃は理解できないものである。親の示す敵愾心《てきがいしん》や態度の激しさ、反応の唐突さなどのため、子供は当惑するばかりだ。

ところで、一般社会全体を見渡してみれば、人間のほとんどすべての文化や宗教は、太古の昔から例外なく親に全能の権限を与えてしまっている。子供が正面切って親に〝刃向かう〟ことは、ほとんどタブーと言っていいくらい認められていないのだ。「親に口答えするんじゃありません」という言葉を人類はどれほどくり返してきたことだろうか。この件に関する限り、家庭内であろうが学校であろうが、寺や教会であろうが政府や会社であろうが、大人の言うことはいつも同じである。単に「生んであげた」というだけの理由で、親は子供を好きなようにコントロールする権限を与えられてきたようなものだ。

このように、「親は絶対であり、子供は常に親の言う通りにしなければならない」というタイプの親を持った子供は、常に親の意のままに翻弄され、ちょうどギリシャ神話に出てくる人間のように、つぎはいったいいつ罰せられるのか見当がつかない。だが、それがいつかはわからなくても、遅かれ早かれ何かが起きることを子供は知っている。その不安は子供の心の奥深く刻まれ、成長するとともに根を張っていく。

子供時代に親からしっかりとした愛情を与えられず、ひどく扱われてきた人間は、みな例外なく――仕事に有能で、成功している人ですら――内面には無力感と不安感を抱えている。

〝良い子〟でいることの代償

親を怖がっている子供は自信が育たず、依存心が強くなり、それとともに「親は自分を保護し必要なものを与えてくれているのだ」と自分を信じ込ませる必要性が増す。残酷な言葉で心を傷つけられたり、体罰を加えられて痛い目にあわされたりした時、幼い子供は「きっと自分がいけなかったのだろう」と思う以外に自分を納得させる方法がない。

このように、たとえ親がどれほど〝有毒〟でも、幼い子供はこの世にひとりしかいない父や母を自分にとって最も大切な存在であると考える必要がある。たとえ「自分をぶった父は間違っているのではないだろうか」とある程度は感じても、やはり「ぶたれるようなことを自分がしたのだろう」と思ってしまう。幼い子供の心の奥には「親は正しい」という意識が無条件に宿っているので、いくら「自分は悪くない」と感じても、それだけで自分を完全に納得させることはできないのだ。

幼い子供の抱く「親は正しい」、「親は強い」、「自分は無力だ」という概念はとても強いので、身の回りの世話をしてもらう必要のない年齢になってもなかなか消えることがない。そのため大人になっても、自分が小さく無力で傷つきやすかった子供のころに〝神〟のように強大だった親が、実は自分に害を与えていたのだという苦痛に満ちた真実にはなかなかはっきり直面することができない。

そういう人が人生を自分の手に取り戻すために踏み出さなくてはならない最初の一歩は、子供だった時の真実とはっきり対面するということだ。

いつまでも罰し続ける親

ある時私をたずねてきた二十八歳の主婦は、だれが見ても美人だというに違いない魅力的な女性だったが、ひどい抑うつ症に悩まされていた。以前はフラワーデザインの仕事をしていたことがあり、自分の店を出したいと夢見たこともあったが、失敗するのが怖くて実行はできなかった。また、子供がほしいと思っているのにできないことにも悩んでいた。彼女の話から察すると夫は理解がある愛情深い人のようだったが、どうも子供ができないことが原因で夫に対する嫌悪感が生まれつつあるようにみえた。

だが彼女の問題は夫に原因があるのではなかった。彼女は最近、子供ができないことについて母親から「それは昔中絶したことと関係があるのよ。神様の罰というのは怖いものね」と言われたというのだ。彼女は、母はいまだに昔のことを許してくれていないのだと思い知らされ、それ以来、泣いてばかりいるという。私はさらに話を聞いた。

子供のころから早熟で、十二歳の時に身長はすでに百六十七センチもあった。じきに男子生徒から注目されるようになり、それが父をいらだたせた。ある日、遊びに来た男の子が帰る時にキスをしたのを父に見られ、近所中に聞こえるほどの大声でなじられた。それが下り坂の始まりだった。それ以来、男の子と出かけるたびに、品行が悪いといって父からひどい言葉でなじられるようになった。ことあるごとに責められるので、その反発から十五歳の時に自暴自棄になってその子とセックスをしたら、運悪く妊娠してしまった。それが両親にわかり、家のなかは大騒ぎになった。両親は厳格なカトリック教徒だったが、私は中絶を希望した。両親は毎日のようにわめき散らし、そんなことは地獄に堕ちる罪だと言い続けた。だが私は、もしできなかったら自殺すると言って無理やり親にサインをさせ中絶した。

それ以来、私の人生は変わってしまった。父からはそれ以前からひどい言葉でなじられていたが、その事件以来、私は自分が存在する権利すらないような気分にさせられた。その後も両親はことあるごとに事件のことを持ち出し、親に不名誉を与えたといってくり返し私を責めた。だが私は親を責める気にはなれなかった。むしろ、親の高い道徳観に沿えなかったことを悔やみ、自分の犯した罪のために両親を傷つけたと思い、それ以来なんとかして埋め合わせをしようと努力してきた。そのため親の言うことにはどんなことでも従うようになり、いまではそれが原因で夫とよく喧嘩になる。夫は私のそういう態度が我慢できないと言うが、私には親に許してもらいたいと思う気持ちのほうが強い。

私はこの女性の話を聞くにつれ、彼女がまったく理解のない親によって苦しめられてきたことに加え、その事実をいじらしいほど強く否定し、すべては自分のせいだと必死に主張して親を擁護しているさまに心が痛んだ。彼女の強い自責の念は、両親の硬直した宗教的な信条によってさらに倍増させられていたのだ。やはり親は正しかったのだと主張し続ける彼女に、問題は親のほうにあることを納得させるのには少々時間がかかった。

私は彼女に、その出来事が起きた時に彼女はまだ子供だったのだということ、彼女は間違いを犯したかもしれないが、だからといってそのことで親から永遠に罰せられ続けなければならないということにはならないこと、彼女の親は彼女を非難するために宗教を悪用していること、今ではカトリック教会も償いを認めていることなどを説明した。

この女性のように、自分のまわりに壁を張りめぐらせて親を擁護するのは、「毒になる親」の子供が大人になってからよく見せるパターンのひとつである。この壁はさまざまな種類の心理的な防衛行動によって成り立っているが、最もよくあるのがこの女性に見られたようなもので、これは心理学で「事実の否定」と呼ばれている。

事実を否定する力の強さ

心理学でいう「事実の否定」とは、自分にとって不都合なことや苦痛となる事実を、それほどのことではないかのように、あるいはそんなことはそもそも存在していないかのように振る舞ったり、または自分をもそのように信じ込ませてしまうことをいう。これは、人間が自己を防衛するための最も原始的で、しかし最も強力な方法である。本当は親に苦痛をしいられている（あるいは過去においてそうだった）子供が、自分の親は重要な存在で称賛に値する人間だと主張したり、自分でも本当にそう信じていたりするのもそのひとつだ。時には、親が立派な人間だと信じていたいあまり、小さなころにどんなことをされたのかを忘れてしまっていることすらある。

しかし、このように事実を否定することによって得られる心の平安は、あっても一時的なものでしかなく、そのために支払わなくてはならない代償は計り知れず大きい。心を圧力釜にたとえれば、「事実の否定」はそのふたのようなものだ。圧力釜のふたをいつまでもつけたままにしておけば、内部の圧力は高くなる一方で危険である。そのうちに圧力は限界を超え、遅かれ早かれ釜が爆発してふたが吹っ飛んでしまう時がくる。そうなったら心の健康は一大危機を迎えることになる。

けれども、事態がそこまで悪くなる前に、それまで自分が否定してきた事実と正直に取り組んでいれば、ちょうど釜の圧力弁を開いて蒸気を少しずつ逃がしてやるのと同じで、爆発という最悪の事態は防ぐことができる。

もちろんそうはいっても、問題はそんなに簡単ではない。取り組まなくてはならないのは自分がしてきた「事実の否定」だけではないからだ。親は子供よりさらに大きな「事実の否定」をする。例えば、過去の真実がどうであったかを解き明かそうとしても、親は「そんなにひどくはなかったよ」とか「そんなふうじゃなかったんだ」と言うだろうし、さらには「そんなことはまったくの嘘だ」とまで言い切るかもしれない。とにかく過去のことであるし、記録などあるわけがない。なにしろ記憶だけが頼りの作業だ。反論されれば自信はぐらつき、事実がどうだったかを知るすべはないようにも思えてくるかもしれない。さらに親は、「そんな小さなころに本当のことがわかっているわけがない」などと反論して、いまでは大人になっている子供の自信を失わせようとするかもしれない。そうなれば、人生に自信を持てない悩みはさらに増してしまうだろう。

この女性は「事実の否定」があまりにも強く、そのため自分についての事実が目に入らないばかりか、自分が信じていたいこと以外はいっさい認めようとしなかった。「親はいつも正しい」と言い続ける彼女に、私は「いま自分が苦しんでいるという事実」に目を向けてみるようアドバイスし、親に対して誤ったイメージを持っているかもしれないということも考えてみてはどうかと説得した。もちろん私は、そう考えるよう彼女に強制したわけではない。私はつぎのように説明した。

あなたが親を愛し、親は正しいと信じているのは素晴らしいことだ。彼らだって、あなたを育てていた時には、楽しいことや素晴らしいことをしてくれたこともきっとあったに違いない。だが、それはそれとして、本当に愛情のある親なら、子供の尊厳や自尊心を踏みにじったり、残酷な言葉で情け容赦もなくののしったりはしないものだ。そのことはあなたも内心うすうす感じているのではないだろうか。

私はけっしてあなたを両親から引き離そうとか、宗教的信条を捨てさせようとしているのではない。だがあなたが抑うつ症から解放されるには、「親はいつも正しい」という幻想をまず捨てる必要があるのではないだろうか。あなたの親は第三者から見ても残酷で、あなたを傷つけている。あなたは過去に間違いをおかしたことがあるかもしれないが、それはもう十三年も前のことだ。起きてしまったことは、いつまでも非難していても変えられないのだ。勇気を出して、いかに親から傷つけられてきたかをまず自覚して、自分を責めるのをやめるべきだ。

彼女は消え入りそうな声で「はい」と答えた。私が「そのことを考えるのは怖い?」とたずねると、彼女は弱々しくうなずいた。だが彼女はなんとか気を取り直し、頑張ってカウンセリングを続けることができた。

「理由づけ」

その後セラピーは二か月ほど続き、いくらかの進展があったものの、彼女は相変わらず「私の親は素晴らしい人たちです」という幻想にしがみついていた。その幻想を打ち壊さない限り、彼女は人生に起こる不幸のすべてを自分のせいにしてしまうことをやめそうになかった。そこで私は、セラピーの場に両親を呼んでみないかと提案してみた。自分たちが娘の人生にいかにネガティブな影響を与えてきたかということを少しでも理解できれば、彼らもある程度は責任を認めることができるだろうし、そうなれば彼女のネガティブな自己像を改善するのにいくらかでも役立つかもしれないと思ったのだ。

だが、やってきた彼女の両親は挨拶もそこそこに、まず父親が口を開くと、彼女がいかに悪い娘だったかと力説しはじめた。たちまち彼女の目に涙があふれるのが見えた。私は彼女を擁護したがまったく効果がなく、彼女の両親はかわるがわる彼女の欠点や過去に起こした問題についてまくしたてた。一時間がとても長く感じられた。両親が帰ると、私の話を聞こうともしなかった親をかばって彼女は謝った。

その後、両親をまじえて数回の面談を行ったが、彼らの態度はまったく変わらなかった。彼らは娘についての自分たちの凝り固まった考えを変えようとはせず、明らかに心を閉ざした人たちであることがよくわかった。二人とも、娘の抱える問題の一部分でも自分たちに責任があるかもしれないとは考えてみようともしなかったし、娘のほうも両親は立派な人たちだという言い分を変えなかった。

多くの「毒になる親」の子供にとって、「事実の否定」は実に簡単で無意識的な行動である。自分にとって好ましくない事実や不快な出来事や、それにまつわる感情などを意識の外に追い出してしまい、そんな事実はなかったと自分に言い聞かせてしまえばいいのだ。しかしこの女性のように、もう少し複雑な形をとる場合もある。それが「理由づけ」といわれるものだ。自分にとって好ましくない、あるいは苦痛となる出来事があったことは一応認めるが、そこに理由をつけてしまうのである。この種の「理由づけ」は、そのような出来事を正当化する時にしばしば無意識的に行われる。

その典型的な例をいくつかあげてみよう。

■お父さんが私に大声を上げるのは、お母さんがいつもうるさく文句ばかり言っているからだ。
■母が酒ばかり飲んでいるのは寂しいからなんだ。僕がもっと家にいてあげればよかったんだ。
■父はよく僕をぶったけど、それは僕が間違った方向へいかないようにしつけるためだったんだ。
■母がちっとも私をかまってくれなかったのは、自分がとても不幸だったからなのよ。

このような「理由づけ」には、どれにも共通しているひとつのことがある。それは、本当は納得できないことを、無理やり自分に納得させるために行うということである。だが、それで表面的には納得したように見えても、潜在意識のなかでは本当はどうなのかを知っている。

彼女は、十五歳の時に妊娠と中絶のことで両親が彼女を扱ったやり方に対する、自分でも気がつかない内心の怒りと落胆を、両親にではなく夫に向けていた。正しくて完璧な存在であるはずの両親に怒りを向けるなど、とうていできないことだったからだ。

つぎにあげる例は、三人目の夫に離婚されそうになっていた四十代半ばの女性のケースだ。彼女はそれまでにすでに二回離婚していた。すでに成人している娘がいて、私のところにセラピーを受けにきたのはその娘に強く説得されてのことだった。すぐ人につっかかって口論する癖があり、そうなると自制がきかなくなる性格をなんとかできなければ親子の縁を切ると娘に言われたというのだ。

はじめて会った時、そのこわばった体つきと顔つきからすべては見て取れた。彼女は心の奥深くに強い怒りをたたえた、いつ噴火するかわからない活火山だった。話を進めていくうちに私は事情が飲み込めた。

離婚した相手も含み、これまでにつき合った男たちはみな去っていった。いま離婚しようとしている夫もまったく同じパターンだ。私はいつも男運が悪くて、間違った相手ばかり選んでしまう。つき合いはじめたころはみな最高なのに、それがずっと続いたためしがない。父みたいに素晴らしい人はいないものだろうかとよく思う。父はカッコよくて、みんなの憧れの的だった。

母は私が小さなころからいつも具合が悪く、いつも父が外に連れ出して遊んでくれた。だが父は、ある日突然、家を出て行ってしまった。私が十歳くらいの時だったと思う。きっと、小うるさいことばかりいう母に愛想をつかせたのだろう。その後は手紙も電話も、何一つこなかった。私は父が戻ってくるのをずっと待ち続けていたが、父は帰ってはこなかった。でも父を責める気にはなれない。父はとても活動的な人だったのだ。父には同情している。

彼女は子供のころからこの年になるまで、心のなかで理想化した父親が帰ってくることをずっと待ち続けていたようなものだった。彼女は父親が本当はいかに無情で無責任であったかということには直面できず、傷つきたくないために理由をつけて、父親をまるで神様のように理想化していたのだ。だが、彼女が苦しみに満ちた人生を生きることになったのは、彼女を幼いころに見捨てたその父親の行動に原因があったのである。

彼女は「理由づけ」を行うことによって、幼いころに自分を見捨てた父親に対する怒りを否定してきた。だが残念ながら、その怒りは他の男たちとの関係において噴き出すことになったのだ。だれとつき合っても、はじめのころはうまくいくのだが、しばらくしてお互いをよく知るようになってくると、見捨てられるのではないかという内心の恐れや不安が「口論」という形になってあらわれた。

だが彼女は、どの男もみな同じ理由で去っていったということがわからなかった。その理由とは、彼女は親しくなればなるほどすぐ言い争いを始めるようになるということだったのだ。

「怒り」は向けるべき相手に向けなくてはならない

人間の感情、特に「怒り」のようなネガティブな感情が、どのようにして連鎖的に伝播していくかを単純化して描いてみよう。ある男が職場で上役からどなられる。身の安全のためには当然どなり返すことはできない。彼は持っていき場のない腹立たしさを抱えたまま帰宅し、妻に当たり散らす。するとその妻は子供にわめきたてる。子供は犬を蹴飛ばす。犬は猫にかみつく。

このように図式化すると、あまりにも単純化していると思われるかもしれないが、実はこの図式は真理を驚くほど正確にあらわしている。それは「とかく人間は、ネガティブな感情を本来向けなければならない対象からそらせ、より容易なターゲットに向けてしまいやすい」ということだ。

いま例にあげた女性の場合も同じだ。彼女は去っていった男たちを憎んでおり、自分はだまされて彼らを好きになり、利用されたと思っている。だが本当は、彼女が神様のように理想化して心に描いている父親こそ、彼女を幼い時に捨てたのである。もし彼女が若いうちにこの事実を認めてさえいれば、父親を理想化して考えるようなことはなかったに違いない。だが彼女はそれができなかったために、父親に対して向けるべき不信感と怒りをほかの男たちに向けていたのだ。

彼女は自分でも気がつかないうちに、いつもきまって彼女を落胆させたり怒らせたりするような相手ばかり選んでいた。怒りをほかの男たちに対して向けて爆発させているかぎり、父親に対する内面の怒りを感じないでいられたからである。

「死んだ人を悪く言ってはいけない」は常に正しいか

「毒になる親」の呪縛は、その親が死んでも消えないばかりか、むしろいっそう強くなることもある。自分がそのような親に傷つけられていたことを認めるのはとてもつらいことだが、親が亡くなった後では、それを指摘するのはさらに難しくなるのが普通だ。「死者にムチ打つような」という表現があるように、死んだ人を批判するのは「してはならないこと」という強い意識が一般にあるからである。その結果、どんなにひどい親であろうとも、ひとたび死ねば、存命中に行ったひどいことについて批判はおろか触れてもいけないような気分にされてしまう。まるで、死にさえすればすべてを忘れてもらえる特権を与えられるかのようだ。そのため、害毒を与えた親は墓のなかで安眠し、一方で残された子供からはネガティブな気持ちが消えることがない。

「死んだ人を悪く言ってはいけない」というのは使い古された言葉だが、そのために、死んだ親が生存中に子供を扱っていたやり方が原因となって起きている問題について、子供が現実的な解決をする努力が阻まれてしまうというのもまた事実なのである。親が生きていようが死んでいようが、過去に起きた出来事は変わらないのだ。

ある時、友人に紹介されて私に会いにきた三十代後半のミュージシャンの女性がいた。彼女はシンガーソングライターとして成功したいという夢を持っていたが、なかなか芽が出ないでいた。彼女を私に紹介した友人によれば、彼女が機会をつかめないのは自信がないことが原因だという。彼女は生活のために事務のアルバイトをしていた。

会って話を始めると、彼女は悩みを打ち明けた。

先日、両親の家で一緒に夕食をする機会があったのですが、私の仕事の話になったところ、父に「心配いらないよ。きみは大事な時にいつも失敗する〝ダメな子ちゃん〟なんだから」と言われたのです。その言葉がどれほど私を傷つけたか、父にはもちろんわかっていないと思います。

私が「そんなことを言われたら、だれだって傷つくわよ」と彼女をなぐさめると、彼女は次のように続けた。

そういう父の言い草は今に始まったことではないんです。私が子供の時からずっと、家のことでも何か問題があると必ず私のせいにされて、いつも責められるのは私でした。でも私が父を喜ばせるようなことをすると、父は上機嫌になって友人たちに私の自慢をするのです。

そういう時はすごく嬉しい気分になりました。でも父はそういう時と私を責める時の差が激しくて……。

それから数週間、私は彼女と面談を続け、彼女は父親に対する大きな怒りと悲しみが内面に隠れていたことを自覚しつつあった。そんなある日、驚くことが起きた。彼女の父親が突然、脳溢血で倒れ、亡くなってしまったのだ。家族のだれもが思いもよらないことだった。彼女が受けたショックは大きく、彼女は父親への不満や怒りを私に語ったことへの罪悪感に圧倒された。

私は自分の問題を父のせいにしようとしていたのです。父は素晴らしい人でした。私はあなたに父のことを悪く言ったことを後悔しています。私はなんてひどい娘だったのでしょう。もう父についてネガティブなことは話したくありません。そういうことはもう重要ではないのです。

父親を失ったショックと悲嘆から、彼女は内面への探索をやめてしまったのだ。だがしばらく時間がたち、周囲の状況も彼女の気持ちも落ち着いてくると、彼女は自分が子供の時から大人になるまで父にどう扱われてきたかという事実が、父が亡くなったことで変わるわけではないと気づき始めた。

それから半年あまり、私たちは面談を続けた。今の彼女には、見た目にもわかるほど自信が生まれている。今でもシンガーソングライターとして成功しているわけではないが、もはや自信のなさがその原因ではない。今の彼女は、「成功してもしなくても、努力を続けることが大事なのね」とすっきりしている。


「親は絶対である」、「いつも私は正しい」という「神様のような親」は、好んで勝手なルールを作り、勝手な決めつけを行い、子供に苦痛をもたらす。生きていようがすでに死亡していようが、そういう親を神様のように祭り上げている限り、子供が生きている人生は親のものであって自分のものではない。そういう子供は、親によってもたらされた苦痛をそうとは知らずに自分につきまとう人生の一部として受け入れ、時にはそれが自分にとってためになることだと理由づけしていることさえある。そんなことはもうやめなくてはならない。

神様のような顔をしている「毒になる親」を天上から地上に引きずりおろし、自分と同じただの人間として現実的に見る勇気を持つことができた時、子供はひとりの人間として、はじめて親と対等な関係を持つための力を手に入れることができるだろう。

二章　義務を果たさない親

子供にも、だれも奪ってはならない基本的な人権がある。それは、食事を与えられ、服を与えられ、住む場所を与えられ、危険から守られるということだ。だが、単に体の生存に必要なものさえ与えられればいいということではない。心の面でも健康に育てられることは基本的な権利である。そうでなければ、生まれてきたことに価値を見いだせる人間には成長できないからだ。

子供はまた、していいこととといけないことの違いを親から適切に教えられ、失敗を許され、しつけられることが必要だ。だがそこで大切なのは、〝しつける〟ことと身体的あるいは精神的に〝傷つける〟ことは、まったく違うということである。

さらにつけ加えるなら、子供は子供らしく生きる権利がある。小さいうちは無邪気に遊び回り、のびのびとして自然なのがよく、何事にも子供に責任はない。しっかりとした愛情のある親なら、子供が育つにつれて少しずつ責任を与えることで心の成長をはぐくみ、家事を手伝わせても子供からほのぼのとした楽しい子供時代を奪ってしまうようなことはない。

子供はどのようにして周囲に適応していくか

子供というのは、言葉で言われることはもちろん、態度や雰囲気など、言葉になっていないものでも、親が発するあらゆるメッセージを選択することなくすべて吸収し受け入れてしまう。親の言うことは実によく聞いているし、することは実によく見ており、なんでもすぐ真似をする。小さいうちは家の外の世界をほとんど知らないのだから、子供にとって家族から学ぶことは宇宙の真理であるといってもいいすぎではなく、家のなかで学んだことは心の奥深くに根づいていく。その時、親は、子供がアイデンティティーを確立するためのモデルとして重要な役割を演じている。

六〇年代末以降、親子関係の形は劇的に変化したが、基本的な義務という点に関する限り、親の役割はいつの時代でも不変である。それをまとめればつぎのようになるだろう。

1　親は子供の身体的なニーズ（衣食住をはじめ、体の健康に必要なこと）に応えなくてはならない。
2　親は子供を、身体的な危険や害から守らなくてはならない。
3　親は子供の精神的なニーズ（愛情や安心感、注目してあげることなど、心の面で必要としていること）に応えなくてはならない。

4　親は子供を、心の面でも危険や害から守らなくてはならない。

5　親は子供に道徳観念と倫理観を教えなくてはならない。

まだ他にもあげればいろいろあるだろうが、親のもっとも基本的な責任は何かと問われれば、この五つだ。ところがこの章で取り上げる「義務を果たさない親」のなかには、この（1）すら満足にできない者がいるのが実状なのである。これらの親は、自分自身が情緒不安定だったり、心の健康が損なわれていたりして、子供が必要としていることに応えられないばかりか、その多くは自分のニーズを子供に満たしてもらおうとしているありさまだ。

親が自分の責任を子供に押しつけている家庭では、家族のメンバー間の役割の境界がぼやけ、ゆがめられ、あるいは役割が逆転してしまっている。子供は自分の親の役を自分で演じなくてはならず、時には親の親にまでならざるを得ない。そうなると、子供には模範として見習うことができる人も、何かを教えてくれる人も、助けを求める相手も、だれもいない。子供の情緒が発達する決定的に大切な時期に親がモデルになり得ないと、その子供のアイデンティティーは常に安心することのできない混乱の海をさまよってしまう。

ここで、ある三十四歳になるスポーツ用品店オーナーの例をあげてみよう。

ワーカホリック（仕事中毒）のために結婚が破綻した。いつも仕事でほとんど家におらず、帰ってきても家で仕事をしている状態だったので、妻はあきれ果てて出ていってしまった。いま、つき合っているガールフレンドがいるが、また同じような調子でだめになりそうだ。どうしてもゆったりした気分になって生活をエンジョイすることができない。感情をうまく表現することがとても苦手で、特に相手を思いやる気持ちや、優しさ、愛情表現といったものがまるでダメだ。彼女と一緒にいても、つい仕事の話ばかりしてしまう。「楽しい」とか「楽しむ」という言葉とはまるで縁がなく、きっと私は仕事以外は能がない人間なのに違いない。

この青年と話をしていて、私は彼が「私は面白くない人間です」という自己像を持っていることに気がついた。彼の話はまるで「私がましな人間に思えるのは仕事をしている時だけです」と言っているみたいに聞こえるのだ。そこで私は、子供時代についてたずねてみた。

三人兄弟の長男で、八歳の時に母親の神経症が悪化し、それ以来、母はほとんど口をきかなくなり、家事もせずにいつも遅くまで寝ているようになった。いまでもよく覚えている母の姿は、寝間着のまま片手にコーヒー、片手にタバコを持ち、窓のカーテンを閉め切ったまま椅子に座ってテレビを見ているというものだ。毎朝食事を作って二人の弟に食べさせ、弁当を作ってスクールバスに乗せることが私の日課となった。学校から帰っても母はベッドルームにこもったきりで、私は二日に一度は弟たちが外で遊んでいる間に夕食の準備や家事をした。好きでそんなことをしていたわけではない。他にする人間がだれもいなかったからだ。父は仕事で出張が多く、留守がちだった。そのうえ父は母のことをすでにあきらめていた。だいたいいつも、父は母と別の部屋で寝ていた。父は何度か母を医者に診せたが、症状は好転せず、もうお手上げだったのだ。

私は彼に、子供時代にはさぞ寂しい思いをしたでしょう、とたずねた。すると彼は、「自分を哀れんでいる暇などなかったですよ」ときっぱり否定した。

楽しい子供時代を奪ってしまうもの

彼のような子供は、本来なら親がしなくてはならないはずの仕事が両肩に重くのしかかり、そのために楽しい子供時代を経験したことがない。子供の時からすでに小さな大人になってしまったようなもので、他の子供たちのようにふざけたり、屈託なく遊んだ経験がほとんどないのである。子供としての基本的なニーズが実質的に満たされなかったことを、「そのようなものは自分には必要ない」と信じ込むことで、彼は感情を自由に表現できない苦しみや寂しさに対抗してきた。さらに悲しいことに、彼は弟だけでなく母親の世話までしていたのだ。これでは母親の親になったようなものだ。

父は出張がない時には家にいたが、毎朝七時には出勤し、帰宅は夜遅かった。朝、家を出る時には、必ず「宿題を忘れるなよ。それからお母さんの面倒を見ることもな。ちゃんと食事をしているかどうか見ているんだぞ。気分を落ち込ませないように気を配るんだ。弟たちは静かにさせておけよ」というのが常だった。

小さな子供にとって、家事をして弟たちの世話をするだけでも大変なのに、彼はうつ病の母親の相手までしなければならなかったのだ。このことが、大人になって、何をしても満足いくまでやり遂げることができない性格になる原因となったのである。これは、子供時代に親子の役割が逆転していた人には非常によく見られる現象である。小さな子供は、大人の役を押しつけられてもうまくやりおおせるわけがない。なぜなら、子供はあくまでも子供であって、大人ではないからだ。だが子供はなぜうまくできないのか理解できない。そして、フラストレーションがたまり、「不完全にしかできない自分」という自己イメージが生まれる。

彼のケースでは、ワーカホリックとなって必要以上に毎日何時間も働くことによって、子供時代から現在に至るまでの寂しさや空しさと直面しないでいられた反面、長い間に身についた「自分はいくらやっても十分ではない」という意識をさらに強化することとなった。彼が無意識のうちに抱くようになったのは、「長い時間をかけて頑張れば、仕事を完全にやりおおすことができ、能力のある人間だと証明できるのではないか」という幻想だったのだ。彼はいまでもまだ親を喜ばせようとしていたとも言えるのである。

彼ははじめ、大人になったいまでも親に「有毒な力」を行使されていることがわからなかった。だがカウンセリングを始めて二、三週間ほどすると、いまの苦悩と子供時代の体験とのつながりがはっきり見えてきた。

六年前からロサンゼルスでひとり暮らしを始めると、両親は毎週二回も電話してきた。電話のパターンは、まず父がこう切り出す。「お母さんはうつ状態がひどくてね、困ってるんだよ。ちょっとだけでも休みをとって、家に帰ってくるわけにはいかないかね。きみの顔を見たらお母さんがどれほど喜ぶか、わかってるだろう」そしてつぎに母親にかわり、「あなたが人生のすべてだ」とか、「もう私はどれほど生きられるかわからない」などと述べたてるのだ。何回かは、すぐ飛行機に飛び乗って両親に会いに行った。罪悪感に責められたくなかったからだ。だが、そこまでやっても、親はけっして満足することがなかった。私がどれだけやっても不満なのだ。そのうちに、「もううんざりだ」という気持ちのほうが強くなった。それからは電話が鳴るたびに、親だったら出たくないと思うようになった。

「罪悪感」と「過剰な義務感」は、子供時代に自分の意思に反して親子の精神的な役割が逆転させられた人間につきまとう典型的な感情である。彼らは大人になった後も、あらゆることの責任を引き受けて頑張ってしまう傾向がなかなか抜けないことが多い。だがいくら頑張ったところで、すべてを完璧にやり遂げられるわけではない。そのために自分に対する「不十分感」は消えず、心が晴れないので、ますます頑張るという悪循環に陥る。これはエネルギーを非常に消耗させ、いくら頑張っても何かをやり遂げたという満足感は永久に得られない。

この男性は、小さな子供のころから親の期待と要求に追い立てられていたため、「人間としての自分の価値は、家族に対してどれほどのことをしたかによって判断される」という意識がしみついていた。そして成長するにつれ、親の期待と要求は内面化し、自分の価値をある程度見いだせる分野、すなわち仕事において顕著にあらわれ、彼を追い立て続けたのだ（訳注：内面化については五章で詳しく述べる）。

彼の育った家庭環境においては、人に愛情を与えたり人からの愛情を受け入れたりすることについて、教えてくれる人もいなければ学ぶ時間もなかった。彼は喜怒哀楽の感情をはぐくまれることなく育ったのでそれらを遮断してしまい、表現することを覚えなかった。そして不幸なことに、大人になってからではもう遅く、それらの感情を回復させようと思ってもできなくなっていたのだ。

「共依存」の親子

つぎの例は、〝ダメ人間〟の親と〝共依存〟の関係にあった女性のケースだ。共依存とは、お互いが精神的にはなはだしく不健康に依存しあっている関係をいう。

その女性は離婚歴のある四十二歳の会計士で、重度の抑うつ症に苦しみ、カウンセリングを受けに来た。非常に痩せており、一見して不眠症に悩んでいる様子がわかった。だがオープンな性格のようで、自分が抱えている問題について話すことに抵抗はないようだった。彼女は十三歳の時に、新聞の有名な人生相談欄に投稿したことがあったという。そのころから自分の家の異常性に気がついていたのだろう。

人生にまったく希望が感じられない。いつもどん底のような気分で、それが日に日にひどくなっていく。いつも心の奥にとてつもなく大きな空しさがあって、人と本当に心が結ばれていると感じたことがない。

これまでに二回結婚し、そのほかにも男性と暮らしたことは何回かあるが、いつも怠け者やろくでもない相手ばかり選んでしまう。そのたびに相手の世話を焼き、なんとかして立ち直らせようとして金を貸してあげたり、自分の家に住ませてあげたり、仕事を見つけてあげたことすらあるが、うまくいったためしがない。それなのに、懲りずにまた同じことをくり返してしまう。

はじめの夫は浮気ばかりしていた。二人目の夫はアルコール依存症だった。ある男には子供の目の前でぶたれたこともあった。車を盗んで逃げてしまった男もいた。

彼女は自分では気づいていなかったが、昔から知られている典型的な「共依存的性格」の持ち主だった。もともとこの「共依存」という言葉は、アルコールや薬物の依存症の人間と腐れ縁の関係にあって、そういう相手を〝救おう〟と頑張っているつもりで実は自分の人生が破綻している人間のことをあらわす言葉だった。だが最近ではアルコールや薬物の依存症に限らず、衝動的、虐待的、極度に依存心が強い、などあらゆるタイプの破滅型の人間と同様な関係になる人のことも指すようになっている。

彼女もその例にもれず、いつも問題をたくさん抱えた欠陥のある男にばかり惹かれ、そのたびになんとか助けようとしてきた。だが男たちはそんなことで変わりはしなかった。みな依存心が強く、自己中心的で、人を愛することなどできない連中ばかりだった。彼女は利用されたと感じて空しくなるばかりだった。

実は彼女は、私と会う前から「共依存」という言葉を知っていた。二人目の夫がアルコール依存症だったことから、更生のために家族が参加するプログラムに参加した時に聞いたことがあったのだという。だがまさか自分がそれだったとは夢にも思わず、単に男運が悪いのだろうと思っていた。彼女はいつも相手の男を責めたが、本当の問題は、自分がいつも似たような欠陥のある男とばかり一緒になってしまうことにあると気がつかないことだった。彼女は無意識のなかで、かいがいしく世話をする女は男から感謝されるだろうと思っていた。世の中にはもちろん、そういう女性が好きな男はたくさんいることだろう。彼女は、共依存は美徳だと思っていたのだ。

だが彼女は、相手の男を助けようとすることで自分をすり減らしていることがわからなかった。彼女は他人を助けようとしてばかりいて、自分を救おうとしたことがなかったのだ。男たちの面倒をみて、無責任な行動の後始末をすることが、彼らの無責任な行動をさらに誘発していることが彼女にはわからなかった。

彼女のこの行動パターンは、子供時代の父親との関係の衝動強迫的なくり返しでもあった（訳注：「衝動強迫的なくり返し」については四章に後述）。彼女の父は、仕事はよくできる建築家だったが、非常に神経質で、些細なことで気分を害して陰鬱な雰囲気になることがよくあった。するとその父の雰囲気が家族全体を支配した。例えば、駐車場で、だれかが彼の停める場所に車を停めていただけで、父はたちまち憤慨して自分の部屋にこもってしまい、ベッドの上で涙をうかべたりするのだ。父がそうなると母も連鎖反応で動転し、自分の部屋に引きこもってしまった。その母はいつも病気がちで医者にかかっており、家でも床に伏せていることが多かった。いつも精神安定剤を飲んでいて、はっきりはわからないが薬物依存症だったのではないかという。部屋の掃除や食事の用意などはまかないの人がやってくれていて、母は家事をしていなかった。それで、父をなだめるのはいつも彼女の役目だった、といった具合だ。

ここで、私が長年カウンセリングに使っている「共依存度のチェックリスト」を示してみよう。その時彼女に渡したのもこれと同じものだ。共依存的性格は女性にばかり多いとは限らない。問題のある妻や恋人と共依存の関係にある男性もたくさんいる。

1　たとえそれがどんなにつらくても、彼（彼女）の問題を解決して苦しみを取り除いてあげることが私の人生で最も重要なことだ。

2　私が気分よくいられるかどうかは、彼（彼女）が私のすることを認めてくれるかどうかによる。

3　たとえそれが、彼（彼女）が自分でしたことの結果自分の身に起きたことであっても、私はそのことから彼（彼女）を守ってあげたい。そのためには、嘘をつくことも、もみ消しをすることもいとわない。人が彼（彼女）の悪口を言うようなことはさせない。

4　私は彼（彼女）が私の望むように行動するよう一生懸命努力する。

5　私は自分がどう感じるかとか、何をしたいかということにはあまり注意を払っていない。大事なのは、彼（彼女）がどう感じ、どうしたいかということだ。

6　私は彼（彼女）から拒否されないようにするためにはなんでもする。

7　私は彼（彼女）を怒らせないようにするためにはなんでもする。

8　私は劇的で嵐のような恋愛のほうが情熱を感じる。

9　私は完全主義者なので、うまくいかないことがあると自分を責める。

10　私はだいたいいつも腹を立てていることが多く、自分は人から理解や感謝をされておらず、利用されているように感じている。

11　私はうまくいっていない時でもうまくいっているようなフリをしている。

12 なんとしてでも彼（彼女）から愛されるようにすることが、私の人生で最も重要なことだ。

彼女はこの項目のほとんどに「イエス」と答え、自分がいかに共依存的性格であるかを知ってがく然となった。彼女がそれまでのパターンから抜け出すには、そういう自分の性格と父親との関係をはっきりと自覚する必要があった。父親がそのように子供じみた行動をした時にはどんな気持ちがしたかとたずねると、彼女はこう述べた。

> まずはじめは、「父は死んでしまうのではないだろうか」と心配になった。つぎに、そんな風に思った自分を恥じるようになった。でもほとんどの場合、父は私のせいでそうなったと感じて、後ろめたい気持ちが強かった。最悪なのは、父の気持ちを晴らしてあげられない自分を無力に感じることだった。私はいま四十二歳で二児の母であり、父が死んでからすでに四年もたつというのに、いまだに当時の後ろめたさが消えないのは驚きだ。

彼女は子供のころ、望むと望まざるとにかかわらず父親をなぐさめて世話をする役をさせられていた。父も母も自分の責任を自分で果たさず、すべてを彼女の小さな肩に負わせていた。彼女は自分に対する自信を育てるために「強い父親」の姿が必要な大切な時期に、子供のような行動をする父をあやしていなければならなかったのだ。

大人になってからの彼女は、男性を選ぶ時、父をうまくなぐさめることができなかった子供時代から引きずっている後ろめたい気持ちを和らげたいという無意識の衝動に支配されてきた。そして助けを必要としているように見える欠陥のある男ばかり選び、子供時代に体験したのと同じような心の消耗をくり返してきたのだ。

子供は〝透明人間〟に

親が身体や心に問題を抱えていて、自分のことばかり心配している状態にあると、子供はその親から「あなたの気持ちなど重要ではない。私は自分のことで頭がいっぱいなんだから」という強いメッセージを受け取ることになる。そういう親を持った子供は、心が健康な親なら与えてくれる愛情や注目を得ることができないので、まるで「透明人間」になったように感じるようになる。存在しているのに、存在していないかのように扱われるためである。

「私が生まれてきてこの世に存在しているのは価値のあることだ」、「私は意味がある存在だ」という感覚を子供が持つには、親から「そうだとも、その通りだよ」というメッセージを与えられ、それによってそのことを確認できなければならない。だが彼女の両親のように、自分のことで頭がいっぱいでは、子供が心の支えを必要としていることに気づくこともできない。彼女は父親の情緒的なニーズを満たそうと努力したが、父は彼女の情緒的なニーズを満たすことを何一つしてくれなかった。

彼女の母親は、彼女が新聞の人生相談欄に投書したのを知っていたが、そのことについて彼女と話し合ったことは一度もなかった。両親とも、娘と心をかよわせようとはしなかったのだ。そういう状態のもとで、彼女が両親から「あなたは私たちにとって重要な存在ではない」というメッセージを受け取ったのは明らかだ。こうして彼女は、しだいに自分が自分をどう思うかではなく、親が自分をどう思うかによって自分を規定するようになっていった。自分の行動が親の機嫌をよくしたら「良い子」であり、親の機嫌が悪くなったら「悪い子」だということだ。

そういう子供が大人になると、しっかりした自分のアイデンティティーを持つことが非常に困難になる。自分自身の考え、感じていること、必要としていること、などをはっきり表現するようにはぐくまれなかったため、自分はどういう人間なのか、愛情に満ちた人間関係とはどういうものか、といったことがよくわからないのだ。

だが彼女は私がそれまでにカウンセリングした他の多くの人たちと違い、親に対する内面の怒りを多少自覚できていた。そこでセラピーはその「怒りの感情」と「幼いころに精神的に親に見捨てられたという気持ち」を材料に進めることができた。きっと彼女は、人を助ける時にはリミットをもうけ、自分自身の権利、ニーズ、気持ちを尊重することの大切さを学ぶことができるようになるだろう。そしてそうなった時、彼女はもう透明人間ではなくなっているだろう。

いなくなってしまう親

さて、ここまでは一緒に住んでいるのに心のなかに住んでくれない親について述べてきたが、なかには文字どおりいなくなってしまう親もいる。親の姿が消えてしまうと、見捨てられた子供の心のなかには大きな空白ができる。子供は幼いころの記憶をたどり、思慕の情を募らせるが、心の奥では、いなくなってしまった親に対するはっきり自覚しない怒りも生まれている。それは「親は私が要らなかったのだ」という意識である。だがその一方で、いつの日かまた親が戻ってきてくれて、再び愛情を獲得することができたら、というはかない希望も消えてはいない。そしてまた、「親がいなくなってしまったのは自分のせいではないだろうか」という気持ちも無意識のなかに残っている。

親の離婚で取り残された子供が十代になってドラッグに手を出したり、その他の非行に走るなど自己破壊的な問題を起こす例はあまりにも多いが、内面の空しさを埋めようとしてそのようなことをしても、答が見つかることはない。

この世に幸せな離婚などというものはない。問題が起きないようにと細心の注意を払っても、離婚が親子全員にトラウマをもたらすことは避けられない。そこで大切なことは、離婚は夫婦間だけの問題であって、子供には関係ないのだということを真に理解することである。離婚後も、たとえ離れて暮らしていても子供とは家族なのである。二人の間にどのような問題があろうとも、子供とは離婚した後もしっかりした心の結びつきを維持する責任は夫婦ともにある。離婚届けは「親の義務を果たさない親」が子供を見捨てることの許可証ではない。

離婚後、子供が父母どちらと一緒に暮らすことになるにせよ、片方の親がいなくなってしまうと、子供の心に大きな傷を与えてしまう。ここで忘れてならないのは、家族に何かネガティブなことが起きると、子供はほぼ必ずといってもいいほど、それが自分のせいではないかと感じるということである。子供には、「離婚はすべて親の責任であり、子供のせいではない」ということをはっきりと教えてあげなくてはならない。

やむなく子供と暮らさないことになる親は、その後も子供とはひんぱんに会って、一緒に時間を過ごすようにしなくてはならない。そのまま姿が消えてしまうと、子供はますます透明人間になった感じが強まり、ひとりの人間として存在していることの自信を育てることができなくなる。そうなると、成長してもその問題は消えないまま、成人後もずっと引きずっていくことになってしまう。

必要なものを与えられないために受ける傷

親が子供に暴力を振るったり、執拗にひどい言葉で傷つけたりしたのであれば、その親が「毒になる親」であることは容易に見分けがつく。だが「すべきことをしない親」、「親の義務を果たさない親」の場合は、主観的な要素もあるうえ、それがどの程度のことなのかという問題もあって、はっきり見分けをつけることが難しい。

子供が親から受けるダメージが、親が何かひどいことを〝した〟ことによってではなく、何かを〝しなかった〟ことによって与えられた場合、その子供が大人になってから自分の人生に起きる問題と親との関連性を見抜くことは非常に難しくなる。また、そういう親を持った子供は、もともと自分の抱える問題と親との関連性を否定する傾向が特に強いので、その作業をいっそう難しくする。

問題を複雑にしている要因のひとつに、この種の親の多くは自分が抱える問題のためにすでに救いようのない状態にあるため、他人がそれを見ると哀れを感じてしまうということがある。これは、その子供となればなおさらで、親の救いようのなさ、あるいは無責任さを見ると、子供はつい弁護したくなってしまうのである。それは、犯罪者をかばって被害者が謝っているようなものだ。

そういう子供が大人になると、よく「親は悪意があってそういうことをしたのではないんです」、「彼らなりにできるかぎりのことはしたんです」と言って親を弁護するが、そのような弁護は、それらの親が子供に対する責任を果たさなかった事実をあやふやにしてしまう。だがその子供が健康な心の発達ができずに苦しんだのは、他ならぬその親のせいだったのである。

もしあなたが「親の義務を果たさない親」の子供だったなら、あなたは「親が抱えている問題の責任は、彼ら自身にある」ということを知らないまま成長している可能性がある。もしそうなら、あなたは親の問題に引きずられ、親の都合に踊らされているのは自分の運命のように思え、おそらく自分がそのように選択してそうしているとは思っていないだろう。

だが、あなたはそうではない道を選ぶことができるのだ。まずはじめに、自分にはどうして楽しい子供時代がなかったのか、と考えてみることから始めるとよい。そして負わなくてもいい責任を負わされたことによって、自分はどれほどのエネルギーを浪費してきたかという事実を受け入れるといい。

これが理解できれば、あなたは生まれてはじめて、もう自分にはないと思っていたエネルギーがわいてくるのを感じるだろう。それはこれまでの人生の大部分において、親のために費やしてきたエネルギーである。これからはそのエネルギーを、自分をもっと愛し、自分に対してもっと責任が取れるようになるために使うことができるようになるだろう。

三章　コントロールばかりする親

干渉し、いつもコントロールしていないと気がすまない親と、そういう親に育てられて大人になった子供が、いま正直な気持ちを言葉にして交わしたらどうなるだろうか。そのような会話は現実にはあまりあり得ないが、もしあったとすればつぎのようになるだろう。

〈いまは大人になっている娘〉

「どうしてあなたはいつもそんなことばかり言っていなくちゃいけないの？　どうして私のやることなすことすべてに干渉して、あなたの思い通りにさせようとするの？　どうして私の好きなようにさせてくれないの？　私があなたの望む仕事を選ばなかったからといって、あなたにとってどんな違いがあるというの？　私がだれと結婚しようと、あなたにとってどうだというの？　いったい、いつになったら私を解放してくれるの？　いったいどうして私が自分のことを自分で決めたら、それがあなたを苦しめることになるというの？」

〈コントロールしていないと気がすまない母親〉

「あなたはそうやって私から離れていこうとすることで、どれほど私を苦しめているのかがわからないのよ。私はあなたに私を必要としていてほしいの。私はあなたを失うことが耐えられないのよ。私にとってはあなたがすべてなのよ。あなたが何か間違いをおかすんじゃないかって、心配でたまらないの。もし何かよくないことが起きたら、私は母親として失格だったってことになるじゃないの」

過剰なコントロールとは

コントロールとは、必ずしも常にネガティブなことではない。よちよち歩きの幼児が車道に出ていこうとするのを叱って引き止めている母親は、「コントロールしたがる親」ではなく「分別のある親」といえるだろう。その時の彼女の〝コントロール〟は現実に即したものであり、そうすることで彼女は子供に必要な保護を与えているのである。

だが、その後十年たって、子供がひとりで道を渡ることができるようになってもまだこの母親が手を引こうとしていたら、それは子供の健全な精神の成長を助けている行為とは言いがたい。過剰なコントロールとはそういうコントロールを言う。

親からコントロールされてばかりいる子供は、新しいことを経験して学び、何かをマスターし、失敗するリスクも負うように勇気づけられることがない。そのため自信が育ちにくく、自分では何もできないように感じることが多く、また心の奥にはフラストレーションがたまっていく。

だが子供を過剰にコントロールしようとする親は、自分自身に強い不安や恐怖心があるため、子供に干渉してばかりいる自分をとめることができないのだ。その結果、コントロールされている子供もまた不安感や恐怖心の強い人間になってしまうことが多く、精神的に成長することが困難になる。そういう子供の多くは、思春期を過ぎて成人に近づいてもあいかわらず世話を焼きコントロールしようとする親から脱却できず、その一方で、親の方はあいかわらず子供の人権に対する侵略を続け、心を操ろうとし、子供の人生を支配し続ける。

コントロールしたがる親の多くは自分が必要とされなくなることを恐れているため、子供の心に非力感を植え付け、それが永久に消えないことを望む。表面的に見れば、それは子供を自分に依存したままにさせておこうとする行為だが、実は自分が子供に依存していることの裏返しなのだ。子供が成長して独立し、家を出ていった後に、残された中高年の夫婦によく見られる精神不安定な状態を「巣立ち症候群」というが、コントロールしたがる親は子供がまだ幼いうちからこの症候群と似たような不健康な不安感を抱いている。彼らは子供の親であることにしか自分のアイデンティティーを見いだすことができないため、子供が独立心を見せると、裏切られ見捨てられたように感じるのだ。

　このタイプの親の持つ問題の深刻さがなかなか理解されにくいのは、彼らは子供を支配しようとしているのに、「子供のことを気遣っている」という〝隠れみの〟に包まれているためだ。彼らの言う「あなたのためを思ってしているんです」という言葉の本当の意味は、「私があなたをコントロールするのは、あなたがいなくなってしまうことがあまりにも不安なので、あなたを行かせないでみじめな思いをさせるためなのよ」ということにほかならない。だが、もちろん彼らがそれを認めることはまず絶対にない。

コントロールの二種類

　コントロールには、露骨ではっきりわかる直接的なコントロールと、はっきりとはわかりにくいが、相手の心を自分が望むように操ってその人をコントロールしようとするものとの二種類がある。

1 直接的で露骨なコントロール

直接的で露骨なコントロールはあからさまに攻撃的なので、はっきりそれとわかる。たいてい「言った通りにしなさい。さもないと……」という形を取り、この「……」の部分は「何も買ってあげない」や「小遣いをやらない」だったり、「もう口をきいてあげない」や「もうお前はうちの子じゃない」だったり、あるいは言葉ではなく暴力だったりするかもしれないが、そこにはいずれも「脅し」が含まれており、子供はしばしば屈辱を感じさせられる。その時、子供の気持ちやニーズは親の気持ちやニーズの下に埋められ、子供は最後通牒を突きつけられ、子供の意見や望みは力ずくで圧殺される。そこにあるのははっきりとした強者と弱者である。つぎに、露骨なコントロールのいくつかのタイプをあげてみよう。

(1) 自分の都合を押しつけるタイプ

このタイプの「毒になる親」に人生を踏みにじられているケースは枚挙にいとまがない。つぎに示すのは、広告代理店で管理職をしている三十六歳の男性の例だ。

結婚して六年になるが、両親と妻の間にはさまれて結婚生活が危機に瀕している。東部に生まれ育ち、大学を出た後に西海岸にやってきて就職した。両親ははじめ、しばらくしたら私はまた東部に帰ってくるだろうと思っていたらしい。だが私がそこで知り合った女性と結婚して住みついてしまったため、両親は家に帰ってくるようにとあらゆることでプレッシャーをかけ始めた。それからさまざまな問題が噴き出し始めた。

それから一年後のこと、両親の結婚記念日に妻と一緒に帰郷することになっていたが、妻が流感にかかり行かれなくなってしまった。家に電話すると、母が「あなたが来なければ私は死んでしまう」と言う。やむなく、とんぼ返りのつもりで一人で行くと、両親は口をそろえて一週間泊まっていけと言い出した。その圧力を振り切って翌日帰ってくると、すぐ父が電話してきて、「お母さんは病気になってしまった。お前はお母さんを殺すつもりか」と私を責めた。

こうして彼の両親は、彼に結びつけたヒモを何千キロもの彼方から相変わらず引っぱっていたのだ。しかも両親は彼の妻をけっして受け入れなかった。私は彼に、そのことについて両親とはっきり話したことはあるかとたずねてみた。彼はきまり悪そうに、「できれば良かったのですが……」と言葉を濁した。

両親はその後も妻を無視し続け、私たちをたずねて来たことは一度もなかった。だが私は親に強い態度を取ることができず、妻に非難されても「わかってくれ」と言うしかなかった。両親はその後もずっと妻に対してひどい態度を取り続け、私たちを傷つけ続けた。

この例でもわかるように、干渉しコントロールしたがる親というのは非常に自己中心的な性格をしている。子供が自分のしたいことができて幸福感を感じているというのは本来喜ぶべきことなのに（なぜなら、それは子供を自分のやりたいことがやれる人間に育てられたということだからだ）、そのように考えることができない。その反対に、子供がしたいことをしていると自分が置き去りにされたような気分になり、子供が離れていくことに脅威を感じるため、子供を自分勝手だといって責める。

このような親にとっては、子供がやりたいと思うことでも自分が子供に望むことと一致しなければ意味がないのである。その結果、自分の望むようにならないことはすべて悪いほうに解釈する。この青年がやりたい仕事をするためにカリフォルニアに引っ越したのも自分たちから逃げていったということにされてしまい、そこで結婚したのは親に対する嫌がらせと映る。彼らにとっては、彼の妻が流感にかかったのも、ウイルスに感染したのではなく彼らを困らせるためなのだ。彼の両親の要求は、「私たちと妻のどちらをとるのか」と迫っているのと同じだった。

さらに、露骨にコントロールしたがる親は中間的なやり方を認めない。「私の望む通りにするのか、それともしないのか」の二種類しかないのである。すべてかゼロか、どちらかしかないのだ。そのような親を持った子供が大人になり、自分の人生を少しでも自分のものとして生きようとすれば、親によって作り出された強力な「無実の罪悪感」、「フラストレーション」、「怒り」、などの高い代償を支払わされる。

彼の場合、もともと私のところに相談にきた理由は結婚生活のトラブルについてだった。だがまもなく、問題は親元から遠く離れた街に引っ越した時から始まったこと、そして問題の根源は二人の結婚生活にではなく親にあったことがわかったのだ。

彼のケースに限らず、コントロールしたがる親を持つ子供は結婚生活がうまくいかなくなることが多い。親が子供の結婚相手を競争相手と感じるため、結婚した相手と親との間にはさまれてしまうのだ。それでなくてもそういう親は子供へのコントロールが及ばなくなることを恐れているので、子供の結婚はきわめて大きな脅威となる。そのため、結婚後の子供の生活ぶりに小言ばかりいう、結婚相手のことを認めようとしない、無視する、あるいは悪口をいう、「どうせうまくいかないわよ」などと言う、または逆にやたらに相手の肩を持ち、他人の前で自分の子供をけなす、などの行動を取る。

また、コントロールしたがる親に育てられた子供は、小さな時から抑えつけてきたフラストレーションと怒りが心の奥にたまっているため、他人をコントロールしたがるようになることがよくある。結婚相手に対してもそれは例外ではなく、相手をコントロールしようとしすぎて結婚生活がうまくいかなくなることが多い。

（2） カネでコントロールしようとするタイプ

いつの世でも、おカネは常に力関係を作り出す主要な手段となる。コントロールしたがる親にとって、子供を自分に依存させたままにしておくためにカネの力を用いるのは当然のことだ。つぎに示すのはその極端な例だ。

その女性が私に会いに来たのにはさまざまな理由があった。彼女は四十一歳で、人生が壁に突き当たったように感じていた。十代の子供がふたりいるが、子供の父親とはすでに離婚している。仕事が面白くない。肥満しているので体重を減らしたい。生き甲斐が感じられるような仕事を見つけて自分の進む方向を見きわめたい。でも、もし自分にぴったりな男性にめぐり会えれば、心のもやもやも晴れるに違いないと思っている。

彼女は非常に貧弱な自己像を持ち、世話をしてくれる男性がいなければ自分はやっていけないと信じていた。話をしているうちに、彼女の問題は父親に原因があることがわかってきた。

大学を出てすぐ結婚した夫はロマンチストだったが生活力はあまりなく、父ははじめ結婚は絶対に認めないといっていたが、内心では喜んでいたのかもしれない。なぜなら、私たちは父の援助なしには生活できない状態だったからだ。資産家の父は、しばらくの間は生活費の面倒を見てくれると約束してくれ、その後も最悪の場合には自分が経営する会社で夫を雇ってくれると言ってくれた。

この父の提案は一見親切そうに聞こえるかもしれないが、それで私たちは完全に父に支配されることになってしまった。私は子供の時から「お父さんの大事な娘」だったが、結婚した後もその状態が続くことになったのだ。私たちは経済的な援助を受けるかわりに、なんでも父の言う通りにしなければならなくなった。父に面倒を見てもらいながらの結婚生活は〝ままごと〟のように感じられた。

父は私がまだ小さかったころはよく可愛がってくれたが、私が自分の意思を持ち始めたころから私をうまく扱えなくなった。私が自分の思う通りにならないと、父は大声でわめいたり、ひどい言葉でののしったりするようになった。十代も半ばになると、言うことを聞くか聞かないかで小遣いをくれたりくれなかったりするようになった。ある時はすごく気前がいいかと思うと、泣いて頼まなければ教科書を買うおカネも映画を観るおカネもくれなかったりした。

しだいに私は父の機嫌をとることに時間とエネルギーを費やさなくてはならないことが多くなった。父はそれを楽しむかのように意地悪をした。言う通りにすれば〝ほうび〟としておカネは与えられ、言う通りにしなければ〝罰〟として与えられなかった。そこにはルールも一貫性もなく、父はその時の気分で気前よくなったりケチになったりした。

結局、夫は父の会社で働くことになった。だがその結果、父は私たちの家庭のあらゆることに口を出し、私たちは何から何まで父にコントロールされることになってしまった。それに耐えられなくなって夫が会社を辞めると、仕事が長続きしないダメな人間であることの新たな証拠だと非難した。夫が別の仕事を見つけると、それなら援助を打ち切ると脅した。だがその年のクリスマスになると父は急に態度を変え、私に新車を買ってくれた。それは夫に対する当てつけだった。

彼女の父親は、このような残酷なやり方で経済力を見せつけることによって、自分が彼女にとってかけがえのない存在であることを思い知らせ、同時に彼女の夫をさらに見劣りさせ、彼女をコントロールし続けた。

（3）子供の能力を永久に認めないタイプ

このタイプの親は、「何もできやしないくせに」となじるなど、子供をこき下ろして責める。たとえ事実はそうでなくても、そんなことはまるで認めない。つまり子供の言い分はすべて圧殺するのである。

ある小さな建設機器販売会社を経営する四十三歳の男性は、私をたずねてきた時ほとんどパニック状態だった。彼は最近、怒りが爆発すると自分がコントロールできなくなり、わめき散らしたり、ドアをたたきつけて閉めたり、壁をなぐったりするようになり、自分がさらに暴力的な人間になりそうで恐ろしいというのだ。

話を聞いてみると、彼もまた父親からことあるごとに軽んじられていた人間であることがわかった。彼は十八年前に父の会社で働き出し、その二年後に父が引退したため跡を継いだが、その後も父はことあるごとに彼の仕事ぶりに口を出した。彼は父の承認を得ようと一生懸命に努力してきたが、父は息子の能力を認めたことがなかった。

父が引退してから、私はずっと会社を切り盛りしてきた。だが父はいまでも週に一度は事務所に顔を出し、帳簿を調べてはあれこれと私のやり方を批判するのをやめようとしない。従業員の前で、大声でけなされることもしょっちゅうだ。しかし、私が跡を継いでから、会社の業績は上を向き始めたんだ。この三年間で収益は二倍になった。いったいいつになったら父は口出しするのをやめるだろうと思うと、私は怒りがおさまらない。

私の見たところでは、会社の創業オーナーである彼の父親は、そのことへのプライドとエゴばかり大きい一方で、最近息子が活躍するようになって自分の影が薄くなり始めたことを感じているようだった。私は彼に、父親に対して怒りのほかにも何か感情がわいていないかとたずねてみた。

　彼は少し戸惑っていたが、面談を進めているうちにそれがわかった。彼がいまだに父親に反論ひとつできない原因となっていた感情は、父に対する「恐れ」だった。彼が子供のころ、父は強大な存在で、「神様のような親」だった。いまでも父親が事務所に入って来ると、彼は子供の頃と同じようになってしまい、父の質問にしどろもどろになったり、何か批判されると謝ったりしてしまうのだという。父の冷たい目つきと、重々しく批判的な口調が、彼にそのような反応をさせていたのだ。

　彼の父は、家業のビジネスを通じて彼にはまだ能力が足りないように感じさせ、それによって自分の自尊心を保ってきた。父はどのような口調でどのようにものを言えば息子がたちまち非力な子供に戻ってしまうかを知っていた。

　その後、少し時間はかかったが、彼は父がいつの日か変わってくれたらという希望を捨てなければならないことを理解することができた。現在は、そのような父に対する対処の仕方をどう変えていくか、つまり、自分はどう変わるべきかという課題に取り組んでいる。

2　はっきりとわかりにくい心のコントロール

直接的で露骨なコントロールと違って、一見ソフトなオブラートに包まれた間接的なコントロールははっきりとわかりにくく、しかし直接的なコントロールに少しも劣ることなく有毒である。自分の望むことを直接はっきりと要求するのではなく、真正面から抵抗しにくいやり方で相手を自分の望む通りに動かそうとするのは、すなわち相手の心を操ろうとしているということだ。

もっとも、自分の気持ちや望みを遠回しに表現すること自体は、程度の差こそあれだれでも常にしていることであり、ノーマルな形で行われている限り〝有害なコントロール〟といったようなことではない。現実社会ではなんでもはっきり言えばいいというわけではなく、遠回しにものを言うことは人間関係を滑らかにするうえで時には必要である。

来客がいて夜遅くなったら、「帰ってくれ」とは言えないからあくびをしてみせたりする。「酒が飲みたい」と奥さんに言うのが気がひけるので「開いてるボトル、なかったっけ」などと言う。見知らぬ女性にいきなり電話番号を聞くわけにはいかないから、天気の話でもして話のきっかけをつかむ、……。こういったことはノーマルであり、人間同士がコミュニケーションをとる上で必要なことだ。それは親子の間でも同じである。夫婦、友人、同僚、上司、部下、どのような人間関係においても同じことは行われている。そういう意味では、セールスマンなどは人の心を操ることで生計をたてているようなものだ。ソフトな言い方というのは、善意に根ざしている限り、人間関係を滑らかにする潤滑剤として有益なのである。

　ところがこれを、相手をコントロールするための手段として、執拗に、過剰に使うようになると、非常に不健康で有毒なものになる。特に親子の間では、小さな子供は親の本心がわからず混乱してしまう。自分が何かいけないことをしたのだろうと感じさせられ、だが何がいけないのかがわからない。一方、子供がある程度以上の年齢の場合には、親の意向は明確に伝わり、真綿で首を絞めるようなコントロールのやり方に、子供はいいようのないフラストレーションと不快感を覚え、心の奥に怒りがたまっていく。いくつかタイプをあげてみよう。

（1）「干渉をやめぬ母」のタイプ

　このタイプの有毒な行為のひとつが、「手助けしている」姿を装ったいらぬ干渉だ。こういう親は、放っておくことができる時でも自分が必要とされる状況を自ら作り出し、すでに大人になっている子供の人生にすら侵入してくる。この干渉は「善意」という外見に覆われているため始末が悪い。

　つぎにあげるのは、三十二歳の女性テニスコーチの例だ。彼女はアマチュアの時代からトーナメントで活躍し、プロのコーチとなってからも努力を重ねて現在の地位を築いてきた。だが華やかな仕事とは裏腹に、彼女は重い抑うつ症に苦しんでいた。原因は母親だった。

子供の時からあらゆることに干渉してきた母は、私が大人になっても干渉をやめようとせず、特に父が死んでからというもの、ますますひどくなった。頼みもしないのに食事を作って持ってくるなどは序の口で、留守の間に勝手に部屋に入ってきて掃除をしたり、クローゼットのなかの服を整理（という名目で点検）したりする。ある時など、部屋の模様替えまでしていった。やめてくれと頼むと、見るからに傷ついたような顔をして目に涙までうかべ、「母親が娘の世話をするのが何がいけないの」という返事が返ってくる。仕事で地方に行かなければならない時など、「ひとりで運転していくのは危ない」といってついて来ようとする。断ると、まるで私が寂しい母親を置き去りにしてひとりで遊びにいこうとしているひどい娘であるかのような反応をする。

何回か面談を続けるうちに、彼女はそれまで自分でも知らない間にどれほど母親によって自信が傷つけられ、弱められてきたかということに気がつきはじめた。だが、内面にたまったフラストレーションと怒りを言葉で表そうとするたびに、彼女は強い罪悪感を覚えた。それは「自分のことを思ってくれている可哀相な母」というイメージが頭にしみついていたからだ。だが心の奥では母親に対する怒りは高まるばかりで、しかしそれを人にあからさまに言うわけにはいかないため、彼女はますます怒りを自分のなかにため込んでしまっていた。その結果が強い抑うつ症となってあらわれていたのである。
ところがそうなると、それがまた母親にいらぬおせっかいの口実を与えるという悪循環を引き起こした。「ごらんなさい、ひどく落ち込んだ顔をしているわよ。私が力になってあげるから」となるのだ。

たまに思いきって本当の気持ちを伝えると、母は見るからに傷ついた表情をみせ、私は再び罪悪感に襲われるのが常だった。だが傷つけたことを謝り、気をつかって言葉をかけると「心配しなくてもいいのよ、私のことは。大丈夫だから」という言葉が返ってくる。

これは、大人になってもなお、心を操ってコントロールしようとする親に苦しめられている被害者の典型的な例である。そのような親を持ったほとんどの人は、拒否すれば「手助けしようとしている優しい親」または「可哀相な親」を傷つけることになるという無言の脅迫に耐えかね、爆発しそうな自分を抱えたままノイローゼ寸前になっている。

（2）「兄弟姉妹まで親と一緒になって責める家」のタイプ

罪悪感を使って子供を苦しめるのは、時として親だけではない。本当は親のほうに問題があるのに、兄弟姉妹までその親と一緒になって「お母（父）さんを傷つけて」、「お前ひとりだけ違うことをするとは何事だ」という非難を浴びせる家庭は「毒になる家」と呼ぶしかない。これに親戚まで加われればもう地獄だ。このような場合、しばしば親は自分では直接発言せず、他の子供たちに（しかも直接指示することなく）言わせていることがある。そういう家では、特に休日は家庭内の緊張度が高まる。かくして、幸せな家庭なら楽しみにするはずの休日が、そういう家ではやりきれないうんざりしたものとなるのである。

つぎの例は、雑貨店に勤める二十七歳の青年だ。

私の母は、クリスマスに家族全員が集まることを異常なほど重要に考えて毎年大騒ぎをする。ある年のクリスマス休暇のこと、私は家で家族と休みを過ごすのではなく、友人達と一緒にスキーに行きたいと思った。家族の連中と一緒にいても楽しくないので、家から離れて友人達と一緒に時間を過ごしたかったのだ。だがそのプランを親に話したとたん、あらゆることが地獄のようになってしまった。

母は悲しそうな顔で、「じゃあ今年は多分、クリスマスの集まりはナシだわね。あなた一人だけで楽しんできなさい」と言い、兄と姉は私のせいでクリスマスが台無しになったと私を責めたてた。私は背骨がへし折れるほどの罪悪感を背負わされた。

結局スキー場には無理して行ったものの、気分は晴れず、一緒に行ったガールフレンドと喧嘩ばかりしていた。だが家族はもちろん私抜きで集まり、例年通りクリスマスの夕食をした。私がスキー場に滞在している間に姉はホテルの部屋に三回も電話してきて、私が家族の毎年恒例の行事を台無しにしたと非難した。長兄も電話してきて、私が一家の和を乱したと責めた。私が憂鬱な思いでコールバックすると、今度は次兄が、「お前はお母さんがあと何回クリスマスを僕たちと過ごせると思っているんだ」と言った。

だが母はまだ六十にもなっていないし、元気なのだ。おそらく次兄のそのセリフは、母が彼に言ったものに違いなかった。だが私がいくら自分の気持ちを説明してもだれひとりとして理解しようとせず、私が家族に対してひどいことをしたといって私を責め続けた。私はみなに謝り続け、楽しいはずだったスキー旅行は苦しむために行った旅行になってしまった。


彼の母は彼とは直接話さず、それらの言葉を姉や兄たちに言わせていたのだ。だが彼の母は姉や兄にそう言うように指示したわけではない。彼らは自ら進んで、母にかわって彼を責めていたのである。姉や兄には母親に操られているという意識はなく、母親も意図的に彼らを操ってそう言わせようと考えたのではなかったかもしれない。

だがそのあたりの事情がどうだったにせよ、これ以上強力な「はっきりとわからない間接的なコントロール」はないだろう。子供の心を操ってコントロールするタイプの親は、意識的にせよ無意識的にせよ、面と向かって自分の気持ちをはっきり言うのを避けようとすることを覚えておいてほしい。

このような家族においては、子供のアイデンティティーと安心感は「親や兄弟姉妹の意向」にからみつかれており、なかなか自分自身のものとすることができない。それは、家族の一人ひとりがお互いを一部分ずつ所有し合っていて、各人がはっきり精神的に分離できていないからなのだ。おかげで彼のような子供は、そのような環境から脱出したいと思っても、みんなから放り出された状態のことを考えると怖くてなかなかできなくなる。

それと同じ心理状態は、大人になってからもあらゆる人間関係にあらわれる。他人による自己の〝から め取られ〟に慣らされてしまうと、恋人、上司、友人、時には見知らぬ人に対してすら同様な反応をしてしまう。人にどう思われるかが気になって仕方がないため、常に自分以外のものからの承認と賛同を得ていなければ自己が保てない人間になってしまうからだ。

（3）「兄弟を比較する親」のタイプ

このタイプの親は、ターゲットとなる子供をひとりだけ他の兄弟姉妹と比較して叱り、親の要求に十分応えていないことを思い知らせようとする。最も独立心の強い子供がターゲットにされることが多いが、これは子供たちが全員で団結して反抗しないようにするための分断作戦のようなものだ。親のいうことを最も聞かない子供が家庭内の統率をいちばん乱すというわけである。

こういう親の行動は、意識的であれ無意識的であれ、本来なら健康的で正常な兄弟間の競争心を醜い争いへと変えてしまい、兄弟間に嫌悪感や嫉妬心を生じさせてしまう。そうなると、その子供たちは成長した後もお互いに対するネガティブな感情を持ち続け、一般的な人間関係においても無意識のうちに嫌悪感や嫉妬心を抱きやすい傾向が身についてしまう。

子供に起きる反応

(1) 服従か反抗か

「毒になる親」のコントロールに対する子供の反応は二種類しかない。いやいやながらも従うか、反抗するかの二つだ。だが一見正反対に見えるこの二つの反応も、親からの正常な心理的独立を阻まれているという点では同じことなのだ。反抗するのは親から心理的に独立しようとしていることのあらわれのように見えるかもしれないが、もしそれがコントロールに対する反動による反抗だったなら、そう反応するように仕向けられた結果にすぎない。そのような反抗は、しっかりした自分があって心理的に独立していることとは関係がない。

この典型的な例として、ある五十五歳になる実業家のケースをつぎに示そう。彼はコンピューターソフト会社のオーナーで、経済的には人のうらやむような暮らしをしていたが、いまだに独身で子供もなく、時どき非常に強い孤独感に襲われる不安症候群があって私のカウンセリングを受けにきた。人と愛情のかよった関係を持つことができず、このままでは最後はひとりで死ぬことになると思うと恐怖が走るのだという。

彼が人と、特に女性と打ち解けてつき合うことができないのは、子供の時から過剰にかまいすぎる母親が原因だった。

> 小さいころから、母はずっと私に密着し続け、結婚のことでもあれこれと心配してやっきになってきた。母はいま八十一歳で、健康状態も良く、友達もたくさんいる。だがそれにもかかわらず、母は私の女性関係とか結婚について異常なほどあれこれ気をもんで毎日を過ごしているように感じる。私はそんな母親が重荷でたまらず、息子の幸せのためだけに生きているような母親に窒息させられそうだ。

彼はまるで背中に取り付いていて引きはがすことができないみたいな母親のことを、「もしできることなら、母は私に代わって呼吸すらするでしょうよ」と表現した。

彼のその言葉は、コントロールしたがる「毒になる親」が自分と子供との間の境界線を消し去ってしまっているさまを実によく物語っている。彼の母は心理的に息子にあまりにもからみついているため、いわば、どこまでが自分でどこから先が息子なのかわからなくなっているのだ。こういう親は心理的に自分の人生が息子の人生に溶け込んでしまっているので、息子の人生は自分の人生であり、息子は自分の延長でしかない。

このような母の窒息しそうなコントロールから逃れるため、彼は若いころから母の望むことにはすべて反抗してきた。そして母の要求はすべてはねつけてきたが、結婚もそのひとつだったのだ。母があれやこれやと口を出しすぎたために、彼は逆らってずっと結婚しなかったのである。

こうして彼は、支配しようとする母の望みをすべて拒否してきたために、自分が望むことまでやらない結果となってしまった。そのような人生を生きることで、彼は〝自分の意思を持った男〟のつもりでいたが、実際には母の望みと逆のことをすることが最も重要になってしまい、そのために自分の本当の意思を圧殺してきたのにほかならない。

私はこのような反抗を「自滅的な反抗」と呼んでいる。みずから自分をつぶしてしまう反抗と、言いなりになることとは、同じコインの両面なのである。それと違って、健康的で建設的な反抗とは、自分が望んでいるのは何かを正しく見極め、自分の自由な意思による選択により行うものだ。そのような反抗は人間性を成長させ、個性を強化することができる。だが「自滅的な反抗」は、コントロールしようとする親に対する反動にすぎず、その結果訪れる不本意な結末を正当化しようとするものでしかない。

（2）墓に入っている親からまだコントロールされる

多くの人は、コントロールしたがる親もそれができるのは生きている間だけだと考えがちだが、心理的な〝首輪〟はそう簡単には外れるものではない。海をへだてていようが、墓に入っていようが、そういう親は目に見えない鎖の端を握っている。何年も前にすでに死亡している親の、生存中の要求やネガティブな言動にいまだにわずらわされている人たちを、私は何百人と見てきた。

つぎは、六十歳になる実業家の例だ。

父は貧しい移民だったため、私たちの一家は爪に火をともすようにして暮らしてきた。父はいつも「世の中は信用できないやつらばかりだ。用心していないと生きたまま食われてしまう」と言っていた。私が事業に成功してカネを稼ぐようになってからも、父はカネの使い方にいちいち口を出した。それで私は相変わらずケチを絵に描いたような暮らしを続けていた。それは、わずかなカネでも使うのを恐怖に感じることが条件反射のようになっていたからだ。

彼の父は、そのようなことばかり言うことによって、自分自身の苦しみと世の中に対する恐怖心を息子の心に植えつけていた。そのため、彼が事業に成功した後も、彼の頭のなかでは悲惨な結末を予告する父の声がエンドレステープのように鳴り続けていた。それは父がもう生きていないいまでも鳴りやまない。

女性に関しても、私はいつも運が悪いとしか言いようがなかった。私は女性を信頼することがどうしてもできなかった。結婚生活もそれで破綻した。妻が私を見捨てて出ていったのは、私の異常なケチぶりに愛想をつかしたことだけが理由ではなかった。私は自分の感情、特に心のこもった優しさとか愛情を表現することがきわめて下手な人間になっていたのだ。離婚後もそれは変わらず、女性に対して心を開くことが相変わらずうまくできなかった。

それは若いころから父親に「女にだまされないよう気をつけろ。バカな顔を見せていると有りガネ全部巻き上げられるぞ」といつも言われていたことと関係があった。彼は、いつも自分より能力の劣る女性とばかりつき合っていたのはおそらくそのせいだろうと自分でも思っている。そういう相手でないと安心できないのだという。だが経済的に助けてあげたり、商売を始めさせたりしてみても、いつも最後までやり通すことはなかった。だまされる前に自分のほうからだましていたのかもしれない、と彼は言う。彼の現在の悩みは、どうしたら心から女性を信頼できる人間になれるかということだという。彼は最近ようやく、内面から聞こえてくる父親の不吉な声を（完全に消すことはできないまでも）小さくすることができるようになった。

つぎの例は、テレビのショー番組でバックグラウンドミュージックの作曲をしている三十九歳の女性だ。彼女の両親も彼女が子供のころからあらゆることに干渉し、コントロールしようとする人たちだった。両親はすでに亡くなっていたが、彼女はうつ病に悩まされ、半年ほど前には病院に収容されていた。

結婚式の時、両親はいつものようにすべてを取り仕切ろうとしたが、私は生まれて初めて勇気を出して自分の意志を通し、親には口出しさせずに自分たちのやりたい方法でやることにした。だが、その結果どうなったかというと、まず両親は結婚式にあらわれなかった。そればかりか、彼らは親戚中に私の悪口をふれてまわった。私は「可哀相な親の喜びを奪ったひどい娘」にされてしまい、家族も親戚もみな口をきかなくなった。

それから数年後、私の母はガンにかかり余命が短いことを知った。ところが母は、自分が死んでも私にだけはそのことを知らせないようにと親戚中に伝えていた。私が母の死を知ったのは、死後五か月たってからだった。偶然出会った古い友人からそのことを知らされたのだ。父に電話すると、「さぞいい気持ちだろう。お前がお母さんを殺したようなものだ」という言葉が返ってきた。

父はその後も非難の言葉を吐き続け、それから三か月後に死んだ。

彼女の頭のなかでは、いまでも彼女を非難する両親の声が鳴り響き、それが彼女の首を絞める。彼女が再発性のうつ病で入院したのは、そのためだった。

先ほど例にあげた実業家のケースと同じく、彼女もまた墓に入っている親の「私が苦しんで死んだのはお前のせいだ」という声に何年も苦しめられてきた被害者のひとりだった。自殺を考えたこともあったが、結局思いとどまった。死んだらあの世でまた親と一緒になってしまうと考えたら死にたくなくなったのだという。この世で人生をめちゃめちゃにされたうえ、あの世でもまたそうはなりたくないと思ったというのだ。

多くの「毒になる親」の子供たちと同じように、彼女も親から苦しみを与えられたという事実の一部を認めることはできたが、それだけで罪悪感を完全に払拭することはできなかった。その後、多少時間はかかったが、彼女は親の残酷な言動の責任はすべて親自身にある、という事実をはっきり受け入れることができた。彼女の両親はすでに死亡していたが、彼女が親の亡霊からようやく解放され、本来の自分でいられるようになったのは、それからさらに一年たってからだった。

アイデンティティーの分離ができない

自分が自分でいることに対してよい気持ちでいられる親は、大人になった子供をコントロールする必要がない。この章に登場したすべての「毒になる親」に共通している点は、彼らの言動の根源には自分自身の人生に対する根深い「不満」と、見捨てられることへの強い「不安」があるということである。

そういう親にとって、子供が独立していくのを見るのは、体の一部を失うくらいつらいことだ。それゆえ、子供が大きくなってくると、彼らはますます子供の首につけたひ﹅も﹅を強く引っぱらなければならなくなってくる。

親がこういう状態にあると、子供は成人後も自分が何者なのかというアイデンティティーがぼやけたままはっきりしない。それは、自分が親から独立した異なる人間であることを実感しにくいからである。そのため、自分が望んでいると思っていることが、いったい本当に自分の望むことなのか、それとも親が望むことなのかよくわからない。無力感に襲われるのはそのためだ。

どのような親でも、子供が一人歩きできるようになるまではなんらかのコントロールが必要なのは当然のことだ。だがノーマルな家庭では、子供が思春期をむかえた少し後くらいからコントロールのレベルを減少させ、それから先は自分で歩かせるための移行期間となっていくのが普通だ。ところが「毒になる親」の家庭では、この時期に行われるべき健康的な親子の精神的分離が行われず、何年も遅れるか、または永久に行われない場合もある。そういう状態にある子供が、成長した後に親との精神的な分離を果たすには、自分の意思で自分の人生を取り戻そうと行動を起こす以外に道はない。

四章 アルコール中毒の親

小さな町工場を経営するその男性が私のカウンセリングを受けにきたのは、気が小さくて毅然とした態度で人と接することができない性格をなんとかしたいというのがおもな理由だった。彼はいつも神経がピリピリしていて落ち着かず、工場の従業員からさえ「女々しい」とか「一緒にいると気が滅入ってくる」などと陰口をたたかれているという。その性格のせいで、彼と一緒にいると居心地が悪くて落ち着けないため、親しくつき合ってくれる友人ができないという悩みもあった。

会話のなかほどで、彼は仕事のうえでのもうひとつのストレスについて語り始めた。

六年ほど前、私は父を自分の工場に雇い入れた。父は私が子供のころから、私が覚えている限りずっとアルコール中毒だった。私はそんな父をなんとか更生させようと思ったのだ。だが仕事のプレッシャーのせいで、事態はよけい悪くなった。父は酒をやめるどころか、酔っぱらって得意先の人に悪態をつき、私は商売に大損害をこうむってしまったのだ。だが父をクビにするわけにもいかず、それにそんなことをしたら二度と立ち直れなくなるだろうと思うと、どうしたらよいのかわからなくて困り切っている。なんとか話をしようとしても、「親のすることに文句をいう気か」と、父はとりつく島もない。

彼の過剰な責任感、父を救わなくてはならないという気持ち、その一方で自信のない性格、抑圧された怒り……、これらはアルコール中毒の親を持った子供が成長してから示す典型的な症状である。

リビングルームの恐竜

アルコール中毒者のいる家庭では、「事実の否定」（一章を参照）が家族全員の心の巨大な部分を占めている。家にアルコール中毒の人間がいるというのは、比喩的に言うならば、リビングルームに恐竜が居座っているようなものだ。外部の人が見れば、そんな巨大なものがそこにいるのは歴然としており、とても無視できることではない。だが家族はその化け物に対してなすすべがなく、その無力感から、そんなものは自分たちの家にはいないことにしてしまう。それが彼らにとって、家族が共存できる唯一の方法だからである。そういう家庭においては、「嘘」、「言い訳」、「秘密」が空気のように当たり前のことになっており、それが一緒に暮らしている子供に計り知れない情緒の混乱を引き起こす。

アルコール中毒の親がいる家庭における家族の情緒的および心理学的な状態は、親が薬物中毒（非合法のドラッグか医師の処方による合法的な薬物の依存症かにかかわらず）の家庭の場合と基本的に同じである。この章では特にアルコール中毒の親の話に絞っているが、薬物中毒の場合も子供がこうむる苦しみは似たようなものであることをつけ加えておきたい。

この男性が子供時代に体験したことは、アルコール中毒の親を持つ子供が味わう特有のものだった。彼は次のように語っている。


父は仕事から帰ると、すぐボトルの入った戸棚に直行してまず一杯やり、夕食の間もグラスは食卓に置かれたままで、ずっと飲み続けていた。そして食事が終わると、いよいよ本格的に飲み始めた。飲んでいる間はやめるように言うことなどもちろんできないばかりか、機嫌を損ねないように家族は静かにしていなければならなかった。酔うと自分で寝室にいくこともあったが、しばしばその場に酔いつぶれるので、ベッドまで引きずっていかなくてはならないこともよくあった。いちばん嫌だったのは、そのことについて家族のだれもはっきり語ろうとしないことだった。だいぶ大きくなるまで、そういうことはどこの家でもしていることなのかと思っていた……。

彼はごく幼いうちから、父親の飲酒は一家にとって大きな秘密であることを感じ取っていた。母親から〝お父さんの問題〟について人にしゃべってはいけないと釘をさされるよりもずっと前から、彼はすでにそうしていた。そして一家は全員で、「私たちには何も問題はない」という見せかけを外部の世界に対して取りつくろっていた。彼らは〝世間〟という脅威から身を守る必要性を共有することで結ばれていたのだ。こうして〝家の秘密〟は、この暗い一家を団結させる接着剤の役を果たしていた。

このような「家の秘密」には、つぎの三つの要素が必ず含まれている。

1　アルコール中毒の親本人による「事実の否定」

だれがみてもその人はアルコール中毒だという圧倒的な証拠があるにもかかわらず、そして、その人の行動は家族にとって苦しみであり恥であるという事実にもかかわらず、本人がその事実を否定する。

2　本人以外の家族のメンバー（たいていは配偶者と子供）による「事実の否定」

これには通常、「ママが飲むのはただリラックスするためなんだよ」、「いま転んだのは何かにつまずいたからさ」、「パパが失業したのは意地悪な上役がいたからだ」などの言い訳が用いられる。

3 自分たちは〝ノーマルな家〟なのだという取りつくろい

この取りつくろいは、家族のメンバー同士の間でも行われるし、外部の世界に対しても行われる。自分たちを〝ノーマルな家〟のように見せかけようとする家族の態度は、とりわけ子供の心を歪めてしまう。なぜなら、子供は生まれつき自然なので、家のことについては当然疑問がわくが、この取りつくろいをするにはそういう自分の感覚を無理やり否定しなければならないからだ。

自分が感じたり考えたりしていることと違うことを絶えず自分や他人に言っていなくてはならない状態では、自分に対する信頼感を育て、自信ある人間となることはほとんど不可能に近い。その子供の内面には無意識のうちに罪悪感が生まれ、自分が人から信用されるかどうかの自信が持てない。その感覚は成長する間もずっと続き、その結果、自分のことを積極的に人に話したり、自分の意見を自由に述べたりすることを尻込みしがちな人間になる。アルコール中毒の親を持つ子供の多くは、外見はともかく、内面は悲痛なほど内気である。

子供にとって、家族についての取りつくろいを続けるには、非常に大きなエネルギーを必要とする。その子供は、常に内心では身構えており、うっかり家族のことをバラしたらどうしようと恐れている。あまり友人を家に連れてきたがらないこともよくあり、友達を作りたがらないこともある。そのため、彼らはしばしば非常に孤独だ。

だが、外の世界で孤独であることは、暗い家族の問題にさらに深く引きずり込まれることの原因になる。そしてその結果、共通の秘密を抱えている唯一の人たち、つまり家族のメンバー（おもに親）との歪んだ結びつきを強めることになるのだ。こうして親との密着度が増し、親に無批判に忠実であることがその子供の習い性となっていく。このことは、大人になってから破滅型の人生を生きる要因になり続ける。

自己を喪失する子供

アルコール中毒の親を持った子供は、親を救うことと、〝ノーマルな家〟の見せかけを維持するための空しい努力にエネルギーを割かれるあまり、自分自身の基本的なニーズにほとんど注意を払うことができない。そのため彼らは、二章に登場した「親の義務が果たせない親」の子供と同様、自分は存在しているのに親からは見えない子供、つまり透明人間になったように感じることがある。その結果、親に問題がある家庭ほど子供は心の支えを必要とするのに、その子供は親から心の支えが得られないという矛盾に陥る。

この工場経営者の男性は、他のアルコール中毒の親を持った多くの子供と同様、周囲のすべての人がどんな気分でいるかということに対して自分に責任があるようにいつも感じていた。それはまさに、子供の時に両親に対して感じていたことだったのだ。また、彼が子供の時から涙ぐましい努力をして親と対立するのを避けてきたのは、自分を含みだれかを傷つけた責任が自分にあるような事態にはなりたくなかったからだった。そして彼は、子供の時から正直な感情をいつも押さえつけていなければならなかったので、しだいに自分の感情をのびのびと表現することができない人間になっていった。

彼は酔いつぶれた父親を家人が寝かしつけるのを手伝う時、親の気分を損ねないように気を遣うことを覚えるようになったが、そうなるともうどちらが親なのかわからない。このように、子供が親のように行動しなくてはならない親子関係のもとでは、子供は自分が何なのかよくわからず、ノーマルなアイデンティティーの意識が育たない。親がアルコール中毒の家庭では、このように破滅的な「役割の逆転」（二章を参照）がよく起こる。

本書の全編を通じて登場することでもわかるように、このような「親子の役割の逆転」は、アルコール中毒の親に限らずほとんどすべての「毒になる親」のいる家庭で起きている。アルコール中毒の親は、哀れをさそうような、そして、助けてもらわなくては生きていけないような、それでいて分別のない行動を通じて、積極的に、かつ無理やり、子供から子供の役を奪い取ってしまっているのである。こういう親は自分自身が手に負えない子供であるため、本当の子供は子供でいられる余地がない。

子供の時、家のなかはいつも暗く、母は泣いてばかりいた。私はアルコール中毒の父から逃れて、母と一緒にどこか遠くの島にでも行ってしまうことをぼんやりと夢想していた。いまでは自分の経営する工場に父を雇い入れ、母の面倒もみているが、たまにはだれか私の面倒をみてくれる人はいないものかと思う。

彼の心の奥底には、親の抱える問題を解決してあげることができない後ろめたさが、子供の時からいまに至るまでずっと横たわっていた。そして、自分の世話をしてくれる伴侶を見つけたいと願っていたにもかかわらず、結婚した相手はやはり極度に依存心の強い救いようのない女だった。その女性は妻としてふさわしくないかもしれないということは結婚前に感じていたのだが、子供の時から親との関係を通して培われた「問題のある人を救いたがる」性格のほうが勝ってしまったのだ。

結婚してまもなく、彼は彼女が隠れて酒を飲んでいるのを発見した。だが、もし彼女がアルコール依存症であることを結婚前から知っていたとしても、おそらく彼は「きっと私は彼女を変えられる」と思ってやはり結婚していただろう。アルコールの問題がある親を持つ子供が、成人してからアルコールの問題がある相手と結婚するのはめずらしいことではない。

多くの人は、親がアルコール中毒であるような救いようのない境遇に育った人間がまた似たようなトラウマのなかを生きるようになるという事実には驚くかもしれない。だが、たとえ苦痛に満ちた感触であろうが、自滅的な感触であろうが、慣れ親しんだ感触のパターンを再びくり返したいという衝動は無意識的であり、実はだれにでもあるのである。それが「慣れ親しんだ世界」のもつ魔力である。

さらに、私たちはとかく、「今度こそきっとうまくやれる」と思って過去のトラブルをまたくり返してしまう。苦しみに満ちた昔の体験を無意識のうちにもう一度演じようとすることを「衝動強迫的なくり返し」という。

この衝動強迫がいかに強く人々の人生を支配しているかについては、いくら強調してもしきれない。ほとんどすべての自滅的行動、とりわけ男女の関係で必ずごたごたする人や、いつも相手との関係を自らつぶしてしまう人の行動は、この「衝動強迫的なくり返し」という観点から説明がつく。

彼のケースはその典型的な例だった。彼もアルコール中毒の親を持ったほとんどすべての子供と同じように「二度とアルコールの問題がある人間とは関わり合いを持つものか」と思っていたが、心の奥底に深く根づいた無意識の力は、意識の力よりはるかに強力だったのだ。

なぜ同じことばかりくり返すのか

アルコール中毒者が同じことをくり返す力の強さを物語る例として、「もう二度と暴力を振ったりしない」と何度約束しても、またそれをくり返すというケースがある。約束を反古にするのはアルコール中毒者によくみられる特有の問題のひとつである。

つぎの例は、ある病院のアルコール中毒治療のリハビリセンターで働いていた女性のケースだ。多くの同様のセンターで仕事をしている人たちと同じように、彼女もかつては自分もアルコールと薬物の中毒だった。彼女は職場の上司の指示で、私のカウンセリングを受けにきた。その時、彼女はアルコールと薬物を断ってから二年目だった。その少し前に、彼女は暴力癖のあるボーイフレンドと別れたばかりで、また関係が戻ることを心配した上司が私に会うよう勧めたのだ。

彼女ははじめ、かなり反抗的で、セラピーの必要性などまったく感じていなかった。「このカウンセリングを受けないとクビだといわれたから来ただけだ。私は問題ないからもうカウンセリングに来させなくていいと彼らに言ってくれないか」という調子だった。私は「この人は、このつっぱっている外見の奥にどれほどの苦しみを隠しているのだろうか」と思った。

私は彼女に、「あなたが自分の意思でここに来たのではないことはわかっているが、せっかく来たのだから、何か一つでも役に立つことをつかんでいったらどうか」と勧め、彼女は私が主宰するグループの一つに参加してみることに同意した。

彼女が以前つき合っていた男は暴力を振るう癖があったので、またよりが戻ることをみなが心配しているのは彼女もよくわかっていた。だが彼女によれば、その男は問題はあるが本当はいいやつで、彼女が余計なことばかりいうものだから怒らせてしまうのだという。彼が自分のことを愛しているのはわかっているから、すぐ怒って暴力を振るう欠陥さえ直してくれたらいいというのだ。

彼女はまるで、情熱的に愛されている証しを得るには、相手を激しく怒らせなくてはならないと無意識のうちに思っているかのようで、愛と虐待を混同しているように見受けられた。私は彼女に、そういう行動パターンに思い当たるフシはないかとたずねてみた。しばらく考えてから、彼女は父親との関係に思い当たった。

彼女の父は、一週間のうち五日は酔って家に帰って来るという重度のアルコール中毒だったうえ、家族全員にひどい暴力を振るった。母は父を恐れてそれをとめることができなかった。だが父は飲んでいない時はまともで、魅力的なことすらあり、そういう時には最高の友達にもなれた。ふたりだけで一緒に遊んでいる時は最高だったという。

アルコール中毒の親を持つ子供の多くは、普通なら受け入れられないことでも受け入れる許容力を発達させている。彼女は子供の時、愛情深い父親というのは家族に対してどのように振る舞うものなのかということをまったく知らないまま育ち、楽しい時間を過ごしたければひどい思いにも我慢しなければならないのだろうと推測するしかなかった。こうして、彼女の心のなかでは愛と苦しみが一緒になり、愛は必ず苦しみを伴うと信じるようになったのだ。

〝相棒〟の関係

彼女の父親は、男にぶたれたくなかったらどんなことをしてでも機嫌をとっていなくてはならないということを、実例をもって彼女に教えた。そして彼女は十歳の時に父親から酒を飲まされるようになり、しだいに父の〝飲み仲間〟となっていった。

アルコール中毒の親を持つ子供の、少なくとも四人に一人はアルコール中毒になる。彼らの多くは、ごく若いうちにアルコール中毒の親によって酒の味を覚えさせられている。そのような形で一緒に酒を飲むと、その親子の間には何やら特別で秘かな感じのする結びつきが生まれる。このような〝共犯関係〟を、子供は〝友情〟のように感じるようになり、それは親から愛と承認を得るためのいちばんよい方法と考えるようになってしまう。

また、たとえ親から積極的に飲酒に誘われなくても、アルコール中毒の親を持つ子供が将来アルコール中毒になる確率はやはり高い。それはなぜなのか？　中毒しやすい体質に遺伝的傾向があるのか、または生化学的な異常なのか、などといったことはいまのところまだわかっていない。

だが私は、人間の行動や信条の多くは、親を模倣することによって身につくという大きな要素が存在するのではないかと思っている（訳注：その反対に、アルコール依存症の親の姿を見ながら育った子供が、アルコール類を飲まない人間になるケースも多く、またアルコールを受け付けない体質（いわゆる下戸）になる場合もあります）。

アルコール中毒の親を持った子供は、「激しい怒り」、「抑うつ」、「喜びの喪失」、「猜疑心」、「人間関係のトラブル」などの問題点を親から受け継ぎ、同時に「不必要で過剰な義務感」を背負っている。そして成長してから自分も飲むようになった場合は、「過度の飲酒」という習慣もまた受け継いでしまうことになる。

だれも信じられない

子供が生まれてはじめて持つ、もっとも重要な人間関係の相手は親だ。その親がアルコール中毒だと、子供は自分が愛する人は自分を傷つけ、その時によって機嫌がいいのか悪いのか予測がつかないものだという意識が身につく。そのため、アルコール中毒の親を持つ子供の多くは、成長した後も心を開いて人に近づくことを内心で恐れるようになる。

ところが、恋愛関係でも友人関係でも、他人と良い関係を保つためには、相手を信じて心を開くという、かなり自分を無防備な状態にさらすことが必要になる。だがそういうことこそ、アルコール中毒の親のいる家庭ではできなくなってしまったことなのだ。その結果、彼らの多くは、自分のほうから心を開かなくてもいいように、心を完全に開かないタイプの相手に惹かれていく。こうして彼らは、本当の愛情に満ちた関係を持つことを恐れている自分の姿を直視することなく、真に深い人間関係とはどんなものかを知らないまま年だけ取っていく。

彼女の〝ジキルとハイド〟みたいなボーイフレンドは、ちょうど父親にそっくりだった。ある時は機嫌がよくて最高だったかと思うと、ある時は最悪になって暴力を振るう。このように、気まぐれなうえ自分を傷つける相手を選んだことで、彼女は子供時代に慣れ親しんだ体験をくり返し、「本当の愛情で愛し合う関係」という馴染みがなくて不安な領域に足を踏み入れるリスクを避けていたのだ。

彼女はその後も「自分を本当にわかってくれるのは父親しかいない」という考えにしがみついていた。彼女はその考えが間違っているかもしれないという意見は受け入れようとせず、そのために友人達との関係がだめになっていっただけでなく、私のセラピーも、グループセラピーに参加していた他のメンバーとの関係もだめになっていった。こうして彼女は、ついに自分の人生を生きることをあきらめてしまった。

私は彼女がグループを抜けると言った晩の悲しい気分をいまでも覚えている。私はその時、このセラピーは楽なものではなく、非常に大きな苦しみを通り抜けなければならないことをはじめに言ってあったはずだ、と再考をうながした。彼女は一瞬、考え直すような表情を見せたが、すぐもとの顔に戻り、こう言った。

私は父をあきらめたくないんです。どうして自分の親に腹を立てなくちゃいけないんですか。それに、あなたに対して父の弁護をし続けるのはもういやなんです。父とはうまくいっているんですよ。どうして父ではなくてあなたを信用しなければいけないんですか？　あなたも他のメンバーも、私のことを本当に心配してくれているわけじゃないでしょう？　私が本当に傷ついている時に、あなたたちが助けてくれるわけないじゃないですか。

彼女が参加していたグループセラピーのメンバーは、みな子供の時に親から虐待されていた人たちで、その時彼女が体験していた苦しみを理解でき、とても協力してくれていた。だが彼女はそれを信じて受け入れることができなかったのだ。彼女にとって、世の中はすでにあまりにも信用できないことばかりで、あまり心を開いて人を近づけすぎれば自分が傷つくことになると彼女は確信していた。だが皮肉なことに、その考えがまさしく当てはまるのは父親との関係においてだったのだ。

人を信じることができないということこそ、彼女が父親のアルコール中毒によってこうむった被害の中核を成していた。「信頼感」とは、心が蝕まれていくようなつらい状況にある時、真っ先に死んでしまうものなのだ。この女性の例にもよくあらわれているように、信頼感の喪失は、「毒になる親」の子供が大人になった時にきわめてよくみられる現象である。

その時によって言うことが変わる親

つぎの例は、もの静かな四十七歳になる女性歯科医のケースだ。彼女は長い間、慢性的な頭痛に悩まされていたが、診察した医師は心因性のものではないかと考え、私のセラピーを受けてみるよう勧めたのだった。慢性的な頭痛には、心の奥にたまっている抑圧された怒りが原因になっていることがある。私は彼女に、いったいどんなことに腹を立てているのかとたずねてみた。その質問に彼女は一瞬びっくりしたような顔をしたが、すぐ自分の内面に怒りがたまっていることを正直に認めた。

四十七歳になる現在になっても、いまだにアルコール中毒の母に人生をいいようにされていることに耐えがたい怒りを抱いている。母はもういい年だが、飲酒は相変わらずだ。先日も、久しぶりの休暇で旅行に行こうとしていたところ、出発の三日前になって電話がかかってきた。ろれつがまわらなくなっており、酔っているのはすぐわかったが、驚きはしなかった。電話をかける前には泣いていたようだった。父は釣り仲間とやはり旅行に行ってしまい、寂しさで気が滅入って耐えられないので、二、三日一緒にいてくれないかという。私はやっと休暇が取れたので以前から計画していた旅行に行くところだと言うと、電話口のむこうで泣き出した。叔母のところへでも行ってみてはどうかと勧めたが母はおさまらず、なんとひどい娘だと言って私を責め始めた。あの時もああだったこうだったと昔のことまで持ち出して止まらなくなったので、やむなく旅行をキャンセルして会いに行くことを約束せざるを得なかった。どのみちこんな状態では、旅行に行っても楽しめまいと思った。

その出来事は、彼女にとって特に新しいことではなかった。子供の時からずっとそんなことばかりだったのだ。彼女はいつも母の機嫌をとって世話を焼いていなくてはならなかった。だが母は感謝することもなく、機嫌が悪いといつも彼女をなじってばかりいた。母はいくつもの顔を持っていて、その時によってどの顔を見せるかがわからなかったので、どうすれば機嫌がよくなるのかもよくわからなかった。

彼女の母は、息が詰まりそうになるほど優しいかと思うと、信じられないほど残酷になったりしたが、それはその時の気分や飲酒の量、そして彼女の言葉を借りれば、月の満ち欠けと関係があったという。彼女の話によれば、母の気分が高すぎも低すぎもなく安定している日が続くということはほとんどなく、そのため彼女は子供の時から、何をするにもどうやって母に叱られないようにするかをいつも考えていなければならなかったという。だが母は、彼女が同じことをしてもある時は機嫌がよく、つぎの日は不機嫌を爆発させた。

どんな親でも、言うことがいつも完全に一貫しているというのは不可能に違いない。だが、同じことをしてもある日は「良い」と言い、つぎの日は「ダメ」と言うパターンは、アルコール中毒の親には特に顕著にあらわれる。親の言うことがそうひんぱんに、しかも不意に変わるようでは、子供は混乱するだけでなく、いつも心がすっきりすることがない。それは、親が不満や怒りを吐き出すためのはけ口にされているからだ。

アルコール中毒の親がこのような行動をするのは、自分が失格者であることをごまかし、自分を正当化するためなのだが、子供にそういうことはなかなかわからない。飲まずにいられないことを自分以外の人や出来事のせいにするのは、アルコール中毒者の常であるが、それを子供のせいにする親もいるのである。子供は親の「話のすり替え」がわからないので、納得はいかなくても自分がいけないのかと思ってしまう。彼女は子供の頃、母親が今日も酔っているかもしれないと思うと、放課後に友達を家に連れて来ることができなかった。

子供がスケープゴートにされるのは、アルコール中毒の親のいる家では昔からよく知られたパターンのひとつだ。その結果、自己破壊的な行動をしたり非行に走ったりすることでネガティブな自己像を満たそうとする子供も多い。そうでない場合は、さまざまな心身の症状を示して無意識のうちに自己処罰を行う者もいる。彼女のひどい頭痛もそれだったのだ。

〝感心な〟子供

スケープゴートにされる子供がいる一方、アルコール中毒の親によって子供がこうむる被害のもうひとつのパターンに、〝感心な子〟を演じさせられるケースがある。このタイプの子供は、親から無理やり巨大な責任を負わされ、それにもめげずに頑張って親や外部の人たちから称賛を浴びる。みなからほめられるのだから、スケープゴートにされるのよりはずっとましなように見えるかもしれないが、実際には子供の心を蝕む程度はほとんど変わらない。その〝感心な子〟は、達成不可能なゴールを達成しなくてはならない圧迫感をいつも感じて自分を駆り立て続けている。

数年前に、私がやっていたラジオ番組に電話をしてきた、化学研究所に勤める四十一歳の男性の例を紹介しよう。

これまで順調に出世してきたが、最近、仕事の上で何かを決定しなくてはならない時に決められなくなってしまった。現在ある大きなプロジェクトの最中なのだが、仕事にまったく集中できなくなり、部下もたくさんいて責任が重いのでパニック状態だ。私は子供の時から成績優秀でずっとエリートだった。それがいま、まるで金縛りにあったように身動きが取れなくなってしまった……。

彼のこの突然の変化は、そのころ父親が肝硬変で入院したことが引き金になっていた。彼の両親はともにアルコール中毒だった。彼は子供時代、学校の勉強に没頭することによって家庭内の騒動に対抗しながら成長した。そして彼は何でも一番にならないと満足できない少年になった。

学校でも家でも、みな私を完璧な子供だと思っていた。先生も両親も祖父母も私を称賛した。社会に出てからも、私は優秀な化学者、結婚後は完璧な夫、子供ができたら完璧な父親、……だが常に完璧であることにはもう疲れ果てた。

彼は小さなころから能力以上の重荷を背負わされ、それに耐えながら年齢に不相応な努力をして、なんとかやり遂げることで周囲から認められてきた。つまり、生まれつき価値のあるひとりの人間として扱われることによって自己への確信を形成していくのではなく、何を達成したかという外面的なことによってのみ、自分の価値を証明しなければならなかったのだ。そのため彼の自信は、どんなことができたか、どんな成績を取ったか、人から称賛を受けたか、などということによってのみ決定され、内面からわき出てくるものではなかった。

子供時代の彼があらゆることに優秀だと言われるまでになったのは、そうなることによって、暗くてみじめな家庭環境に対抗するためだったのかもしれない。だが「家でも学校でも完璧な子供」という役は、人生にある程度の確信を与えてくれたものの、彼は自分を駆り立てるばかりで、自分をなぐさめたりリラックスしたりすることを知らなかった。それから何十年もたったいま、人生のすべての分野で完全であろうと頑張り続けてきた彼は、壁に突き当たり、身動きがとれなくなってしまった。このパターンは、多くの完全主義者に見られるものだ。

彼はいま、この現状に取り組むことと、子供時代を振り返って自分が育った家庭と親の問題を見つめ、親が原因で心の成長に必要な何を失ってきたのかを考えるカウンセリングを続けている。

周囲をコントロールしたがる

アルコール中毒の親を持った子供は、感情が常に不安定な親に翻弄されながら育ったため、その反動から、周囲のすべてがいつも自分の思う通りになっていないと気がすまない人間になることが多い。この章のはじめにあげた工場経営者も、子供の時から感じていた救いようのない人生に対する反動から、臆病な性格にもかかわらずまわり中の人間をコントロールしないと気がすまないタイプの人間に成長した。このパターンは、特に異性に対する態度によく表れる。彼はこう言っている。

若いころからガールフレンドと長く続いたことがなかった。関係がうまくいっているのに自分のほうから別れてしまうのだ。いま思い返すと、まるで相手にふられるのが怖いのでこちらから先にふっていたみたいだった。それは、自分がすべてをコントロールしていないと気がすまないことのあらわれだったように思う。いまは結婚しているが、家ではワンマンで、妻や子供にあらゆることを指図してばかりいる。職場でもそれは変わらない。従業員を怒鳴りつける度胸はないが、気に入らないことがあると不機嫌になり、むっつりしてみなのひんしゅくを買っている。

彼が周囲のすべてをコントロールしようとしていたのは、そうすることによって悲惨だった子供時代の体験をくり返すことが避けられると無意識のうちに思っていたからだった。彼は断固とした態度を取ることはできない性格だったが、不機嫌な顔をしたり、うるさく小言を言うことで、命令はしなくてもやはり周囲の人間をコントロールしようとしていたのだ。

だが残念ながら、そのように間接的に人をコントロールしようとする彼の行動は、親しくしたいと思っている人たちとの間の距離を広げる結果となり、彼に対する嫌悪感を生んだだけだった。すべての種類の「毒になる親」を持った多くの子供たちと同様、人をコントロールしたがる彼の性格は、相手からの「拒否」という、彼がもっとも恐れている結果を招くことになったのだ。子供の時に寂しさや孤独感に対抗するために身につけたその性格が、大人になってから寂しさと孤独をもたらすことになったというのは、なんとも皮肉な話である。

もう一方の親の果たしている役割

ところで、先に例にあげた化学者のように両親が二人ともアルコール中毒というのはまれで、たいていの場合は片方の親はそうではない。以前はあまり注目されていなかったことだが、最近の研究によれば、そういう家庭環境におけるアルコール中毒ではないほうの親の果たしている役割についてよくわかってきている。その親は、アルコール中毒の親の〝協力者〟であり、「二章」で述べた〝共依存〟の関係にあるのだ。

それはどういうことかというと、この〝飲まないほうの親〟は、アルコール中毒の夫（または妻）が引き起こしているさまざまな問題の被害にあっているという事実にもかかわらず、自分では意識せずに、相手の飲酒に協力しているということなのだ。つまり、アルコール中毒の夫（または妻）がおこなっている家庭を破壊する行為（＝飲酒）を受け入れることにより、この親は相手に対して飲酒の問題の後始末をすることを暗黙のうちに伝えているのである。これらの共依存者は、相手の飲酒が引き起こしている問題について、口では文句を言ったり、飲むのをやめるようにと懇願したり、愚痴を言うことはあっても、飲酒をやめさせるために強い手段に出ることはまずほとんどない。

これにはおまけがつくことがある。共依存者は相手の面倒をみていることによって自己を保っているということを思い出してほしい。アルコール中毒の親のいる家庭は、全員が「事実の全面的な否定」をすることでようやく機能している。そして各人がそれぞれの役割を演じることにより、家庭は不安定で微妙なバランスのうえに成り立っている。そのため、アルコール中毒の本人がその事実を認めて治療を受け、アルコールを断つ努力を始めると、今度は配偶者（＝共依存者）のほうが健康を損ねて病気になったりすることがあるのだ。

共依存者は、「事実の否定」をすることでアルコール中毒者の行動を黙認し、その相手が哀れなアルコール中毒であることを許し、そのかわりに相手をコントロールする力を得ていることがある。相手が酔いつぶれるとともに、一家を自分の好きなように動かす自由を手に入れることにもなるわけだ。

だが、いくら〝しっかり者〟の外見を取りつくろっていても、共依存者は内心自信がなく、非常に不安である。多くの人は、自分が自分のことをどう思っているかを映し出しているような相手を無意識のうちに人生のパートナーに選ぶものだが、共依存者が〝ダメ人間〟をパートナーにするのは、自分が〝ダメ人間〟であることを自覚してのことばかりではない。相手と比較して自分のほうがすぐれていると感じられるためであることもある。

おとぎ話のようなハッピーエンドはない

アルコール中毒の親のいる家庭には、おとぎ話のようなハッピーエンドはまずほとんど訪れない。もしあなたの親がアルコール中毒だったら、その親にできることは、よくて自分がアルコール中毒であることを認め、飲酒の原因はすべて自分にあることを認め、更生するための治療を受け、アルコールを断つことである。そして自分が子供に対してどのような害悪をなしてきたかを認め、親として責任のある、そして愛情のある親になると決心することだ。

だが残念ながら、現実は理想とはほど遠い。飲酒がやめられないこととその事実の否定、さらにそういう自分について話をすり替えたり事実をねじ曲げたりする言動は、しばしば本人が死ぬまで続く。アルコール中毒の親を持つ子供の多くは、大人になった後もまだ「親がまともになって、あたたかくて楽しい家庭になってくれたら」という魔法のような希望にしがみついている。だがそのような希望にいつまでもすがっていれば、その後さらに大きな落胆を招くという悪循環に陥るだけである。

それに、たとえある日突然、そういう親が優しい言葉を口にしたとしても、それだけで長く悲惨だった過去の日々が急に消え失せるわけではないであろう。長い間待ち望んでいたはずのその優しい言葉はむしろ表面的にしか聞こえず、空しさばかりが残るというのが現実かもしれない。

いくら言葉ばかりかけてくれても、飲酒のほうはいっこうに直らないというのならなおさらだ。もしあなたがそのような空しさを経験したとしたら、あなたの犯した間違いは、アルコール中毒の親が変わってくれたらと願ったことにある。

もしあなたがアルコール中毒の親の子供だったなら、自分の人生を自分の手に取り戻すためのカギは、そのような親を変えなくてもあなたは変わることができると自覚することだ。あなたの幸福は、あなたの親がどんな親であるかによって左右されなければならない理由はない。たとえ親はまったく変わらなくても、あなたは子供時代のトラウマを乗り越え、親によって支配されている人生を克服することができる。あなたに必要なのは、それをやり抜く決意と実行力だけだ。

そのために効果のあるひとつの方法として、同じような境遇の人たちが集まってグループで行うセラピーがある。現在のアメリカには「アルコール中毒の親を持つ仲間の会」などの組織が全国にたくさんある。これらのグループでは、自分の体験や思いなどをお互いに交換することによって、そういう境遇にあるのは自分ひとりだけではないことを知り、みながお互いを支え合うことができる。

こうして彼らは、自宅のリビングルームに居座っている恐竜に毅然とした態度で立ち向かうことができるようになっていく。正面から立ち向かうことが、この化け物をあなたの人生から追い出すための第一歩なのだ。

五章 残酷な言葉で傷つける親

身体的な暴力でなければ暴力ではないと考える人は多いが、それは正しくない。言葉による暴力はそれと同じくらい、時にはそれ以上に人を傷つける力を持っている。特に、親による侮辱的なののしり、はずかしめ、バカにした言葉などは、子供の心を著しく傷つけ、将来の心の発育に決定的な悪影響を及ぼす。ある時、私にこう言った人がいた。

「ひどい言葉で傷つけられるのよりは、ぶたれるほうがまだましですよ。ぶたれた痕が残っていれば、少なくともみなが同情してくれる。言葉で傷つけられた場合は外から傷が見えないでしょう。体の傷は心の傷よりずっと早く治りますよ」

従来、子供のしつけというのはプライベートなことと考えられ、各家庭の、特に父親の自由裁量で行われてきた。近年ではひどい親による子供の虐待の問題が社会的に真剣に取り扱われるようになってはきたが、それでも言葉による虐待についてはまったく何もなされていないのが実状だ。

残酷な言葉の持つ力

どんな親でも、時には口汚い言葉を子供に浴びせることもあるかもしれないが、それだけでは必ずしも言葉による虐待ということにはならない。だが、子供の「身体的特徴」、「知能」、「能力」、「人間としての価値」などについて、日常的かつ執拗に、ひどい言葉で攻撃を加えるのは虐待である。

言葉で傷つける親には、「コントロールしたがる親」と似た、きわだった二種類のタイプがある。そのひとつは、はっきりと悪意のあるひどい言葉や汚い言葉、たとえば「価値がない」、「醜い」などといった言葉で露骨にののしるタイプだ。それらの親は、自分が浴びせている言葉が子供をどれほど傷つけているか、子供の心の成長に長期的にどのような悪影響を及ぼしているか、という自覚がない。

もうひとつは、一見悪く言っているようには聞こえない「悪意のあるからかい」、「嫌味」、「屈辱的なあだ名」、「はっきりとわからない微妙なあざけりやけなし」など、より陰険な方法で執拗にいじめるタイプだ。これはしばしばユーモアという外見を取りつくろっているのでたちが悪い。

ここではまずその後者の例として、ある四十八歳の歯科医のケースをあげてみよう。彼は背の高い、いかつい顔つきの男性で、趣味のいい服に身を包んだところは一見外向的で自信に満ちた男のように見えた。だが、話を始めるとたいそう声が小さく、よく聞き取れないので何度も聞き返さなくてはならないほどだった。彼が私をたずねてきた理由は、内気な性格を直せないだろうかという相談だったのだ。

人が口にする言葉に異常に敏感で、そのまま言葉通りに受け取ることができず、自分のことをバカにしているのではないかといつもくよくよ考えてしまう。妻のあの言葉は私をバカにしている、私の親は私をバカにしている、あの人があの時言ったのは……という具合で、夜中にベッドに入っても昼間に人が言った言葉が気になって寝付けないことがある。すべてを悪いほうにばかり解釈してしまう自分がとめられない。このままではノイローゼになってしまう……。

子供時代のことを聞いてみて、彼はいつも父親にからかわれていたことがわかった。彼の父親は、冗談を言う時にいつも必ず彼をだしに使ったのだという。それで彼はいつも屈辱を感じさせられたうえ、父の冗談で家族がみな彼を笑うので、自分だけ一人ぽっちのように感じていた。

時には単なる冗談とは思えず怖くなることもあった。六歳の時、父は「この子はうちの子じゃないに違いない。顔を見てごらん。生まれた時に病院で別の家の赤ん坊と間違えられたのに違いない。病院に連れていって本当の子と交換してもらおう」と言った。私は本当に病院に連れていかれるのかと思い怖くなった。ある時、なぜ私ばかりいじめるのかとたずねると、「いじめてなんかいないよ。ただ冗談を言っているだけじゃないか。お前にはそれがわからないのか」と言われた。

小さな子供は、冗談と本当のことを区別することがまだできないし、脅しとからかいの違いもわからない。健康的なユーモアは生活にうるおいをもたらし、家庭では家族のメンバーの結びつきを強める貴重な手段となるが、だれかをこき下ろすことによって他の人たちを笑わせようとする冗談は、とてもユーモアと呼ぶことはできない。家庭内でひとりの子供がターゲットにされると、その子供の心にはきわめて大きな傷が残る。子供は言われた言葉をその通りに受け取るものである。

多くの冗談は、多少は人をからかう要素を含んでいる。だが通常そこに悪意はなく、ほとんどの場合はそのような冗談を言われたからといって深く傷つくということはない。そこで重要なのは、(1) 何を冗談のタネにしているのか、(2) 残酷さのレベルはどれほどか、(3) 残酷な発言の頻度はどうか、の三つであり、それによっては冗談が冗談でなくなるのだ。子供は親の言葉をすべて額面通りに受け取り、自分のなかで「内面化」してしまう。傷つきやすい子供をターゲットにして悪質な冗談をくり返す親は、加虐的で有毒である。

この男性はいつも侮辱され、笑いものにされていたが、それに抵抗して争おうとすると、今度は「冗談がわからないやつだ」と責められ、「ダメなやつだ」とやはり自分が悪いことにされてしまった。子供はそういう状態に置かれた時、感情の持っていき場がない。彼はそういった子供時代の体験を私に話している間もずっと落ち着かず、もう何十年も前の出来事であるにもかかわらず、いまだに思い出すたびに居心地の悪い思いをしているのがよくわかった。

彼のつぎの言葉は強く印象に残った。

私は父を憎んでいます。なんという卑怯者だろうと思いますよ。そのころ私はまだほんの小さな子供だったのです。そんな小さな子供にああいうことを言うなんて。いまでも父は同じような冗談を言います。私をからかえそうなことが何かあれば、絶対に見逃さないんですよ。そしてひどいことを言っておいて、すぐ善人みたいな顔をして笑うんです。最悪ですよ。

カウンセリングを始めたばかりのころ、彼は極度に神経質であることと子供時代の父親の〝あざけり〟が関連していることにはまったく気づいていなかった。子供時代、父親からいくらひどいことを言われても、だれもそれが残酷な行為だと認めてくれず、だれも助けてくれなかった。父の言動が虐待に当たるとはだれも思わなかったのだ。彼は典型的な〝絶対に勝ち目のない状況〟に置かれており、父の冗談に傷つく自分は弱虫だと感じていた。

このように、子供時代の彼は父のからかいのターゲットにされ、それをどうにもできない自分に無力感を感じていたが、いつもその気持ちを隠していた。そして大人になり、家から独立して社会人になっても、基本的な性格は変わらなかった。子供時代に父親のいじめによって身についたネガティブな反応のパターンは対人関係で同じようにくり返され、人の言動への過敏な反応や不信感、非常に内気な性格、などとなって固定した。それは彼にとって避けられないことだったとはいえ、そうなったところで傷つくことから身を守る効果はなかった。

「お前のために言っているんだ」という口実

残酷で侮辱的な口汚い言葉で子供を傷つけながら、「お前をもっとましな人間にするためだ」とか「世の中は厳しいんだ。それに耐えられる人間になるよう教えているんだ」などと正当化する親は多い。こういう親は、実際には虐待しているのに、表向きは「教えてやっているのだ」という仮面をかぶっているため、被害者の子供は大人になってもその有害性がなかなかわからない。

ある時私のセラピーを受けに来た、大きな会社で経理部のマネージャーをしている三十四歳の女性がいた。彼女はその会社に入って六年目で、仕事はよくできるのだが自分に自信がなく、そのために昇進が阻まれていた。上司は彼女の仕事ぶりを評価しており、会社からビジネススクール（経営学部大学院）に行かせてもらえるという話もでていたが、彼女は喜びより不安のほうが大きくなって悩んでいた。大学で勉強したのはもう十年以上も前のことだし、ビジネススクールなど彼女の能力では無理だと親しい人たちも言っているという。

だがさらに話を進めていくと、彼女が「親しい人たち」とあいまいに言っていたのは母親のことだったとわかった。母は「会社のおカネでビジネススクールに行かせてもらって、もしいい成績で卒業できなかったら、仕事はどうなるのよ」と言っているという。

だが彼女は、「いまの仕事で満足している」とは言いながらも、「もし機会を与えられるなら飛躍したい」という願いも持っていた。ところが母は、「そんな高学歴の女になったら、同世代の男性が恐れをなして近寄って来ないわよ」などと、彼女の決心をためらわせるようなことばかり言っていたのだ。

彼女の母は、彼女が子供のころから抜きいでた少女であることを常に望んでいた。彼女がバレエを習わされていたのもそのひとつだった。彼女の母は若い時にバレエを習っていて、バレエダンサーとして成功したいという夢を持っていたが、結婚するためにその道に進むのをあきらめたということだった。母が彼女をバレエスクールに行かせたのはそのためだろうと彼女は思っている。

だが彼女が練習でうまくできないと、母はあからさまにけなし、自分の若いころに比べて彼女がいかに下手かと言って批判するのだった。母は他の生徒たちの前で彼女をけなすこともなんとも思わず、そういうことをされた時には消え入りたい気分になった。だがけなされて彼女がふてくされると、母は「学ぶためには批判を受け入れられる人間にならなければならない」と説教した。母のとどめの言葉は「あなたは何ひとつうまくやれないのね」だった。

こうして彼女の母は、常に相反する二つのメッセージを送っていたのだ。一方で抜きいでた人間になれと要求しながら、もう一方では「あなたにはできっこないわね」と断言していたということだ。そして彼女がうまくできたと思った時には喜びがしぼんでしまうようなことを言い、うまくできなかった時には「どうせその程度でしょ」などと言ってけなした。彼女の母は、娘が自信を育てなければならない大事な時に、「あなたのためを思って言っている」という美名のもとに、自信を打ち砕くようなことばかり言っていたのだ。

この母親の虐待的な言動はどこから出ていたのだろうか？　それは自分自身の自信のなさが生んだものだったように見える。「結婚するためにバレエをあきらめた」という話も、おそらく夢を達成する自信がなかったことを隠すための口実だったのだろう。彼女の母は、娘をけなして「私のほうが優れている」と言わんばかりに振る舞うことで、自分に才能がなかったことを打ち消していたのだ。思春期の少年少女にとって、仲間の前でけなされて恥ずかしい思いをさせられることほど恐ろしいことはない。だが「毒になる親」は、子供の気持ちより自分の気持ちのほうが常に大事だ

子供と競おうとする親

何事でも人を自分と比較して、自分のほうが優れていないと気がすまない人がいる。そういう人は、相手に能力の欠ける点を思い知らせることによってでしか、自分に能力があると感じることができない。いま例にあげた女性の母親はそのタイプだった。そして明らかに、娘が成長するとともに自分の優越性を感じることが難しくなり、娘が脅威になりつつあった。そしてその気持ちを打ち消そうとして、さらに娘をけなす言動に駆り立てられた。

心が健康な親にとっては、子供が成長してさまざまなことができるようになってくるのは喜び以外のなにものでもない。だが心が不健康な親は、子供に「かなわなくなってくる」ように感じ、自分から何かが奪われていくような気分になる。だが、子供と張り合おうとする親のほとんどは、なぜ自分がそういう気持ちになるのかに気づいていない。

母親の場合、年とともに女としての魅力を失っていくことを不安に感じているところへ、娘がしだいに大人の女へと近づいてくる。父親は、年とともに力強さを失ってきているところへ、息子が自分よりも大きくたくましくなってくる。それは本来喜ぶべきことにもかかわらず、何事も自分のほうが優位でないと不安な「心が不健康な親」は、それに脅威を感じるのである。そこで、体の大きくなった子供に嫌味を言い、あざけり、恥ずかしめることによって、弱い立場のまま押さえつけておこうとする。一方、そういう親を持った思春期の子供はいっそう背伸びをして大人の真似をしたがり、それが親を挑発する結果となり、ますます事態を悪化させる。

何事も競いたがる親は、子供時代に物が不足していたり、彼ら自身の親がやはりそういうタイプだったために愛情を与えられなかった被害者だったりすることがよくある。その結果、彼らは物でも愛情でも、自分にとって必要なものがいつも不足しているような気分が拭えず、あえいでいる。そのため、いくらたくさん手に入れても「これで十分」と安心することができない。そういう親の多くは、自分自身が子供の時に親や兄弟姉妹から味わわされたのと同じことを自分の子供に対してくり返す。この不当な扱いは、巨大な圧力となって子供の上にのしかかってくる。

このような親に育てられた子供は、何かのことで親をしのぐことができた時、なんとなく後ろめたい気分になることがある。うまくやればやれるほど、ますますみじめな気分になってくるのだ。それが高じると、自分の成功を自らつぶしてしまうことすらある。

そのような人にとっては、あまり成功しないことが心の平安を得るための代価となる。彼らは無意識のうちに自分に限界を設定し、親より優れていないようにすることで罪悪感から逃れようとする。ある意味で、そういう子供は親のネガティブな哲学を実行して満たしているともいえる。

侮辱で押される烙印

つぎは、理屈をつけて自分を正当化するような面倒なことはせず、怒りもあらわに口汚くののしり、長々となじるタイプの親だ。こういう親は、自分の言葉がどれほど深く子供を傷つけ苦しめているかということにはまったく無感覚で、そんなことは考えようともしない。言葉によるこのような虐待は、ちょうど心の奥深くに烙印を押したように傷跡を残し、子供が自分の存在に価値があると感じることのできる人間に成長することを困難にする。

つぎに例にあげるのは、若いころはモデルとして活躍していたこともある五十二歳のインテリアデザイナーの女性だ。もめていた離婚がつい一年前に成立したばかりで、彼女は将来に不安を抱いていた。しかもちょうど更年期でもあり、美貌の衰えも重なって、パニックに近いほどの精神不安定に陥っていた。彼女は最近両親と会って話をしたことで精神不安定がひどくなったという。

両親と会うたびに、いつも傷つき落胆させられる。それは毎度のことだ。それなのに、今度ばかりは優しい言葉をかけてくれるのではないかとつい思ってしまう。だが、私がどんなに困っていても、「そんなことは自分のせいじゃないの」という言葉が返ってくるだけだ。覚えている限り、両親はそれしか言ったことがない。

この年になっても、彼女の両親はいまだに心理的に強大な力を行使していた。彼女は中西部の裕福な家に育ち、父は優れた医者で、母は若いころはオリンピック級の水泳選手だったが、子供たちを育てるために引退したのだという。

幼いころから、私は孤独で寂しいことがとても多かった。父はそんな私をいつもからかっていたが、十一歳になったころから、特にひどいことを言い出した。「お前は臭い」と言うのだ。ほかの人たちは可愛いと言ってくれるのに、父はそれしか言わないのだ。それ以来、父からはしょっちゅう「お前がどれだけ不潔で臭いかを知ったら、きっとみんな驚くよ」と言われてばかりいた。父の特にお気に入りのセリフは、「もしだれかがお前を内側からひっくり返してみたら、体中から臭い匂いがわき出ているのがわかるだろうよ」だった。母は、父が私をからかうのを黙って見ているだけで、父の言うことを否定してくれたことは一度もなかった。

父親のこういう言葉が、思春期をむかえつつある少女をどれほど傷つけたかは想像に難くない。こんなことを言うのが〝優れた医者〟だとは、まったく驚くほかはない。このたぐいの言動は、大人の女に成熟しつつある思春期の娘に対する自分の先入観をどう処理したらよいのかわからない中年の父親によく見られるものだ。彼らは、娘が小さな子供だった時には普通の父親でいられたのに、娘が成長して性的な魅力が増してくるとともに意識過剰になり、どう接したらよいかわからなくて攻撃的になるのである。

思春期の情緒不安定な時期こそ、子供は愛情ある親の支えが必要である。それが子供を自信ある大人へと成長させるのだ。だがその大切な時期に、父親が理不尽な理屈で子供をいたぶり、母親はまったく助けてくれない（これは逆の場合もあり得る）のでは、子供はどうしたらよいのかわからない。彼女はほかの人から可愛いと言われると、自分は臭《にお》っていないだろうかと不安になったという。

十七歳の時からモデルの仕事を始めた。だが仕事で成功すればするほど、父のいじめはあからさまにひどくなっていった。そういうこともあって家を出たかったため、十九歳の時にプロポーズした男と結婚した。だがその男は暴力を振るい、赤ん坊が生まれると家を出ていってしまった。私は打ちひしがれ、自分を責めた。

ひとり目がそういう男だったので、つぎは物静かで平和な男と再婚した。だがこの男はほとんど口をきかないほど感情表現がなく、やはり本当に幸せにはなれなかった。しかしまた別れたら親に何と言われるかと思うと恐ろしくて別れられず、十年間一緒に暮らしたが、結局離婚した。モデルとして収入は安定していたので、ひとりで子供を育てることができた。そしてようやくぴったりの相手と思われる男と出会い、また再婚した。

この時期が、人生でいちばん幸福な時期だった。だが五年ほど過ぎたころ、その夫が浮気をしていることがわかった。ようやくつかんだ幸せを離したくないという気持ちから夫を許したが、その後も浮気はやまず、そのままさらに十年が過ぎた。そして一年前、夫は私を捨てて若い女のもとに去ってしまった。

彼女は、父親がくり返し言っていた「お前はできの悪い女だ」というイメージを自己の内部で「内面化」していたのだ。その結果、彼女は大人になってからの人生のほとんどを、少女のころに父が与えてくれなかった愛情を求めてさまようようになってしまった。そして、父と同じような、残酷な、または加虐的な、または心を開かない男ばかり選んでしまったのだ。だが彼女は、それらの男たちに愛されようと努めた。それは残酷な言葉でからかう父親に愛されようと努めたのと同じだった。

彼女の人生はなぜこんなことになってしまったのだろうか？　それは、自分に対する自信が、父親や元夫たちの言動に依存していたからである。そのような彼女が自信を取り戻すには、若いころに父親によって植えつけられた「自滅的な信条」と正面から向き合う以外にない。彼女はカウンセリングを続け、二、三か月かけて「一人の人間として生きている自信」を少しずつ見つけていった。

完全でないと許さない親

子供をひどい言葉でののしる親のもうひとつのよくあるタイプとして、すべてが完璧でないと満足せず、子供に実現不可能な期待や要求を押しつける親がいる。そういう親の多くは、往々にして、自分自身が何事につけ完全でないと満足できない完全主義の人間であることが多いが、とかく彼らは子供を仕事などのストレスからくるフラストレーションをぶちまけるためのはけ口にしてしまうのだ（アルコール中毒の親も子供に不可能な要求をすることがよくあるが、彼らの場合は、子供が要求通りにできないことを自分が酒を飲む口実にする）。

このタイプの親は、まるで「子供さえ完璧なら、私たちは完璧な一家だ」という幻想を信じて生きているかのようだ。彼らはその重荷を子供に背負わせることにより、自分たちが精神的に安定した家庭を築くことができない事実から逃れようとしているのである。だが子供が親の期待通り完全であることはなく、するとそれを理由に一家の問題がそこにあるかのように扱われ、子供はスケープゴートにされてしまう。

間違えたり失敗したりすることは、子供の心が健康に成長するために必要なプロセスである。子供はそういう体験をすることによって、多少の失敗をしてもそれがこの世の終わりではないことを学び、それによって、経験したことのない新しいことにもチャレンジできる自信を身につけていく。だが、子供が自分の思う通りに完全でないと満足しない親は、過剰な期待や要求ばかり押しつけ、子供がその通りにできなかったり失敗したりすると、なぐさめるどころか落胆してみせたりなじったりする。また、そういう親は子供が守らなくてはいけないルールを作るのが大好きだが、それは自分の都合でいつも変わってばかりいる。

そういう親は、人生経験を通じてのみ身につけることができる成熟度を、子供がはじめから備えているように要求しているのと同じだ。子供は親から愛され守ってもらっているという「安心感」を与えられることが必要なのに、これでは逆である。子供はいつも何かに追いかけられているような気分と不安感から逃れることができない。

ここで、もうひとつの例を紹介しよう。ある時、職場で上司とうまくいかないという悩みを抱えた三十三歳になる技師が私をたずねてきた。彼は見るからに内気そうで、自意識過剰ぎみに見え、自分に確信がなさそうだった。だが彼は、会社では上司と衝突してばかりいるうえ、最近集中力が落ちてきて、このままでは遠からずクビになりそうだという。

仕事について話を聞いているうちに、彼は地位や権威のある人物に対してはどうしても反抗心が起き、うまくやっていくのが難しい性格であることがわかってきた。そこで私は、両親についてたずねてみた。やはり彼も、子供のころから親にひどい言葉で人格を傷つけられてきた人間だった。

九歳の時、母親が再婚した。義父になった相手の男は完全主義者で、日常の細かいことまで規則を作り、あらゆることを命令した。例えば、小さな子供の部屋はたいてい乱雑に散らかっているものだが、義父は子供たちの持ち物や子供部屋を毎日点検し、ちょっとでも散らかっていようものならひどい言葉でなじられた。私は兄弟のなかでも特にターゲットにされ、ひんぱんに残酷な言葉を浴びせられた。義父は私をたたいたことは一度もなかったが、そのような言葉の暴力は、身体的な暴力に勝るとも劣らない傷を負わせたと思う。

なぜ義父は彼にそんなことばかりしたのだろうか。彼の何かが、義父にそのような行動を起こさせたのである。彼は子供のころ体が小さく、恥ずかしがりで内向的だった。そしてわかったのは、義父もまた子供のころクラスでいちばん小さく、いつもみなにいじめられていたということだった。いまでは筋肉隆々としているが、それはボディービルをしてつけたものだという。

義父の心のなかには、いまでも小さくて怯えた少年が住んでいた。だから自分の子供のころによく似た彼を見ると苛立ち、いじめずにはいられなかったのだ。はっきり見つめたくない、自分の劣っている点を彼のなかに見ると我慢ならず、無意識のうちにそれをたたきつぶそうとしたのである。義父はそうすることで自分に力があることを確認していたのだ。だがその行為がどれほど彼の心を傷つけていたかなど、考えもしなかったに違いない。おそらく義父は、そうやって彼を完璧な男に仕立てようとしていると自分でも信じていたのだろう。

私が十八歳の時に母はその人と離婚したが、私の心はすでにそれよりずっと前から十分すさんでいた。義父の望むような完全な子供にはどうせなれっこないのだから、そんな努力は無駄とあきらめていた。そして十四歳の時にドラッグにのめり込んだ。人生に期待など持てなかった。何かで成功する見込みはなかったし、遊んで暮らせる身分でもなかった。だが高校を卒業する直前にやりすぎて死にそうになり、それでドラッグはすっかり懲りた。

彼はその後短大に進んだが、一年で中退した。科学者になりたかったが、素質はあったにもかかわらず勉強に集中できなかったのだ。知能指数は非常に高かったが、何かに挑戦するとなると、とたんに腰くだけになった。その時までに、何事もすぐあきらめてしまうパターンが身についてしまっていた。

社会に出てからは、どんな仕事をしてもいつも上司に対して反抗的になった。それは、やはり子供の時に身についたパターンをくり返していたのに他ならない。いくつも職を変わった後、最近ようやく気に入った仕事を見つけることができた。だがそこでまた上司と問題を起こしそうになり、心配になってカウンセリングを受けに来たのだ。

彼がいつも上司に対して反抗的になるのは、すでに会わなくなって久しい義父にあいかわらず心を支配され、「こき下ろしの言葉」が頭のなかでくり返し鳴り響いていたからである。その結果、彼が陥っていたのは、「完全主義」、「ぐずぐずする癖」、「金縛り」の三つだった。

いまの仕事はとても気に入っているが、完璧にはやりおおせないのではないかという恐れをいつも抱いている。そのため、しなくてはいけないことをぐずぐずして、期限を過ぎるまで引きのばしたり、ぎりぎりになってからあわててやって結局失敗したりということをくり返している。すると今度は、失敗するたびに、クビになるのではという不安が頭をもたげる。そこで上司に何か言われると、非難されているように感じて過剰に反応したり反発したりする。最近、仕事が遅れていて、先日は仮病を使って休んでしまった……。

義父によって植えつけられた完全主義は、「うまくできなかったらどうしよう」という恐れを生み、そのために彼はとかくぐずぐずして何でも延期する癖がついてしまっていた。だが、しなければならないことは後回しにすればするほどたまっていき、ますますプレッシャーが高まるという悪循環に陥る。こうして不安感は雪だるま式に膨らんでいき、すると今度はまったく何も手につかない状態になってしまう。それが「金縛り」である。

彼は私のアドバイスを受け入れ、仕事の妨げとなっている個人的な問題について上司と正直に話し合い、療養のための休暇を申し入れた。雇用者側は理解を示して二か月間の病欠を認めてくれた。もちろん、二か月で心の問題をすべて解決することは不可能だが、カウンセリングを効果的なものにするには大いに役立った。

彼はその二か月の間に自分の抱えている性格的な問題を正面から直視し、義父が原因で起きている心の問題に取り組むことができるようになった。そして仕事に復帰してからは、上司と衝突することがあっても、それは仕事の上で実際に問題があってのことなのか、それとも彼の内面の傷が衝突を引き起こしているのか、という違いが区別できるようになった。彼はその後もさらに八か月間のセラピーを続ける必要があったが、職場ではみんなから別人になったようだと言われるまでになったという。

成功と反逆

完全主義の親の過剰な要求に悩まされる子供は、普通二通りの道をたどる。親の承認と称賛を得るために必死で頑張るか、親の望む通りにしないように反逆するかの二つだ。

前者の場合、子供は常にだれかに点をつけられているかのように感じており、何をしても十分やったという充足感を味わうことができない。まして、ちょっとでも間違えるとパニックに襲われてしまう。

後者の場合、〝成功する〟ことはまるで親の圧力に屈することであるかのような気がするため、反発して無意識のうちにいつもそれとは反対のことをしてしまう。その結果、いくらそうなりたくはないと思っていても、知らない間に失敗と敗北の人生を生きることになってしまう。いま例にあげた青年はこのパターンだった。

そのどちらにせよ、頭のなかで鳴り続ける親の声を消し去らない限り、状況が変わることはない。

呪縛となる親の言葉

最後に、親の残酷な言葉が子供にもたらした極端な例を紹介しておこう。その人物は、数年前に私がカウンセラーをしていた病院に入院していた四十二歳になるロサンゼルス市警の現職警察官である。この警官は、自殺の危険性があるとして入院を命じられていた。

彼は自分の身の安全をまったく考えず、不必要で危険すぎる捜査ばかりひとりで行っていた。そして入院を命じられる少し前には、応援を呼ばずにひとりだけで危険なドラッグ密売人の手入れを行い、命を落としそうになったのだという。その行動を表面的に見れば、勇敢で英雄的なものに見えるかもしれないが、実は無謀で無責任なものでしかない。その後、市警内部で、彼は職務を利用して死にたかったのだという噂が流れ始めた。

グループでのカウンセリングを始めてしばらくして、彼が子供時代に異常な母親の言動に苦しめられていたことがわかった。

父は母の異常なヒステリーに耐えかね、私が二歳の時に家を出て行ってしまった。母は私に対しても激しいかんしゃくを爆発させたが、それはひとたび始まると何時間も終わらなかった。育つにつれ、私が父親の面影に似てくると、母の怒りはますますひどくなった。母が「お前なんか生まれてこなければ良かった」と言わない日はなかった。母はましな時でも「お前はあのろくでなしの親父にそっくりだ」、ひどい時には「親父と一緒に死んでしまえ」とまで言った。その後、母親に殺されてしまうかもしれないと心配した近所の人が私を施設に入れようとしたが、実現しなかった。

大人になってからは、子供のころのことなどどうということはないと思っていたが、いまでは母が私をいかに憎んでいたかを考えるたびに心が凍る思いがする。

彼の母は、彼が幼いころから非常に明確なメッセージを送っていたのだ。それは、「私はお前なんかいらない」というものだった。父親も家を出て行った時に、幼い彼を救おうとしなかった。それもまた「お前の存在は重要ではない」と言ったのと同じだ。

こうして彼は、警察官になってから、行動を通じて無意識のうちに両親の意思に従ってきたのだ。つまり、自分の存在を消し去ろうとしていたということだ。自殺行為のような捜査をしたのも、母の望みを無意識のうちに実現しようとしたことのあらわれだった。

この例によくあらわれているように、親の非情な言葉は子供をひどく傷つけるだけでなく、魔力をもった呪文となることがある。実は、彼のような形の自殺願望は、こういう親を持った子供には比較的よくあるのである。そのような子供にとっては、文字通り「毒物のような親」との過去の心の結びつきを清算できるかどうかは、まさに生きるか死ぬかの問題だといえる。

親の言葉は〝内面化〟する

友人や教師や兄弟姉妹その他からけなされても傷つくことに違いはないが、子供がもっとも傷つくのは親の言葉だ。つまるところ、小さい子供にとって親は世界の中心なのである。全能のはずの親が自分のことを悪いと言っているのなら、「私は悪いのに違いない」と潜在意識が感じる。もし母親がいつも「お前はバカだ」と言い続けているなら、私はバカなのだろう。もし父親がいつも「お前は無能だ」と言っているのなら、私は能のない人間に違いない、等々。小さな子供には、親によるそのような評価に疑いを投げかけることはできない。

人間の脳は、人から言われた言葉をそのまま受け入れ、それをそっくり無意識のなかに埋め込んでしまう性質がある。これを「内面化」といい、ポジティブな概念もネガティブな言葉や評価も、同じように無意識のなかに収納される。するとつぎに、人から言われた「お前は◯◯だ」という言葉が、自分の内部で「私は○○だ」という自分の言葉に変換されるのである。これは子供においては特に顕著で、親のけなしやののしりの言葉は心の奥に埋め込まれ、それが自分の言葉となって、低い自己評価や人間としての自信のなさのもとを形作ってしまう。

このように、親の言葉による虐待は、子供がポジティブな自己像（自分には愛情があり、人からも愛され、人間として価値があり、能力もあるというイメージ）を持つ能力をはなはだしく損なうばかりでなく、将来どのようにして世の中とうまくつき合っていくかということについてもネガティブなイメージを作り上げてしまう。

このようにして内面化され、自分で自分を苦しめるもとになっているネガティブな自己像を、再び表面に引き出すことによって打ち破っていく方法については、第二部で細かく述べたいと思う。

六章　暴力を振るう親

私はふと気づくと自分に腹を立てていることがよくあり、時には理由もないのに悲しくて泣きたくなることもある。多分、自分にフラストレーションを感じているからだろう。親にどれほど傷つけられ屈辱を味わわされてきたかということが、いつも頭から離れない。友達とは長続きしたことがない。いつも友人を何人もまとめていっぺんに切ってしまうようなところがある。自分がよくない人間であることを知られたくないからかもしれない。

こう語ったのは、ある大企業で品質管理課長をしている四十歳の女性だ。彼女は精神不安定がひどく、診察した医師の勧めで私に会いに来た。車や会社のエレベーターのなかでパニックに襲われる閉所恐怖症がひどく、その医師は精神安定剤を処方していたが、彼女が仕事に出かける時以外はアパートにこもって一歩も外に出なくなったため、心理治療を受けるようにと説得したのだ。

中西部の郊外で裕福な家に育ち、外から見れば何不自由ない暮らしのように映ったに違いないが、家のなかは悲惨そのものだった。父は異常に腹を立てやすい性格で、特に母と口論をした後には子供たちに当たり散らし、私と妹はベルトで体中をたたかれた。父は荒れ狂いだすととまらなくなり、永久にやめないのではないかという恐怖をよく覚えた。

彼女の父親は地元では有名な銀行家で、毎週日曜日には教会に行き、近所では良き家庭人と信じられていた。家で子供を虐待しているなどとは、だれも夢にも思わなかったに違いない。だが子供たちは悪い夢でも見ているような日々を送っていた。ある時など、父が荒れ狂いだしたので子供部屋にカギをかけてベッドの下に隠れていると、ドアをたたき壊して入ってきて引きずり出され、「二度と部屋にカギをかけたりするな！　もう一度やったら殺してやるぞ！」とわめきながらベルトでめちゃくちゃにたたいたという。

彼女の語った恐怖は、親の暴力にさらされているすべての子供たちの気持ちを代弁している。これらの子供たちは、普段何事もない時ですら、親の怒りはいつまた爆発するだろうかという恐怖のなかで暮らしている。そして親が怒り出した時に恐ろしさから逃げようとすれば、それがさらに親の怒りの火に油を注ぐ結果となる。子供には隠れるところも逃げるところもない。

体罰は犯罪である

子供に暴力を振るう親は、職業、社会的地位、貧富の違い、教育の程度、などとは無関係に存在し、子供への暴力という犯罪行為は毎日のように至る所でくり返されている。

ところが、どの程度の暴力をもって「身体的虐待」と呼ぶかについては、さまざまな意見の人たちがおり、これまでにもさんざん論争が行われているが、大きな混乱と誤解が生じている。すなわち、子供に対する体罰は親の権利であるばかりでなく、必要なことであると考えている人たちが、いまだにいるのである。

近年まで、子供は親の〝所有物〟であるかのように考えられ、親が子供をどう扱うかは親の勝手、つまり自由裁量が許されるとされてきた。そして何世紀にもわたって、親が自分の子供に対してしていることは他人が口出しすべき筋合いのものではないと考えられてきた。そのため、〝しつけ〟の名のもとなら親が何をしようが――少なくとも殺さないかぎりは――その是非が問われることは、ほとんどなかったのだ。

だが今日では、そのような基準を当てはめることはもちろんできない。子供への身体的な虐待の問題が広がり、またそれについての研究が進むとともに、一般の認識も高まり、いまでは法的な規制が行われている。アメリカでは一九七四年に子供の虐待を防止するための連邦法が議会を通過し制定されたが、それによれば〝身体的虐待〟とは「打撲、やけど、みみずばれ、切り傷、骨折、その他の身体的な傷害を引き起こす暴力行為」とされ、その行為には「蹴る、殴る、かみつく、たたく、刃物等で切る、縛る、その他」となっている。

だが問題は、〝虐待〟の定義が現実にどのように解釈され、法的に適用されているかだ。親に暴力を振るわれた結果、子供が骨折でもしていれば虐待は明らかだが、あざになった程度だったらどうなるのか。その程度のことでは、ほとんどの検察官は加害者の親を訴追するのに二の足を踏んでしまうだろう。

私は弁護士でも警察官でもないが、刑法で裁かれることのない体罰によって子供の心身がいかに傷つけられているかを二十年以上も見続けてきた。カウンセラーとしての私の考えでは、傷跡のあるなしにかかわらず、子供に強い身体的苦痛を加える行為はすべて虐待である。

（訳注：本書のオリジナルが書かれたのは一九八九年ですが、現在のアメリカでは子供の虐待に関する取締りはさらに厳しくなっており、あざを残す程度の暴力でももし起訴されれば親は有罪になります。また子供が激しく泣き叫んでいる声が聞こえるという通報があれば、警察はその家に踏み込んで子供を保護し親を逮捕できます。ちなみに、もし教師が児童や生徒をたたいたら、ケガの有無にかかわらず解雇です）

なぜ彼らは子供に暴力を振るうのか

子育てをしたことのある親なら、そのほとんどが一度や二度は子供をたたきたいという衝動にかられたことはあるに違いない。特に子供が泣きやまなかったり、わけのわからぬことを言ってダダをこねたり、反抗した時などには、そういう気持ちになることがあっても無理はない。だが、それは子供がそういう行動をしたからというよりも、その時の親自身の精神状態、例えば、疲れている、ストレスがたまっている、不安や心配事がある、または自分が幸福な人生を生きていない、などが原因であることのほうが多いのだ。

多くの親は、そのような時に子供をたたきたいという衝動が起きても、実際に行動に移さないでいることができる。だが不幸にして、それができない親も多いのである。それはなぜなのか。行動に出てしまう親と、出ないでいられる親の違いを決定づけるものは何なのか。確実なことはわからないが、子供に暴力を振るう親には共通したいくつかの特徴がある。

その第一として、彼らは自分の行動が子供の心身にどのような結果をもたらすかについて、ほとんど自覚していないということがある。そのため彼らは心の内部に怒りやフラストレーションなどの強いネガティブな感情が生じるたびに、それを子供に向けて爆発させてしまう。つまり、彼らの行動はストレスに対する反射的でほとんど自動的な反応に近く、衝動とそれに対する反応行動が直結してひとつになっているようなものだ。そこには衝動をコントロールする能力など入る余地がない。

第二に、彼らは自分自身も親から暴力を振るわれて育っているケースが非常に多く、そういう家庭では体罰が当たり前のことになっている傾向がある。大人になってからの彼らの行動のほとんどは、自分が子供のころに体験して学んだことのくり返しなのである。彼らが見ながら育ったモデルは、自分の親だったのだ。そして自分の力ではうまく対処できない問題が起きた時、あるいは自分が対処しきれない感情、特に「怒り」が生じた時に、取ることのできる唯一の行動として親から学んだのが暴力だったのだ。

第三に、子供に暴力を振るう親の多くは、子供の時から感情的に満たされたことがあまりなく、大きなフラストレーションと満たされないニーズを抱えたまま大人になっている。つまり彼らは、情緒面では子供のまま成長できていないのだ。そのため彼らは自分の子供を、心を満たしてくれなかった親のかわりに満たしてくれる対象と見なしていることがよくある。そこで子供が自分のニーズを満たさないと激怒し、激しくくってかかる。だがその時、彼（彼女）が本当に激怒している相手はその子供ではなく、自分の親なのである。

そして第四に、これは必ずそうだということではないが、彼らはアルコールや薬物の依存症であることも多い。それが暴力を振るう衝動をコントロールできない唯一の原因ということではないが、要因のひとつになっている場合もよくあるのだ。

暴力を振るう親も程度はさまざまだが、まれに最悪なケースとして、子供を単に残忍な虐待の対象物としてしか見ないまでになっている者がいる。これらの者は人間としての感情も感性もまったく持ち合わせておらず、人間の外見をした化け物とでも言うほかはない。こういう異常な親の行動にはいかなる論理もあてはまらず、常人の理解を超えている。

気まぐれな親の怒り

つぎの例は、大学院で心理学を専攻している二十七歳の男性だ。彼は私がその大学院で開いたセミナーに参加したひとりだった。その時に私がこの本を書いていることを話したところ、彼は自分の体験を実例として材料に使ってほしいと名乗り出てきた。「苦しんでいる人たちのために役に立ててほしい」という彼の誠意に、私は感銘を受けた。

彼は子供のころ、いつも父親に殴られていた。なぜ殴られたのかも覚えていないほどだという。とにかく彼が何かをしていると父は急に怒りだし、大声でわめいて殴り始めた。何がいちばん怖かったかと言えば、父がいつ怒りを爆発させるのかわからないことだった。

彼は子供時代のほとんどを、父の怒りを待ちうけながら過ごしていた。それはまるで、いつ押し寄せてくるかわからないがひとたび来たら避けることはできないとわかっている津波を待っているようなものだった。そのような生活は、彼の心に一生消えない恐怖と不信感を植えつけた。

彼はまだ若いのに、すでに結婚に二回失敗していたが、それは子供のころに人を信頼することを学んだことがなかったことが原因だった。

家を出て社会人になっても、結婚しても、その気持ちはなくならなかった。いつも何かが不安で、いまでもそんな自分がいやで仕方がない。だが親からあのように扱われて育った人間が世の中に出たらどうなるだろうか。昔から、女性との関係が長く続いたことがない。きっと、心の底から他人と親しくなることができないからだと思う。私はだれに対しても、本当に自分に近づかせることができない。そんな自分が恥ずかしいし、いつも何かを怖がっている自分が恥ずかしい。だがとにかく人生というものがわけもなく不安で、これをなんとかしない限り自分はどうにもならないだろうということはわかっている。だからセラピーも一生懸命続けているが、とてもつらい。

親から暴力を振るわれ、人間性を踏みにじられた子供が、信頼感や安心感を取り戻すのは容易なことではない。人間はだれでも、人は自分をどう扱うか、ひいては社会は自分をどう扱うか、という概念を、成長していく過程で親との関係をもとに形作っていく。それゆえ、もし親との関係が基本的に子供の安定した情緒をはぐくみ、人格を大切にするものであるなら、その子供は情緒的に安定した人間に育ち、世の中は基本的には自分を受け入れてくれる場所であるという感覚を持った人間になることができる。そしてそのようなポジティブな感覚を持つことにより、対人関係においても他人に心を開き、男女関係で自分の弱点を相手にさらすことも比較的できる人間になれる。

だがその反対に、子供時代に常に緊張と不安にさらされ、苦しみを強いられてきた人間は、成長するとともに、自分を防衛するために常に心身を硬くこわばらせた人間になっていく。それは精神的な鎧をまとっているようなものだ。しかし、そうやって自分を守っているつもりでも、それは他人を近づかせないということであり、自分を牢獄に閉じ込めているようなものなのだ。

この大学院生は何が父を怒らせるのかがいつもわからなかったが、彼の父にとっては、そんなことを子供がわかろうがわかるまいがどうでもよかったのだろう。だがなかには、なぜ暴力を振るうのかを子供にわからせようとする親もいる。

最初に例にあげた女性の父親は、さんざん子供たちをたたいた後、気分が落ち着いてくると、くどくどと理由を説明しようとした。たいていは母親との争いでストレスがたまっているということだった。この父親は、妻との夫婦の問題を幼い娘にわからせようとしただけでなく、娘になぐさめてもらおうとすらしたのだ。だが子供にそんなことが理解できるわけはない。そんなことを聞かされても子供は頭が混乱して当惑するばかりだ。これは二章や四章でも触れた「役割の逆転」である。

彼女の父親の行動は、子供を虐待する親には珍しいものではない。彼らは子供に暴力を振るっておいて、それをほかの人のせいにする。子供に向かって怒りを爆発させることで自分をフラストレーションから解放しようとし、その後で自分の行動を正当化するために子供に言い訳を言うのである。そのフラストレーションの原因は仕事のストレスだったり、妻や夫やその他の家族や友人との不和や、自分の人生全般に対する不満足だったりする。

子供がターゲットにされる理由は簡単だ。子供は反撃できず、簡単に沈黙させることができるからである。だが残念ながら、子供を痛めつけることによって得られるフラストレーションの解消は一時的なものでしかない。そんなことをしていても怒りの真の原因がなくなることはなく、再び積もって増大していく。その結果、子供は相変わらずターゲットにされたまま親の怒りを吸収し続け、子供の内面に生じる怒りは成長していく間じゅうずっとたまっていく。

暴力の正当化

暴力を振るう親のもうひとつのパターンは、暴力を振るうことを他人のせいにするのではなく、「お前のためにこうするのだ」と正当化するタイプだ。世の中には、いまだに体罰が子供の教育に欠かせない手段だと信じている親がたくさんいる。宗教などでもいまだに体罰を認めているものがあるのには驚くほかはない。聖書ほど体罰を正当化するために誤って使われた本はない。

体罰を肯定する人間のなかには、子供というのは生来悪いことをするように生まれついていると信じている者がいる。だから悪くならないように厳しくたたいて矯正しないといけないというわけだ。「私もそうやって育てられたんだ。たまにたたかれたくらいではどうってことはない」とか「悪さをすれば（言うことを聞かなければ）どういうことになるのか、わからせなくてはいけない」などがその言い分である。なかには「体罰は子供を強くするために必要な儀式であり、子供はそういう試練に耐えなくては強くなれない」と、体罰を正当化する親もいる。

だが近年の研究によれば、体罰によって実際に子供が特に強くたくましく育つということはなく、好ましくない行為をした時の罰としても役にはたたないことが示されている。体罰は一時的に押さえつける効果があるだけで、子供の心には強い怒りや復讐心、自己嫌悪、大人に対する不信感などを生じさせ、むしろ障害になるというのが事実だ。すなわち、そういった悪影響は、どのような一時的な効果をも帳消しにして余りあるのである。

父（母）の暴力をとめない母（父）

子供に対する親の暴力行為というドラマには、責任の少なくとも一部を問われなくてはならない人間がもうひとりいる。それは黙って傍観しているもう片方の親である。なぜかといえば、その親は、夫（妻）に対する恐怖心や依存心、家庭の現状を維持したいという願望、などの理由から、夫（妻）が自分の子供に振るう暴力を制止できないでいるからだ。傍観しているということは、実質的に子供を見捨てているのと同じである。自分は手を下していなくても、その親は結果的に虐待の消極的協力者になっているのだ。
　だが虐待されている子供は、なぜその親が何もしてくれないのかと不審に思うことはあっても、傍観者の親を自分と同じ被害者のように感じていることが多い。その親は、ただおろおろしていることにより、自分の沈黙が夫（妻）の暴力に間接的に荷担しているという事実を否定することができるからである。一方、子供のほうは、沈黙している親をかばったり正当化したりすることで、自分の親が両方とも失格者であるという事実を否定することができる。
　この章の冒頭で例にあげた、精神不安定に悩む品質管理課長の女性は次のように語っている。

父が私と妹に暴力を振るい始めると、私と妹はいつも母に助けを求めて大声で泣き叫んだ。だが母が助けに来たことは一度もなかった。母は別の部屋で私たちの悲鳴を聞いているだけだった。そのうちに、私はいくら叫んでも母は来ないとわかった。母が父を止めるなど、できない相談だったのだ。母にはどうすることもできなかったのだと思う。

　子供に暴力を振るう父親は、妻にも日常的に暴力を振るっていることがある。その場合、暴力を振るわれている男の子は、母を父の暴力から救わなくてはならないと感じることもある。実行するのは不可能だとしても、そう感じるのもまた「役割の逆転」である。

だが沈黙しているほうの親は、本来なら恐怖を振り払ってでも子供のために立ち上がり、子供を被害から守らなければならなかったはずだ。最悪な場合には警察を呼ぶことだってできるだろうし、ほかにも方法はいろいろあるはずである。私は虐待の被害者が「母（父）にはどうすることもできなかったのだと思います」と言うのを聞くたびに、その親をもっと現実的な目で見ることの重要さを説明するよう努めている。

なかには両親ともに暴力を振るうというひどいケースもあるが、多くの場合は片方が暴力を振るい、もう片方は傍観しているというのがほとんどである。暴力を振るうのは父親ばかりとは限らない。母親が暴力を振るい、父親は見て見ぬフリをしているという場合もある。どちらの親が暴力を振るうにせよ、パターンは同じで、子供は助けてくれないほうの親を自分と同じ被害者のように感じてしまうことが多い。夫が妻と子供の両方に暴力を振るう場合は、妻は夫の暴力の被害者でもあるが、子供に対する夫の暴力については傍観者でいる責任をまぬがれているわけではない。

つぎにあげる四十三歳の営業マンの場合、事情はもう少し複雑だ。彼は子供時代のほとんどを母親の暴力にさらされてきたが、手をこまねいて何もしなかった父親を崇拝すらしていた。

私は子供のころから繊細で、美術や音楽が好きだった。母はそんな私をいつも「女々しいやつ」と言ってバカにし、腹を立てると手近にあるものをつかんではそれでたたいた。私はそんな母をいつも恐れていて、ほとんどの時間を押し入れに隠れて過ごしていたような気がする。なぜ自分がいつもぶたれるのか、理由がわからなかった。きっと私のやることなすことすべてが母を怒らせるのだろうと思っていた。子供時代のすべては母にかき消されてしまったような気分だ。

いつもひとりで泣いていると、父が来てなぐさめてくれた。母のかんしゃくと暴力についてはなすすべがないのだと父は言い、「可哀相に」といって抱きしめてくれた。父は、もし私がもっと努力すれば状況はもう少しよくなるかもしれないと言っていた。私はそんな父が大好きだった。父は家族のために一生懸命働いていたと思う。父はいつも一貫してあたたかい愛情を私に注いでくれていた。

大人になってから、子供時代のことについて父に話そうとしたことは何度かあるが、そのたびに父は「もう済んだことだ」と言うだけだった。いまさら父を嫌な気分にさせることに、いったいどんな意味があるというのか。問題は母親にあったのであって、父ではない。

こうして彼は父を弁護し、問題への父の関与を否定した。それは、「父と過ごした愛情の通い合った時間」という、子供時代の唯一の幸せな記憶をそのままにしておきたかったからである。だが、酷なようだが、真実を言うならば、彼は怯えた子供だった時になぐさめてくれる父にしがみついていたのと同じように、いまも怯えた大人としてその時の父の思い出にしがみついているだけなのだ。暗い押し入れに隠れたまま外の現実を見ないでいる限り、彼は真実を正面から見据えることができるようにはなれない。

彼は、暴力を振るった母親が、その後の彼の人生にどれほど影響を及ぼしたかということについては理解できていたが、母の暴力をとめなかった父親に対してどれほどの怒りを心の奥に押さえ込んできたかについてはまったく自覚していなかった。「父は私を守らなかった」という事実を、彼は何十年もかけて否定してきたのだ。しかも彼の父は、「もしお前がもっと努力すれば、母にぶたれないですむようになるかもしれない」と、自分の責任を回避して子供に押しつける発言をした点で、単に何もしなかった以上の責任があるといえる。

「自分が何か悪いことをしたのだ」と感じる子供

多くの人にとっては信じがたいことかもしれないが、言葉の暴力で痛めつけられた子供と同様、身体的暴力で痛めつけられた子供もまた、親がそのようなことをするのは自分が何かいけないことをしたからなのだろうと感じている。こうして、自分を責める性格はやはり幼いころにその種を植えつけられてしまう。

小さな子供にとって、「親が間違っていて私は間違っていない」と考えるのはとても難しいことだ。そこで子供は親の二つの嘘を信じることになる。「私は問題のある悪い子だ」と「親が私をぶったのはそのためだ（親に問題があったからではない）」の二つだ。この二つの嘘は、親から暴力を振るわれて育った子供の多くが、成人後もなかなか消すことのできない意識となって心のなかに残ることになる。

こうしてその子供はなかなか人の愛情を信じることができず、また「私は悪い子」という自己嫌悪が消えることもない。そして大人になっても「人間関係がいつもうまくいかない」、「他人が私のことを本当に心配してくれるとはなかなか信じられない」、「自分に確信が持てない」、「私はダメな人間」、「不安や恐れが強い」、「行動力がない」、「特に理由がないのにいつも腹が立っているような気がする」、「私は幸せにはなれないに違いないと思う」などの意識を持つようになる。

先ほども引用した品質管理課長の女性はこう続けた。

私は幸福をつかむに値しないとずっと思っていた。一度も結婚しなかったのはそのせいだと思う。考えてみると、男性と良い関係を築いたことは一度もないし、本当の意味で何かに成功したこともない……もしかすると、私は自分で自分を成功させなかったのかもしれない。

子供が成長して体が大きくなってくるにしたがい、親の暴力もいつかは止む時がくる。だが精神的な虐待は大人になってもなくなることはない。ただし、大人になってからのそれは、自分で自分を苦しめるようになっている、という点が違っている。

「虐待」と「愛情」の不思議な結びつき

暴力を振るう親に育てられた子供は、時おり、苦しみと喜びが結びついた異様な状態にさらされることがある。先ほどの大学院生はこう語っている。

父は機嫌がいい時には面白い人間になったり、たまには優しくなったりすることさえあった。ある時などスキー大会に参加させてくれて、その練習のために十時間も車を運転してスキー場まで連れて行ってくれたこともあった。その帰り道には「お前は大切な息子だ」と言ってくれた。いまでもその時の光景を必死で思い出そうとすることがよくある。

暴力を振るうからといって、いつも恐ろしい親というわけではないところが、さらに子供を混乱させ、親の虐待をはっきり見つめることをますます難しくする。愛情を見せるような態度を示したかと思うとひどく扱うという親のもとでは、非常に強力で倒錯した親子関係が生じる。子供の世界は非常に小さく、どんなにひどい親でも、それが愛と安心を与えてくれる存在のすべてである。痛めつけられた子供は、そんな親のなかにも〝親の愛〟を見いだそうとして子供時代を送る。その心理状態は大人になっても消えることがない。

家の秘密を守ろうとする子供

彼の例でも示されているように、暴力を振るう親でも時おり見せる優しさのため、子供は親の愛情を追い求める気持ちを持ち続け、次第に「すべてが良いほうに変わってくれたら」と願うようになる。このはかない希望が消えていないと、大人になっても親の暴力について人に語ろうとしないことがよくある。

子供というのは、普通はだれでも本能的に〝良い子〟でありたいと思うものだ。そして〝良い子〟は、親を裏切って家の秘密をしゃべったりなどしないものだ。だがそのために、〝家の秘密〟はさらに重く背中にのしかかる。ところが、家の秘密を語ろうとしないでいると、外部からの助けを断つ結果になってしまう。苦しみというのは、人に語ることができないとますます悪化するものだ。

親への怒りをぶちまけたい衝動にかられることはあっても、実行はできないとなれば、ネガティブな感情はそのまま鬱積していく以外にない。一方、家の外では人に対して口をつぐんでいるので、自分を偽善者のように感じるようになる。高校生くらいになると、本人も家の異常さを認識するようになるが、友人達に対してはそのことについて堅く口をつぐみ、むしろ自分の家は立派な家庭であるかのように振る舞っていることが多い。

私はこの章の冒頭で例にあげた女性に、「もし両親とはっきり対面して、子供時代のことについて問いつめたら、彼らはなんと言うと思うか」とたずねてみた。すると彼女は一瞬驚いたような顔をしたが、こう答えた。

多分、父は取り乱して、私と口論になるでしょう。母はきっと大声でわめきだして、妹は私が昔の話をほじくり返したと言って怒り出すでしょう。そんな話はしたくないと言って、私と口をきかなくなるかもしれません。

彼女の一家は、彼女が〝家の秘密〟を守ることが接着剤となって結びついていた。したがって、もし彼女が沈黙を破れば一家は分解してしまうのだ。彼女は続けた。

いまでも私が家族と一緒にいるたびに起きることと言えば……、つまり何一つ変わらないってことです。父はいまでも非常に意地の悪いことを言います。私は大声でわめいてやりたいと思いながら、唇を噛んでじっと我慢しています。今日も父は私に怒りをぶちまけてひどいことを言いました。でも母は何も聞こえないふりをしているのです。

二、三年前に高校の同窓会があったのですが、昔の同級生たちはみな私の家族が素晴らしい人たちだと思っているのです。私は大声で叫びたい気持ちでいっぱいでしたよ。

だが彼女は、真実を語ったところでだれも信じないことがわかっていた。本当のことを言えば、家族はもちろん、友人からも嫌われてしまう。彼女は「悪いことは何も起きていない」という見かけを常に取りつくろっている以外になかった。彼女は家のなかでも外でも孤独だった。

この女性のように、本当は子供を苦しめている家庭が、外部の人たちには〝ノーマルな〟家であるかのように見えているのは珍しいことではない。

心の十字路

親に痛めつけられて育った子供は、煮え立つような怒りを内面に抱えている。殴られ、侮辱され、脅され、けなされ、押さえつけられ、そのうえ「お前の苦しみは自分のせいだ」と言われ、それでも怒りを感じない者はいない。だが子供はその怒りの正当性をはっきりと自覚することができず、また怒りを表にあらわす方法を知らない。押さえられた怒りが大人になってからほとばしり出るようになるのも不思議ではない。

ある時、十歳になる息子を折檻して逮捕され、裁判所から私のところに送られてきた女性がいた。彼女は四十一歳の主婦で、自分の行動を恥じ、進んで熱心にセラピーを受け入れた。

それ以前にも子供の顔を平手でたたいたことはよくあったが、その時は逆上して我を忘れ、めちゃくちゃにやってしまった。昔から、子供ができたら自分の親みたいな真似だけはしまいと自分に言い聞かせていたのに……。腹が立つと自分がコントロールできなくなって、知らない間に自分の母親みたいになってしまう。子供のころ、私は父母の両方から体罰を加えられていたが、特に母親はひどい暴力を振るった。

彼女は若いころから、人に対して衝動的に攻撃的になることがよくあった。高校時代は問題児で、停学をくらったことも何度かあった。大人になってからも、身の回りには常にごたごたが絶えなかったという。

彼女の場合は、内面の怒りが幼い息子に向けられたわけだが、押さえつけられた怒りは違う形であらわれることもある。極端な例ではさまざまな種類の暴力犯罪となってあらわれることもあり、男の場合なら妻子に対する暴力から婦女暴行に至るまでさまざまであるし、男女を問わず暴力は殺人にまで及ぶこともある。全国の刑務所は、子供時代に親から暴力を振るわれて育ち、内面にたまった怒りを適切な形で表現する方法を教えられなかった人間たちでいっぱいだ。

一方、怒りを自分自身の内面に向けた場合には、体の反応となってあらわれる。慢性的な頭痛、いつも体がだるい、いつも胃腸の調子が悪い、などはよくあるパターンだ。いつも人にいいようにされてしまい、自分を守ることができないのは、子供の時に親からいいようにされても自分を守ることができなかったことと関係している。本人は爆発しそうな〝何か〟を内面に抱えていることはわかっていても、その〝何か〟が何なのかがわからない。怒りを直接表に出すことが怖くてできなかったことが、内面にこもって胃潰瘍やうつ病などの形であらわれることもある。

「この親にしてこの子あり」は正しいか

ごくたまのことだが、親によって痛めつけられた子供が、自分を傷つけた親の性格を無意識のうちに真似るようになることがある。つまるところ、小さな子供から見ればその親はたいそう強く、怖いもの知らずのように見えるわけだ。子供が自分もそのようになりたいと思ったとしても不思議はないかもしれない。そしてその子供は自分を外界から守るために、自分がもっとも嫌っているはずの親の性格を無意識のうちに真似し、それが身についてしまう。「親のような人間には絶対になるものか」といつも自分に言い聞かせているにもかかわらず、ストレスにさらされるとまさに親とまったく同じような行動をとってしまうのだ。とはいえ、そういうケースはそれほど多いわけではない。

これまで長い間、親に暴力を振るわれて育った子供は、そのほとんどが自分も子供に暴力を振るう親になると一般に信じられてきたが、近年の調査によると、多くの場合そのようなことはなく、それどころか体罰はおろか普通に叱ることもろくにできないケースすらあることがわかってきた。彼らは自分が親からされたことへの反動で、子供をしつけることができないのだ。これは子供の成長にとって良いことではないが、甘くなりすぎることによって子供に起きる問題は、暴力を振るわれることによって生じる問題に比べればずっと小さい。

七章　性的な行為をする親……子供への究極の裏切り

近親者から性的な行為をされるということは、おそらく子供にとって最も残酷で理解しがたい体験であろう。まして、そのようなことをしたのが自分の親だったら、その行為は子供の最も基本的な信頼に対する裏切りであり、将来にわたってその子供の情緒に取り返しのつかない結果を招く。生活のすべてを依存している親が加害者だったら、子供には言いつける相手も逃げる場所もない。保護者のはずの親は迫害者となり、子供は汚れた秘密の牢獄に閉じ込められてしまう。近親者による性的な行為は、子供の最も大切なこと、すなわち「けがれのない無邪気さ」を奪ってしまうのである。

本書の五章と六章では、心身への暴力という、「毒になる親」の最も暗い部分について考察してきた。そして、言葉による暴力や身体的な暴力を行使する親は、子供に対する深い思いやりと感情移入の能力が極度に欠落しているという実例を見てきた。彼らは口汚いののしりの言葉や身体的な暴力を子供に降り注ぎ、それでもなお、虐待の事実を「しつけ」だとか「教育」だという理屈をつけてすりかえ正当化してきた。だが、この章で扱う「毒になる親」に至っては、あまりに倒錯しているのでそのような正当化の余地すらない。彼らには、厳密な意味での心理学理論はもはや無用である。子供に対する性的な行為は、人間が行ってはならない「悪」である。

〝近親相姦〟とはどういうことか

〝近親相姦〟の定義については刑法と心理学で大きなへだたりがあり、一口で厳密に述べるのは難しい。刑法上の解釈はきわめて幅がせまく、通常は血縁者による性交を近親相姦と定めているだけである。その結果、自分が近親相姦の被害者であることを自覚していない人は、世の中に何百万人もいるに違いない。

心理学的な観点から言えば、近親相姦の定義はもっとずっと幅広い範囲を含み、子供の口、胸、性器、肛門などに限らず、どのような体の部位であろうが、加害者が自分の性的な興奮を目的として触れる行為はすべて近親相姦である。また、それは血縁者によるものばかりとは限らない。継父母、義父母など、血はつながっていなくても、子供から見て家族のメンバーと感じられる人間であれば、すべて同じことである。

さらに加えるなら、子供の体に直接触れなくても、近親者が自分の性器を露出して見せたり、それに自分で触れてみせたり、または子供の性的な写真をとる、などの行為をした場合も、それは「近親相姦的行為」である。

もうひとつ重要なポイントは、それは「秘密にしておかなくてはならない行為」だということだ。父親が愛情いっぱいに娘を抱きしめてキスしたからといって、それを秘密にしなくてはならない理由はひとつもない。それどころか、そのようなスキンシップは子供の情緒が健康に育つために必要なことである。その父親の行為は、愛情のかよった親子の健全な関係を示しているにすぎない。

ところがもし、このとき父親が子供の性器に意図的に触れたり、あるいは子供に自分の性器を触れさせたりしたらどうなるだろうか。二人ともそのことは絶対に秘密にしておかなくてはならないだろう。ここに大きな違いがあるのである。

このほかにも、「心理的な性的行為」はいろいろある。実際に体に触れなくても、子供が服を着替えているところや風呂に入っているところをのぞいたり、子供に対して誘惑するようなことを言ったり、くり返しみだらな言葉をかけるなどがそれである。これらの行為は文字通りに解釈すれば近親相姦には該当しないが、被害者の子供には心理的に似たような苦痛を与える。

近親相姦に関する誤解

だいぶ前のことだが、私は近親相姦についての社会の認識を高めようと発言をはじめた時、あちこちでたくさんの抵抗に出会った。おそらくその理由は、世の人々には〝近親相姦〟などという嫌悪をもよおさせることはその言葉すら聞きたくなく、そのようなことが存在することすら認めたくないという気持ちがあるためだろう。だがこの十年間、圧倒的な証拠の量という現実の前に、そのような「事実の否定」は力を失い、現在のアメリカではそのことについて大っぴらに議論を交わすことが——それでもなお居心地は悪いとしても——できるようになった。

そうは言っても、いまだに誤解はたくさんある。そしてそれらの誤解の多くは、一般に長いあいだ真実として信じられてきた。だがそれらの誤解は真実ではないし、過去においても真実であったことは一度もない。では、どのようなことが〝誤解〟なのか、以下にいくつか列記してみよう。

誤解1　近親相姦などというものはめったになく、まれなことだ。

真実▼　米国保健福祉省を含む、あらゆる信頼のおける機関が行った調査によるデータによれば、すべてのアメリカ人の子供の十人にひとりは、十八歳になるまでに家族のメンバーから性的ないたずらをされている。近親者による子供への性的な行為がこれほどまでに多いことは、一九八〇年代初めになるまでは認識されていなかったことである。それ以前は、そのようなことはあったとしても十万家庭に一件くらいのものだろうと思われていた。

誤解2　近親相姦などというものは、貧困家庭や教育のない人々のあいだで、あるいは都会から

遠く離れた過疎地で起こることだ。

真実▼ 事実はそうではない。職業、社会的地位、収入のレベル、地域などにかかわりなく、全国どこでも起きている。

誤解3 そういうことをする人間は、社会的にも性的にも逸脱した変質者である。

真実▼ 事実はそうではない。社会一般のどんな人でも加害者になり得る。実際、彼らの多くは仕事熱心で真面目で信仰心もある、一見普通の男や女たちである。私は個人的にも、警察官、学校教師、大企業のトップ、上流階級の年配の夫人、れんが職人、医師、聖職者など、さまざまな職種の人たちが加害者となったケースを見ている。彼らにある共通の特徴や傾向は、職業や社会的地位や人種などではなく、心理学的な性向である。

誤解4 性的に満たされない生活を送っている人間がそういうことをする。

真実▼ 加害者の多くは既婚者で通常の性生活を送っており、なかには浮気までするほど活発な者もいる。彼らが子供に対して性的な行為をする直接の理由は、自分の支配欲を満足させるため、または、子供しか与えることのできない「疑うことを知らない純粋な、脅威とならない愛情」を求めてのことである。それが結果的に性的な満足を得たいという欲求に進むことはあっても、そもそもの動機がはじめから性欲であることはまれである。

誤解5　特に十代の少女は大人の男性を誘惑するようなそぶりを見せることがよくあり、少なくともいたずらなどをされる責任の一部は本人にもある。

真実▼　多くの子供は、家族など強い結びつきのある大人に対して、性的なフィーリングや衝動を無邪気に、そして模索するように表現することがある。それは基本的には幼い女の子が父親に媚びを売ったり、男の子が母親に甘えたりするのと同じようなことだ。十代の少女のなかには、あからさまに大人の男性を挑発する者もいることは確かだが、そういう場合でも適切な態度で対応することは百パーセント大人の側の責任である。まして家庭内ならなおさらのことだ。

誤解6　ほとんどの近親相姦の話は子供の性的な願望が作り出した空想や白昼夢で作り話だ。

真実▼　この誤解は二十世紀はじめにフロイトによって作り出されたもので、それが心理学者の間に広められたのが始まりだ。フロイトはウィーンで精神分析の研究をしていた時に、信頼のおける中流家庭の娘たちからあまりにも多くの近親相姦のリポートが寄せられたため、すべてが本当の話とはとても考えられないと結論してしまい、それらの多くは空想の産物だと断定してしまったのである。フロイトの犯したこの誤りのため、何百万人もの被害者が事実を認めてもらえず、勇気を奮い起こして心理治療を受けにきた人ですら必要なサポートを受けられないまま放置されてきたのだ。

誤解7　子供がいたずらされるのはほとんどが見知らぬ相手からであって、家族などよく知っている人からそのようなことをされることはあまりない。

真実▼　子供に対する性犯罪の大多数は、家族のメンバーによって起こされている。

一見〝素晴らしい〟一家に、なぜそのようなことが起きるのか

暴力を振るう親がいる多くの家と同じように、近親相姦（的行為）が行われている家のほとんどは、外部の人からはノーマルな家のように思われている。加害者である親が地元では顔役だったり、熱心に宗教活動をしていたりして、立派な人と評判であることもめずらしくはない。

ロサンゼルス郊外で小さな書店を経営するある三十八歳の女性は、保険会社の営業部に勤める父と団体事務局長の母を持つ、だれが見ても普通の中流家庭の出身だった。だが彼女は十歳の時から、父親から性的な行為をされるようになった。父の行動は、はじめのうちは自分の体を彼女に押しつけたり、彼女が着替えているところを見つめたりする程度だったが、彼女が思春期になって体が発達してくるとともに、本格的にエスカレートしていった。だが家の外では、父は典型的な中流家庭の「家族思いの父親」と見られていた。その父のイメージは彼女をさらに混乱させた。

もう一人、外部に見せている姿と実態がまったく違う家に育った女性の、驚くべき例をあげておこう。彼女はビデオの編集の仕事をしているスポーツ好きなタイプの、青い眼にブロンドの典型的なアメリカ人女性だ。彼女の家も書店経営者の女性の家と同様、近所の人たちからは素晴らしい一家と思われていた。だが彼女は、十三歳の時から、なんと教会の牧師をしている義父に性行為を強要されていたのだ。もしこの牧師が家でしていることを近所の人たちが知ったら、みな驚いて腰を抜かしたに違いない。だが倫理的な指導者だったり社会的な権威だったりすることは、子供に性的行為をすることとなんら関係がないのである。

いったい、そんなことが起きる家とはどんな家なのか、当事者以外の家族のメンバーはどのような役を演じているのか、などといったことについてはさまざまな議論がなされているが、カウンセラーとしての私の経験では、そこには常に存在するひとつの要素がある。それは、事件が起こりやすい家には、人と心を通わせようとしない、とかくなんでも隠したがる、依存心が強い、ストレスが高い、人間の尊厳を尊重しない、などの特徴があるということだ。その反対に、開放的であたたかく、人とコミュニケーションをとることが好きな家では、そのような事件は起きない。

いろいろな意味で、近親相姦（的行為）は完全な家庭崩壊の一部を成すものと考えられるが、それは百パーセント加害者側の責任であり、被害者の子供に家庭崩壊の責任はない。だが子供はそのように考えることがなかなかできないものだ。いまあげた書店経営者の女性はこう言っている。

私の家では、何事につけ、自分の正直な気持ちをだれかが語るということは一度もなかった。だから私は、何か不快なことがあればその気持ちをすぐに抑えつけた。小さいころ、母が私を抱いてくれたのは覚えているが、父と母の間に愛情が通い合っているようなところは見たことがない。家族みんなで一緒に何かをすることはあったが、そういう時でも本当の家族的な親密さを感じたことはない。きっと父は、そういうことを求めていたのだと思う。父は私のそばにいたかったのだ。きっと寂しかったのだと思う。

だが彼女は、父親がいくら寂しかったとしても、自分の娘に対してそんなことをしなくても他にできることはあったのではないか、と思うことはなかった。彼女の目には、父は耐えがたい苦痛にあえいでおり、それを埋め合わせる心の安らぎを求めているのだと映った。彼女の父親のように、大人が自分の情緒不安を静めるために子供を利用し、まだ子供である娘に自分をなだめさせるという歪められた状況のもとでは、大人の側に自制心がなければそれが性的な行為へと進んでしまうこともあり得るのだ。

強要のさまざまな形

そもそも、親子関係にはたくさんの心理的強要がある。それゆえ、子供に対して性的な行為をしようとする親は、必ずしも無理やり力ずくで子供に言うことを聞かせる必要はないのである。だがそのために、被害者の子供は、自分が受けている被害の重大さを過小評価してしまうことがよくある。それは、心理的な暴力は身体的な暴力と同じように人間性を破壊するということを知らないためだ。子供には生まれつき愛情があり、人の言葉を信じやすいので、自分の情緒不安を自分以外のもので埋めようとする大人の格好のターゲットになりやすい。そのような子供の心理的な無防備さこそ、多くの場合、加害者の大人がつけ込むことのできる唯一の点なのである。

もちろん、なかには危害を加えるといって脅したり、力ずくで強要する者もいる。ある女性は、七歳の時から、言うとおりにしなければ里子に出してしまうぞ、と父親から脅されていた。また、性的な関係を強要するためだけでなく、子供にそのことを人にしゃべらせないために脅す場合もよくある。よく使われる脅し文句はつぎのようなものだ。

■もし人にしゃべったら、殺すぞ。
■もし人にしゃべったら、殴ってひどい目にあわせてやる。

■もし人にしゃべったら、ママは病気になるよ。
■もし人にしゃべったら、みんなはお前の頭がおかしいと思うよ。
■もし人にしゃべっても、だれも信じないよ。
■もし人にしゃべったら、ママは私たちに対して怒り狂うよ。
■もし人にしゃべったら、パパは一生お前のことが嫌いになるよ。
■もし人にしゃべったら、パパは刑務所に入れられて、みんな生活に困ることになるんだよ。

このような脅しは、けがれを知らない子供の無垢な心にゆすりをかけているようなものだ。また一般に思われているのとは異なり、近親相姦（的行為）の被害者が親の〝お気に入りの子供〟であるということはめったにない。まれに、見返りに小遣いやプレゼントをもらったり、何か特別なことをしてもらったりすることもあるが、ほとんどの場合、子供は心理的または身体的に強要されて虐待されている。

なぜ子供は黙っているのか

近親相姦（的行為）の被害者の子供の九十パーセントは、何が起きたのか（またはいま何が起きているか）について人に語ろうとしない。その理由は、自分が傷つくことを恐れているという

 こともあるが、親が困ったことになって家庭が崩壊してしまうのを子供は非常に恐れるからだ。親からそのような行為をされるのは恐ろしいが、そのことを人にしゃべったことが原因で家のなかがめちゃめちゃになってしまうのはもっと恐ろしい。どんなにひどい家であっても、ほとんどの子供にとって、家が平和であることは驚くほど大切なことなのだ。

ある大手銀行の融資部門に勤める三十六歳の女性はこう言った。

いま思い返せば、私はなぜ父に好きなようにされていたのかがよくわかる。私は父から、もし私たちのしていることを私がだれかに少しでもしゃべったら、母が怒って父を家から追い出してしまい、私は父親のいない子供になってしまうし、私は施設に入れられて、家族のみんなから憎まれるようになると言われていた。

まれに、親の行為が発覚することがあるが、そうなればその家庭はほぼ間違いなく崩壊する。両親が離婚したり、裁判所の命令などにより子供が親から引き離されて親戚や施設にあずけられたり、世間から好奇と蔑みの目で見られたりして、その後も家族がそれまでと同じようにやっていけることはまずない。そのような親とは一緒に暮らさないことが子供にとってはいちばん良いことだとしても、それでもなお、子供は例外なく一家の離散は自分に責任があるように感じてしまう。この後ろめたい気持ちが、事件そのものによってすでに耐えられないほどの心理的重荷を背負わされている子供の上にさらに加わるのだ。

子供が黙っているもうひとつの理由として、たとえそのことを人に言っても、どうせ人は大人の言うことを信じて、自分の言うことは信じてもらえないだろうと感じているということがある。たとえ親がアルコール中毒であろうが、いつも失業していようが、暴力的な人間であろうが、世の人は子供の言うことより大人のほうが信用できるとつい考えてしまう傾向がある。ましてその親がちゃんと仕事をしていたり、社会的に認められる地位にある場合には、子供の言うことなどまったく聞いてもらえなくても不思議はない。

最も悲惨なのは、父親からそのようなことをされた男の子の場合だ。この場合、子供には羞恥と屈辱、無力感、などに加えて、「だれも信じまい」という気持ちはさらに強くなる。

ある四十五歳の航空宇宙関係企業に勤めるエンジニアは、五歳の時から大学に入って家を離れるまで、父親から性的ないたずらをされていた。だが彼の父は大物のビジネスマンで、母は完全に父の言いなりになっていた。彼は幼いころから、もし母に言ったところで絶対に信じないだろうということがわかっていた。

まさかと思う方も多いだろうが、こういうケースは一般人が想像するよりもじつは多い。このような父親は、普通の結婚生活を送っているように見えていても、もともと強い同性愛の衝動があったと考えられる。そしておそらく、彼の父親はそういう衝動があることを人にも自分にも正直に認めず、欲求を押さえ込んだまま結婚し、子供を作り親になったのである。そして押し込まれた本当の欲求ははけ口がないまま増大していき、最も身近にいる自分の子供に対して行動に出てしまったのだ。

だが彼は、彼の父親のように社会的地位のある人間がそのような犯罪行為を行っているなどということを、だれかに話したところで取り合ってもらえないだろうという無力感に支配されていた。

不潔感に悩む子供

近親相姦（的行為）の被害者の子供は、他のケースでは見られない独特な羞恥心に悩む。ごく幼い子供ですら、自分の身に起きたことは秘密にしておかなくてはならない恥ずべきことだと知っているのだ。「黙っていろ」と言われなくても、子供は加害者の行動の仕方や態度からそのことを感じ取る。自分が何かよくないことをされ、人権を蹂躙されたということは、性についてなどまだ何も知らない小さな子供でも感じ取り、不潔感を感じるのだ。

残酷な言葉や暴力で傷つけられて人格を踏みにじられた子供と同じように、近親相姦（的行為）の被害に遭った子供も、非難と罪悪感を「内面化」する。だが、ひとつだけ違う点は、そこに羞恥心が加わることによって問題が複雑になっているということだ。そして「自分は悪いことをした」と思う気持ちは他のどのような場合よりも強くなり、これが自己嫌悪と羞恥心をさらに強める結果となる。こうして近親相姦（的行為）の被害にあった子供は、自分の身に起きた出来事に対していつも気を張っていなくてはならないことに加え、事件が発覚して〝不潔な子〟として外部の人間の目にさらされることを強く恐れるようになる。

被害者なのになぜ罪悪感を抱かなくてはならないのか、と部外者は理解に苦しむかもしれない。だが子供というのは、どんなことをされたとしても、自分の親が悪人であるとはなかなか考えられないものだ。その行為がいかに恥ずかしくて屈辱的な、または恐ろしいことであっても、親が子供に間違ったことをするはずがない。そうだとすれば、自分が悪いのに違いない、と考えるしかない。

「体に感じる不潔感」、「悪いことをしているという意識」、「自分のせいという意識」、この三つの意識のため、被害者の子供は事実をだれにも言うことができず、極度に孤立していく。家のなかでも外でも、完全にひとりぼっちだ。自分の身に起きていることなどだれも信じないだろうと思いつつ、しかし秘密を知られることを恐れて友達を作ろうとしないこともしばしばである。だがその一方で、この孤立のためにかえって家で加害者の親と一緒にいることが多くなってしまう。それがどんなに異常な親だとしても、他に身を置くところはないからだ。

そして、もうひとつ重要なことがある。もし被害者の子供がいくらかでも肉体的な快感を覚えていたとすると、その子供の羞恥と不潔感は倍増してしまうということだ。子供の時に被害にあっていた女性のなかには、それがいかに忌まわしい事件であったとしても、その時に性的な高まりを覚えたと証言する人もいる。その場合、被害者は大人になっても「私は被害者であり事件の責任はない」と声を大きくして発言することがさらに難しくなる。

ある女性は、そのようなことをする父親がいかに許しがたいかとは思っても、オーガズムを感じた自分も親と同じように罪深いと感じていた。私は同じような告白をそれ以前にも聞いたことがあったが、彼女の話を聞いていると心が痛んだ。私は彼女にこう説明した。

刺激に対して体が快感を感じるのは、ひとつもいけないことではない。人間の体は、生理学的にそのようにできているのだ。その時にいい気持ちがしたからといって、そのようなことをした親に罪がないということにはならないし、快感を感じたあなたに罪があるということにもならない。あなたがどのように感じようが感じまいが、あなたは被害者であり、あなたにそのような行為をした責任のすべては、大人である親のほうにある。

さらに、父親と娘の関係の場合、多くの被害者にはもうひとつの独特な罪悪感が生じる。娘には「私は母から父を奪っている」という意識が生じるということだ。その場合、しばしば娘は母親に対抗する存在としての〝女〟を意識することがあり、そうなると、もちろん母親に秘密を打ち明けて助けを求めることは非常に困難になる。娘は母を裏切っているという意識のためにさらに罪悪感を深めてしまう。

父親と娘の関係の場合には、もうひとつ異常なことが起きる場合がある。思春期をむかえた娘にボーイフレンドができると、父親が異常な嫉妬心を高まらせるということだ。このような父親の異常な嫉妬は、思春期の娘の正常な心の発達を劇的にゆがめてしまう。娘は父親の行動を愛情と混同してしまうため、成人した後、自分が父親の被害者であるという理解が進まず、他の適齢期の男性との正常な愛情関係を持つことがさらに難しくなる。

最初に例にあげた三十八歳の書店経営者の父親はその典型だった。彼女がボーイフレンドと出かけると、父は彼女が帰ってくるのを待ち構えていて、あれはだれだ、何をしたのか、などと根掘り葉掘り問いつめ、彼女を不道徳でふしだらな女だとののしった。これは、娘と近親相姦の関係にある父親によく見られるパターンなのだ。自分自身が娘に対して不道徳きわまることをしているという事実は棚に上げ、その事実を娘に投影して非難の矛先を娘に向けようとするのである。そしてその非難には異常な嫉妬が結びついて一体となっている。

母親と息子の異常な関係の例もある。ある時、性的不能の悩みを抱えて私のところに心理治療を受けに来ていた四十六歳になる機械工の男性がいた。ところが面談を進めていくうちに、彼は七歳の時から十代の後半になるまで、母親から性的な行為をされていたことがわかったのだ。母は彼がオーガズムを感じるまで彼の性器を弄び、彼にも自分に対して同じことをさせていたという。彼の母は、彼をどれほど大切に思っているか、こうしてその気持ちを示しているのだ、といつも言っていた。そのため彼は大人になってから、女性と親しくしようとするたびに母を裏切っているような気分に襲われた。

この男性が女性と打ち解けて親しくつき合うことができないのは、母親と共有する過去の巨大な秘密が、彼を母親に強く結びつけていたことが理由だった。母はその病的な行為を通じて、彼に強力なメッセージを与えていたのだ。それは「私はあなたの人生で唯一の女」ということだ。彼の脳に刷り込まれたこのメッセージは、母が行った近親相姦的行為そのものと同じくらい、彼の人生を破壊した。家を出て他の女性と大人の人間関係を築こうとするたびに、彼が後ろめたい気分に襲われたのはそのためだった。

押しやられる記憶

被害を受けたのがまだごく幼いころだった場合、被害者の子供がトラウマから身を守る唯一の方法は、その出来事を記憶の奥に押しやり、意識のなかから消してしまうことだ。それは無意識のうちに行われるので、その記憶はそのまま永久によみがえらないこともある。まだよみがえった場合でも何年もたってから何かがきっかけとなって思いがけない時に突然思い出したというケースが多い。私がカウンセリングした人たちの例では、結婚、出産、家族の死、新聞やテレビなどで近親相姦の事件の報道を目にした時、などがきっかけになっている。なかにはその時の体験を夢に見て思い出したという人もいた。また他のことで心理セラピーを受けている時に記憶がよみがえることもある。もっとも、そういう場合でも、セラピストのほうから指摘されない限り、自分から話しだすということはあまりない。

私はセラピストとして劇的な体験をしたことが何回かあるが、そのひとつがある四十六歳の女性をカウンセリングしていた時のことだ。彼女は博士号を持つ生化学者で、大きな研究所に勤めていたが、私のラジオ番組で、家族から性的な行為を受けた子供が成長してから示す症状について討論しているのを聞いて、私に会いに来たのだった。彼女は八歳の時に、六歳年上の兄にレイプされ、それ以来、十五歳になるまで関係を強いられていた。

急に死にたくなったり、発狂して病院に収容されてしまうのではないかという考えが頭から離れない。最近、家ではほとんどいつもベッドに伏せている。仕事に行く時以外は家を出ず、仕事先でも最近はほとんどまともにやれていないので、みんなが心配している。すべては子供の時の忌まわしい出来事のせいなのはわかっているが、人に話すこともできず、圧迫感で押しつぶされそうになっている。

このように語った彼女は、ほとんど神経症の発作を起こす寸前だった。私と話している時も、大声でけたたましく笑ったかと思うと急に泣き始めるといった状態で、わき起こる感情に圧倒され、自分をコントロールすることができないようだった。

兄には少なくとも週に三、四回はレイプされた。いま考えれば、兄はほとんどまともではなかったと思う。私を縛ったり、ナイフやハサミや剃刀や、そのほか部屋にあるあらゆるもので私を傷つけたりした。苦しみはあまりにも大きく、私はそれが自分に起きていることではないと考えて耐えるしかなかった。

その体験について、彼女が両親に話したことは一度もなかった。彼女の父は弁護士で、家族と一緒に時間を過ごすことはほとんどなく、週末も仕事をしていた。母は薬物中毒で、両親ともに子供たちをかまってくれることはなかった。父は家にいる時、子供たちに「静かにしろ」と言うだけで、彼女には母の世話をするように言いつけていた。

彼女ははじめセラピーを怖がっていたが、勇気を出して、私が主催していた近親相姦被害者のグループセラピーに参加することを決心した。それから数か月、彼女は一生懸命セラピーに通って来るようになり、精神状態も少し安定してきた。だが私は、セラピストの勘というか、彼女の内部にはそれが何かはわからないが膿《う》んでいる闇がまだあるように感じていた。

ある晩、彼女は見るからに焦燥した表情でグループのミーティングにやって来た。その二日前の晩に、忘れていたとんでもない記憶が突然よみがえったというのだ。なんと彼女は、母親からも性的な行為をされたことがあったというのである。

だが彼女はその話をした後で、「そんなことが現実にあったとは自分でも信じられない。きっと私は頭がおかしくなって、そういうことを空想しているだけなのに違いない」と言い始めた。そして、兄にレイプされていたというのも、現実だったのか空想なのかわからなくなってきたと言いだし、「私は狂ってきているのかもしれない。病院に入院させてほしい」と要求した。

私が彼女をなだめながら、「もしお兄さんのことが空想だったのなら、グループセラピーを続けたことでなぜあなたの状態があんなに改善したの？」と問うと、彼女は少し落ち着いてきた。

そこで私はこう説明した。

あなたが語ったようなことは、一般的に言って、空想して出てくるような話ではない。もしお母さんのことを思い出したのなら、それはあなたが以前より強くなったからだ。なぜなら、私たちは忌まわしい出来事の記憶に耐えられない時、その記憶を心の奥に押しやり、意識のなかから消してしまう。だから、その記憶が再び意識の上に浮かんできたということは、あなたがその記憶に対処することができるようになりつつあるということだ。

もし彼女の心が、彼女が私のところに来始めたころのように壊れやすかったら、その記憶がよみがえったことで彼女は完全に崩壊していただろう。だがそれまでグループセラピーを続けた効果があって、彼女は情緒的な安定度が上がっていた。そこで彼女の無意識は、彼女がその記憶と取り組むことができるように、抑圧されていたその記憶を意識の上に押し上げたのだ。

母と娘の性的な関係について語る人はほとんどいないが、私は十数人をカウンセリングした経験がある。加害者となった母親の動機は、優しさや皮膚感覚的な触れ合いや愛情などを求める欲求が、非常にグロテスクな形に歪められたもののようだ。正常な母性愛を逸脱したこのような行為をすることができるのは一種の精神障害と考えられ、実際に精神病であることもしばしばある。

彼女は忌まわしい記憶をなんとかして心の奥に押さえ込もうとしていたために、神経症の発作を起こす寸前にまでなっていた。だが心を回復させるカギは、たとえその記憶が大きな苦しみをもたらすものであっても、意識の上に出してやることなのだ。

ウソの生活の代償

虐待の被害者の多くは、事実を隠して演技する技術を幼いころから身につけている。彼らの心の奥は、恐れ、心の混乱、悲しみ、孤独、孤立感、などでいっぱいだ。そこで、そのように計り知れない大きなものを内面に抱えたまま外部の世界と普通の顔で接するには、本当の自分ではないウソの自分を作り上げて、それを使って接するしかない。

それは時として二重人格的になることを意味する。概して外で友人などと一緒の時は社交的で快活に振る舞っているが、家に帰ったとたんに別人のように無口になり、ひとりだけの世界に入ってしまう。そして、家族そろって出かけたり、家族と一緒に外部の人たちと時間を過ごしたりすることを極度に嫌がる。なぜなら、外部の人たちに対してノーマルでまともな家族のように演技することは死ぬほど苦痛だからだ。そのため、家族と一緒に外部の人と接しなければならない時には非常に強い無力感に襲われ、自分にはもうエネルギーが残っていないような気分になることがある。

彼らは家族と一緒でない時には陽気な人間のように振る舞うことができ、友人たちから受け入れられていると感じて一応の充実感を得ることができる。だが内面にいる本当の自分は大きな苦痛のなかに生きているので、本当の喜びを感じることはなかなかできない。それが、ウソの人生を生きていることによって支払っている代償なのだ。

何も言わないもう片方の親

加害者と被害者がともに口を閉ざし、何事もないかのような演技をしているとしても、もう片方の親はどうしているのだろうか？　私はかつて、子供時代に父親から性的な行為をされていた女性のカウンセリングを始めたころ、被害者の多くは加害者の父親に対するよりむしろ母親のほうに強い怒りを抱いていることに気がついた。被害者の女性の多くは、「父のしていたことを母は知っていたのだろうか」という、しばしば答えを知り得ない問いを自問して、自らを苦しめていたのである。時として父の行動はあからさまであり、彼女らの多くは「母は知っていたに違いない」と確信していた。そこまでは思わないという人も、「娘の態度や行動が変わったことに、母はなぜ気づかなかったのだろうか」とは感じていた。何かが起きているに違いないということはわかりそうなものだし、もっと注意を払うことはできたはずだというのである。

だが結論から先に言えば、必ずしも母親は気づいていたのに知らぬフリをしていたとは限らない。本当に知らなかった、何か変だとは思っていた〝かもしれない〟、はっきり知っていた、の三つの可能性がある。知らなかったはずはないという意見もあるが、本当に知らなかったということもあり得るのである。

「何か変だとは思っていた〝かもしれない〟」というケースでは、その母親は何かがおかしいとは思いつつも、「恐ろしそうなことは見たくない」とばかりに目の前にカーテンを下ろし、何も見ない道を選んだのだ。だが、「見ないこと」によって自分と家の平穏を守ろうとするのは、見当違いな努力である。

そして最後の、「はっきり知っていた」ケースは、最も非難されるべきものだ。特に子供が事実について母に語ったにもかかわらず、その母が何もしなかった場合、子供は二重に裏切られたことになる。母親が「事実の否定」をして守ってくれなかったとなると、子供の受けるダメージは計り知れない。

時として、何も言わないほうの親は、その人自身も子供の時に虐待されていた可能性がある。

それらの母親は「一人の人間として存在していることへの自信」が極度に低く、自分の子供が虐待されているのを認めるのは自分自身の子供時代の再現に等しいのかもしれない。多くの場合、彼女らは現状維持のバランスを崩す争いには圧倒されてしまい、何もできないのだ。

夫の行動について何も言わない妻は、妻であり母親であるという役目を娘に転嫁していると考える心理学者は多い。だがセラピストとしての私の経験では、大体において、それらの母親のほとんどはたんに消極的に、娘が夫に虐待されるのに手をこまねいていたにすぎない。そういう母親は、「恐れる心」と「依存心」のほうが子供を守ろうとする母性本能より強く、娘を守ることができなかったのだ。

近親相姦（的行為）の残すもの

子供の時に大人から性的ないたずらなどの行為をされていた人は、例外なく「自分に自信がない」、「自分に価値を見いだせない」、「自己邪悪視」などのネガティブな感覚を引きずりながら成長する。その加害者が親だった場合、子供は特に「ぬぐいがたい不潔感」、「自分は〝そこなわれた人間〟という気持ち」、「自分は他の子供たちと違うという気持ち」の三つの悲劇的な感覚を抱えている。

親によるこのような行為が子供の心に及ぼす害毒は、放っておけば癌のようにどんどん増殖していく。それゆえ、被害者が正常な自己を回復するには心理治療がどうしても必要になってくるが、それはかなりつらいプロセスとなる。だが、もし心理治療をしないまま放っておけば、大人になってから心の問題が人間関係に、特に異性関係がうまくいかないというはっきりした形であらわれてくる。

大人になった被害者に起きる問題は、つぎのようなものが代表的である

1　愛情に満ちた人間関係とはどういうものかがよくわからない

大人になってから異性との愛情関係がうまくいかなくなるのは、子供の時の体験が不健康で歪んだものだったためだ。その出来事は親による裏切り行為であり、被害者の子供は親のニーズを満たすために利用されたため、異性愛と虐待が深層心理で複雑にからみ合ってしまっている。そのため被害者は成長後、歪んだ異性愛を実現するような相手ばかり選んでしまう。そして、お互いを大切にし、尊重しあえるような健康的な愛情関係には馴染めず、かえって不自然に感じてしまう。それは自分に対して健康的な自己像を持つことができなくなっているためだ。また運良く心から愛し合えるパートナーと出会うことができても、過去のトラウマは二人の関係に暗い陰を落とし、特に性生活の面で問題を生じることが多い。

2　健全な性的関係がうまく持てない

子供の時に被害にあっていた女性は、大人になって結婚してもセックスを嫌悪することが多く、それが原因で結婚生活が危機に陥るのもまれではない。それは、子供の時に体験した不潔感や嫌悪感、罪悪感などが心の奥にこびり着いており、ぬぐい去ることができないからだ。セックスをするたびにその時の光景が頭のなかではっきりよみがえると証言している被害者も多くいる。彼女たちは愛する人とむつまじい関係を築こうと努力はするのだが、そのたびに過去のトラウマの記憶がよみがえってしまうのを止めることができないのだ。そのため自分に対するネガティブな気持ちが頭をもたげ、心から相手を愛そうとする努力はいつも途中で挫折してしまう。

それと反対に、セックスに対してすてばちな意識を持つようになる場合もある。だが、わずかばかりの愛情を得るためにたとえ何百人の男と寝たところで、心の奥からセックスに対する嫌悪感が消えることはない。

被害者のなかには活発な性生活を送り、正常なオーガズムを感じることができる女性も多いが、後になって後ろめたい気がしたり、うつ状態になることはまれではない。私がカウンセリングしたある女性は、ボーイフレンドと奔放な性生活を送っていたが、セックスの後では必ずうつ状態に落ち込み、体に触れられることすらいやだと感じることもあり、自殺したいと思うこともあると語っている。彼女は、いくら性的な快楽を得ても、心の奥には依然として自己嫌悪や罪悪感があり、心から愛情と快感に満たされることがなかったのだ。その結果、表面的な快楽を得たことに対する〝自己処罰本能〟が働く。自殺したいなどと考えるのは、そのあらわれである。

3　自己を処罰する

六章では、親から暴力を振るわれて育った子供が抑圧した怒りを自分自身や他人に向けるいきさつについて述べたが、子供のころに近親相姦（的行為）の被害にあっていた人にも同じようなパターンが見られる。押さえ込まれた怒りと行き場のない深い悲しみが噴出する時の形はさまざまだ。

まず、もっとも多いのがうつ病で、通常の「悲しみ」のような軽い症状から、ほとんど体が動かせなくなるほど重い症状を示す場合もある。

つぎに、特に女性によく見られるのが肥満である。それは無意識のうちに異性を遠ざけようとしているという側面があるとともに、体重を増すことが「力強さ」を増すことであるような錯覚に陥るためだと考える専門家もいる。このような女性は、体重が減ると喜ぶどころかパニックに陥る（訳注：ここで著者は触れていませんが、肥満とは逆に、子供時代に親や親族から性的な行為をされた女性が拒食症になる例が非常に多いと言われています。日本ではその説には根拠がないと主張する人もいますが、欧米では多くの専門家がその関係を事実と認識して指摘しており、日本だけ例外という主張には疑問があります）。

もうひとつよくあるのが、慢性的な頭痛である。こういう頭痛は、押さえ込まれた怒りと不安感が身体的にあらわれたというだけでなく、自己処罰の一種なのである。

また、被害者の多くはアルコールや薬物の依存症になる傾向が強い。そうなることによって感覚を麻痺させ、生きている意味がわからない自分とその空しさを一時的に忘れようとするのだ。だがそれでは本当の問題に直面するのを先に延ばしているにすぎない。その結果は、苦しみを長引かせるだけだ。

この他にも被害者の多くはさまざまな形で自己処罰を行っている。愛する人との関係を自らだめにしてしまう、やれる仕事なのにつぶしてしまう、などの自己破壊的行為がそれである。なかには暴力を振るって事件を起こす者もいる。刑事事件を起こすのも、社会から処罰してもらうための自己破壊行為のひとつだと考える人もいる。売春をしてトラブルに巻き込まれるのも同様だ。

空しい希望は捨てよ

多くの被害者の持つ驚くべき矛盾点は、これほど苦痛に満ちた人生を生きているのに、加害者である親との密接な関係を断ち切ろうとしないことだ。彼（彼女）らの苦しみは、まさにその親のおかげでこうむっているというのに、その苦しみを軽減しようとしてその親にまた近づく。大人になった被害者が「幸せな一家」の幻想を断ち切るのは、それほど困難なことなのだ。「親の愛と承認」を得るための、終わりのない〝はかない彷徨〟こそ、虐待された子供がへたをすると無意識のうちに一生追い求めてしまう「虐待の遺産」なのである。この彷徨はまるで流砂のように被害者を実現不可能な夢にはまりこませ、自分の人生を自分自身のために歩むことを阻んでしまう。牧師の義父に性的虐待をされていた前出の女性はこう言った。

私はいつの日か両親が手を差し伸べて「あなたは私たちの素晴らしい子供だわ。今のままのあなたが好きよ」と言ってくれることをいつも夢見ていたんです。私が子供のころ義父に性的な関係を強いられていたことも、母が義父との結婚生活を保つために私を守ってくれなかったことも、すべてよくわかってはいるんですけど……。なんていうか、彼らに私のことを許してもらいたいみたいな気がして……。

被害者こそ、家族のなかで最も心が健康な人

「私がカウンセリングした被害者は、たいてい一家のなかで最も健康的な人たちだ」と言うと、多くの人はみな一様に驚いた顔をする。なぜなら、被害者は普通、「自己嫌悪」、「うつ」、「自己

破壊的な行動」、「セックスに関する諸問題」、「自殺企図」、「アルコールや薬物の依存症」など、心の不健康さを物語る症状をたくさん見せ、その反対に、加害者である親をはじめ家族の他のメンバーはみな普通の人と変わらないように見えることが多いからだ。

だが、真実をいちばんはっきり見ているのは被害者のほうだ。彼（彼女）らは心が不健康なのではなく、家庭内の狂気とストレスを秘密にしておくために無理やり押さえつけられ、犠牲にされてきただけなのだ。そして「まともな一家」の仮面を守るために、彼らは計り知れない苦しみとともに生きることを強いられてきた。その苦しみがあるからこそ、彼（彼女）らは助けを求めているのだ。ところが親の方はほとんどといっていいくらい、例外なく「事実の否定」をかたくなに続け、自己防衛をやめようとせず、事実を見ることを拒否し続ける。このような被害者と加害者の親の、どちらのほうが心が健康だろうか。その答えは明らかだ。

だが、正しい心理治療を受ければ、ほとんどの被害者は本来持っている力と人間としての尊厳を取り戻すことができる。自分が抱える問題を正しく認識し、専門家の助けを求めることは、心が健康であるばかりでなく勇気があることを示している証拠にほかならないのである。

八章　「毒になる親」はなぜこのような行動をするのか

私たちはみな、生まれ落ちた直後から「家族」と呼ばれるるつぼのなかに入れられて育ち、人間としての形を作られていく。最近の研究によると、「家族」というのは単に血縁者が集まっただけのものではなく、ひとつの〝システム〟であることがわかってきた。どういうシステムかというと、「一人ひとりのメンバーが複雑に結びつき、それぞれがお互いに根本的な、しかし表面的にはよくわからない影響を及ぼしあう集まり」というシステムだ。この集まりは、愛情、嫉妬、誇り、不安、喜び、罪悪感など、人間の持つさまざまな感情が、最大の振幅をもって潮のように満ちたり引いたりする、複雑なネットワークである。

それらの感情は、薄暗い海の波間にわき起こる泡のように、その家の雰囲気や家族の人間関係や価値観などのなかで、絶え間なくあらわれては消えていく。そして「家族」というシステム内での微妙な心理的動きも、海と同じで表面からはほとんど見ることができないが、深く潜ればたくさん見えてくる。

子供にとっては、この〝家族というシステム〟が現実世界のすべてである。子供はそこで教えられた通りの見方で世界を見て、その体験をもとに、「私はだれなのか」、「私を取り巻く世界はどういうものか」、「私は他の人たちにどのように反応し行動すべきか」といったことを判断していく。

それゆえ、不幸にしてこれまでの章で述べてきたような「毒になる親」に育てられた子供は、おそらく自分でも気がつかない間に、「他人は信用できない」、「どうせ私のことなどだれもかまってはくれない」、「私には価値がない」などのネガティブな意識を身につけてしまっている可能性が高い。自己をそのように規定する意識を心のなかに固定させてしまうと、しだいに自滅的な性格を作り上げていく。

この不幸を減らすには、そのような意識を変える以外にない。人生のシナリオは、たとえ子供の時にしみついた意識によって書かれたものであっても、多くは書き換えることができる。だがそのためには、まず「無意識のうちに抱いてしまう感情」、「自分が送っている人生」、「自分が信じていること」などのうち、どれくらいが、自分が育った「家族というシステム」によって作り上げられてきたのかを知る必要がある。

ここでひとつ忘れてならないのは、親にもまたその親がいるということだ。あたたかくて愛情にあふれ、建設的な心をはぐくんでくれる親を持った子供が「毒になる親」になることはない。つまり「毒になる親」というのは、その親もまた「毒になる親」だったのである。かくして、そこには「毒になる家系」とでもいえるものが出来上がってしまっている。ちょうど、高速道路で事故が起きると、後ろから来る車がつぎつぎと玉突き衝突してしまうように、「毒になる家系」においては後からくる世代につぎつぎと被害が伝えられ、毒素は世代から世代へと伝わっていく性質を持っている。

だから、もしあなたの親が「毒になる親」だったとしても、その問題は彼らがはじめて作り出したものではないということを忘れてはならない。それは何世代も前からずっと続いてきたネガティブな感情、ネガティブな家のルール、ネガティブな家族内部の人間関係、ネガティブな考え方などがつぎつぎに伝わり、積み上げられてきた結果なのだ。この流れは、だれかがどこかで意識的に止めないかぎり途切れることがない。

親の「ものの考え方」

「毒になる家系」の持つ問題を考えるには、まずその家の持っている考え方、特に「親はどのような態度で子供に接するべきか」および「子供はどのように振る舞うべきか」ということについての、その家の考え方を考察してみる必要がある。例えば、ある家では「子供の気持ちはとても大切だから無視してはいけない」と考えられ、ある家では「子供はまだ半人前なのだから、いちいち言うことを聞いてやらなくてもよい」と考えられているとする。すると、この考え方の違いが、それぞれの家の人間の態度や行動、判断、意識や理解などの違いを作り出す。

このような「基本的なものの考え方」があらたまって意識されることは普通あまりないが、本人には驚くほど大きな影響を与えている。すなわちそれらはその人の、物事の「良い、悪い」の判断、他人との人間関係の持ち方、道徳観や倫理観、教育観、性に関する考え方や態度、職業の選び方、金銭についての意識、などを決定する元になっている。そしてそれらがその家の行動パターンを形作る。

愛情があって人間的にある程度成熟している親なら、おそらく家族のメンバー全員の気持ちやニーズを常に考慮してものを考えるだろう。そういう親は、子供の成長に必要な安定した基盤を与えることができ、行く行くは子供が独立していくことについても安定した感情を持って見守ることができる。そういう親はまた、「子供は親と違う考えを持っていてもかまわない」、「親といえども故意に子供を傷つけてはならない」、「子供は間違えたり失敗したりすることを恐れるべきではない」などの考えを持っていることだろう。

ところが「毒になる親」の場合は、ひとことでいえば考え方がほぼ常に自己中心的で、なんでも自分の都合が優先する。例えば、「子供はどんなことでも親のいうことを聞くべきだ」、「親のやり方が絶対正しい」、「子供は親に面倒を見てもらっているのだから、いちいち子供の言い分を聞いてやる必要はない」などの考えである。このような考えこそ、「毒になる親」の子供に対する行動が育つ土壌である。

「毒になる親」は、自分の考えが間違っていることを示す事実には必ず抵抗する。そして自分の考えを変えるのではなく、自分の考えに合うように周囲の事実をねじ曲げて解釈しようとする。だが子供は「本当の事実」と「ねじ曲げられた事実」とを区別することができないので、親のねじ曲げた考えをそのまま自分の人生に持ち込んでしまう。

言葉で語られる考えと語られない考え

私たちは、自分の考えをはっきり言葉に出して言う場合と、言葉には出さないであらわす場合とがある。前者は後者に比べてより直接的なので明確である。その方法で親が子供に考えを伝える時は、しばしば忠告の形をとり、「……すべきだ」、「……すべきではない」、「……しないといけない」、「……しなさい」という表現になる。

このように親が自分の考えを言葉ではっきり表現した場合は、子供が大人になって自分の力で物事を判断する能力が身についた時に、親が示した考えの是非を判断することはそれほど難しくない。その時までにそれらの考えの一部はすでに身についてしまっているかもしれないが、それでもなお、はっきり言われたことであればその是非を考察することができ、親は間違っていると思ったら、自分は同じ考えを持たないでいることができる。

だが後者の、言葉には出さないで表現された親の考えについては、子供は自分でも知らないうちに受けとめてしまっていることが多く、たとえそれが間違ったものであっても、はっきり意識せずに身についてしまっている可能性がある。その場合、気がついていないものを拒否するのは困難である。

言語化されていない「ものの考え」は、本人の意識の上にも上がらないまま、知らないうちに人生に対する基本的な態度を支配する強い力を持っている。例えば、父親が母親を扱うやり方（あるいはその逆）や、両親が子供を扱うやり方は、無言のうちになんらかのメッセージを子供に伝えている。こういったことは、子供が親の言動から学ぶことのなかでも重要な位置を占めている。

夕食の席で、親が子供に面と向かって「女は男より劣っている」とか「子供というのは生まれつき悪いことをするものだ」、「子供のことより親のことのほうが大事である」などと言ったり、そういうことをディスカッションしたりする家があったら、そのほうが珍しいに違いない。たとえそういう考えを持っている親でも、それをはっきり口に出して言うことはあまりないのである。だが、言葉で語られることのないネガティブな考えは、「毒になる親」のいる多くの家庭を支配し、子供の人生に大きな影響を与えている。

三章で例にあげた、遠くに引っ越したのちに結婚したため母親が病気になってしまった男性は、何年もの間、後ろめたい気持ちに苦しめられていた。それは、「親をすべてに優先させられない子供は親不孝だ」という考えを信じ込まされていたためだった。彼の親は、はっきりと言葉に出してそう言ったことはなかったが、言われなくてもそのように考えていることは明白だった。

彼の両親が態度であらわしていた考えとは、はっきり言えば、「親は自分の望む通りにする特権を持っているが、子供にそれはない」ということである。それは「大切なのは親の気持ちであって、子供の気持ちではない。子供は親を喜ばせるために存在している」と言っているのと同じことだ。彼の両親は、口に出して言うことなくその考えを息子に吹き込み、心に焼き付けていたのである。そのために彼は首を絞めつけられ、結婚生活すら破綻するところだったのだ。

もうひとつ重要な点は、もしセラピーを受けてこのことを学ばなかったら、おそらく彼は将来、自分の子供に対しても同じようなことをしていただろうということである。彼の親は、すべての「毒になる親」と同様、「私たちの望む通りにしなければ罪悪感を与え、愛情は与えてあげない」という人たちだった。このことこそ、自分たちから離れて行った息子に対するコントロールを再び自分たちの手に取り返すための方法だったのだ。彼は私とのセラピーでそのことを正しく理解できたおかげで、無実の罪悪感から解放されることができた。

言葉で語られるルールと語られないルール

親の考えはその家のルールとなる。そして考えと同様、ルールも時間とともに変化していく。家のルールは親の「考え」を具体的にあらわしたものであり、「○○をしろ」と「××をするな」というシンプルな二種類の強制から成り立っている。

考えと同じで、ルールにも言葉に出して語られるものと語られないものがある。言葉にされるルールは気まぐれで独断的なことが多いが、とりあえず内容ははっきりしている。「毎年クリスマスには必ず家に帰ってきなさい」、「親に口答えするんじゃありません」などがそれである。これらは内容がはっきりしているので、大きくなった子供は、もし反対なら反論することができる。

だが言葉に出して語られることのないルールは、目に見えない操り人形師のように子供を背後から操り、子供が盲目的に従うことを要求する。それらは意識の上にも上がっていない隠れたルールであり、「父親よりも偉くなるな」、「母親をさしおいて幸せになるな」、「親の望む通りの人生を送れ」、「いつまでも親を必要としていろ」、「私を見捨てるな」などがそれである。

三章で例にあげた女性テニスコーチの母親は、彼女の身のまわりの世話をするという見かけを取りつくろって「あなたは私が必要」と決めつけ、「あなたは自分のことを自分でできる人間になってはいけない」というルールを押しつけていた。もちろん、彼女の母はそんなことを言葉に出して言ったことはないし、もし問いつめられれば「そんなことは考えたこともありません」と強く否定しただろう。だが彼女の母親は、行動によってまさにそうであることを示していた。彼女の母の行動は、彼女が母の気分をよくさせたければ「私に依存したままでいなさい」と言っていたのだ。

このような「無言のルール」は、子供が大人になっても人生にべったりとまつわりついて離れようとしない。そのような状態を変えるための第一歩は、まずこの事実があることを認めることだ。

ききわけのよい子

親の「考え」や家の「ルール」が骨格に相当するなら、体を動かすための筋肉は「盲目的な服従」である。子供が家のルールに盲目的に従うのは、不服従は一家に対する反逆だということを知っているからだ。国家や政治理念や宗教などに対する忠誠心といえども、家に対する子供の忠誠心にはかなわないに違いない。どんな子供にもそれは強くあり、そのため子供は親や家に、そして彼らの考えに縛られる。したがって、もしそれらのルールが健康的で理屈に合ったものであるなら、いろいろな面で子供の成長を助けるのに役立つ。

ところが「毒になる親」の家では、家族の各メンバーの歪んだ役割や、事実に対する歪んだ見方や考えをもとにルールが作られている。そのため「盲目的な服従」は子供が成長するとともに自己破壊的で自滅的な行動を作り出す。

六章の冒頭に紹介した、子供の時にいつも父親から暴力を振るわれていた品質管理課長の女性は、「うつにはなりたくない」、「人との関係をダメにしたくない」、「今のような生活はしたくない」、「腹を立てたり怖がったりしたくない」といくら思っても、そうなってしまうのだった。それは子供時代に父親が「お前は悪い子だ」という決めつけのもとに作った「お前は幸せになってはいけない」、「お前は痛みに耐えねばならない」というルールに無意識のうちに従っていたためなのだ。そのため彼女は意識的に何かを望んでも、父親のルールから外れそうになると、ルールを守ろうとする無意識の力のほうが強く働き、再びもとの状態に引き戻されてしまったのだ。

四章で紹介した、アルコール中毒の父親を持つ町工場経営者が父親を自分の工場で雇ったのは、両親を助けるためだった。彼は自分が助けなければ両親は二人ともダメになってしまうと思ったのだ。彼の家のルールは、「どれほど代償を払わせられようとも、ほかの人を助けなければならない」というものだった。これは共依存者である母親のルールだ。彼は自分の結婚にも無意識のうちにそのルールをあてはめた。彼はアルコール中毒の父を救おうと頑張り、その父のために苦労している共依存者の母を救おうと頑張り、アルコール中毒の妻を救おうと頑張った。だが彼はほかの人を救うために頑張ってばかりいて、自分を苦しみから解放することはできなかったようだ。彼はこう言っている。

私が子供のころ、家族は私のことなどまったくかまってくれなかったが、なぜか私はいつも彼らの面倒を見なければならなかった。だが私が何をしても彼らは何ひとつ変わらなかった。私は嫌でたまらなかったが、ほかにどうしたら良いかわからなかった。

従順であることの罠

ここで言う〝従順〟とは、本人が本当に望んでそうしている従順さのことではない。つまり、本人の自由意思による選択の結果ではない従順さのことだ。たとえば四章で取り上げた、アルコール中毒の父親に誘われるまま飲酒につき合うようになり、十歳の時から父親の飲み仲間となった女性が、後に自身もアルコール中毒で自己破壊的な性格になった例では、彼女が飲むようになったのが本人の自由意思によるものではないことは明らかである。

彼女はセラピーを通じてしだいに真実を理解することができるようになっていったが、ある時突然セラピーをやめてしまった。それは、さらに真実を知るようになれば「悪いのは私であって、父ではない」という主張を覆さざるを得なくなってしまうからだった。つまり、もしそうなったら、彼女は「家の秘密を他人に洩らしてはならない」、「人間的に成長して親のもとを去ってはならない」、「他人と健康的な人間関係をはぐくんではいけない」という父の無言のルールを破ることになってしまうからだ。

このようにはっきり言葉にして書けば、だれだってそんなルールはまったくバカげていると思うに違いない。いったいだれが「人と健康的な人間関係をはぐくんではいけない」などというルールに従うだろうか？　だが残念ながら、「毒になる親」の子供のほとんどが従っているのである。これらのルールは無意識的なものであるということを思い出してほしい。ちょうど、わざわざ人とトラブルを起こしたいと思って行動する人はいないはずなのに、結果的にそうなってしまう人は後を絶たないばかりか、彼らは何度も同じことをくり返すのと同じである。

盲目的な従順さは、幼いうちにその人の行動パターンを形作り、ひとたび成長してしまうと、今度はできあがったパターンから抜け出せなくなる。親の期待や要求と、子供がやりたいと思っていることとのあいだには、しばしば大きなへだたりがあるものだが、「親の考えには従わなくてはならない」という無意識のプレッシャーは、子供が本当に望んでいることや必要としていることに必ず重苦しい影を投げかける。

人生に害毒を及ぼす有害な親のルールを捨て去るには、普段は自覚することのない無意識の世界にスポットライトを当て、隠れている有害なルールを暗がりから引きずり出すことが必要になってくる。無意識のうちに縛られているルールをはっきりと見きわめる以外に、自分の人生を自分の意思で選択できるようになる道はない。

親子の境界線の喪失

健康な家と「毒になる家」の最大の違いは、家族のメンバー一人ひとりにどれほど個人的な考えや感情を表現する自由があるかという点である。健康な家庭では、子供の個性や責任感や独立心などをはぐくむように努力をしてくれる。そして子供が「私は人間としてそこそこの価値はある」と感じ、自尊心を持つことができるように励ましてくれる。

だが「毒になる親」のいる不健康な家庭では、メンバーの一人ひとりが自分の考えを表現することを認めず、子供は親の考えに従い、親の要求を実行しなくてはならない。だが、そういうことばかりしていると、個人間の境界がぼやけ、何が自分の本当の意思なのかがわからなくなってくる。こうして家族のメンバー同士が不健康な形で密着していると、親も子供も、どこまでが自分でどこから先が子供（親）なのかがわからなくなってしまう。そういう家では、そのように密着することでお互いを窒息させ合っている。

このように内部が複雑にもつれ合った家では、子供は親の承認を得ているという安心感を得るために、本当の自分を売り渡さざるを得ない。例えば、今日は疲れているのでなんとなく親の顔を見たくないと思っても、「もしぼくが帰らなければ、親父は怒って母をぶつかもしれない」とか、「もしぼくが帰らなければ、母はまた酒を飲んで酔いつぶれるかもしれない」とか、「ふたりとも怒って、来月まで口をきいてくれないかもしれない」などといった考えが浮かぶことになる。

子供がこのように考えるのは、もしそのようなことが起きたら、どれほど罪悪感を持たされるかを無意識のなかで知っているからだ。そういう家では、自分のことを自分で決めることが、たちまちややこしくこんがらがった問題になってしまう。こうなると、もはや子供の感情、行動、決定などは本人のものではなくなってしまい、「家」の従属物となってしまう。

三章で取り上げた、家族のクリスマスの集まりに参加しないで友人とスキーに行った青年は、親だけでなく兄や姉からも「家族の行事を台無しにした」と責められ、地獄の苦しみを味わわされた。彼の兄や姉は、彼と違って、親の考えに従い親の要求を実行することになんら疑問を抱かない人たちだったのだ。彼らは親と一緒になって連合戦線を張り、彼は家族全員の共通の敵にされてしまった。こういう家では、個人のアイデンティティーの意識や安心感がお互いの一部を所有しあうことに依存しており、メンバー全員が精神的に不健康にからみついて密着し合っている。彼は他の人たちの一部であることを、そしてほかの人たちを彼の一部とすることを要求されていたのだ。彼はそのような考えを強制されることに我慢できなかった。

このようにからみついた人間関係は、お互いへのほぼ完全な依存を作り出す。その相手は親だけではなく、いまの例のように兄弟姉妹であることもあれば、友人や恋人や配偶者のこともある。職場で上司との関係がそのようになることもある。

「家」のバランスを取る行動

このように内部が複雑で不健康にからみ合っている家、つまり「毒になる家」では、みながその家のルールを守っている限り、「見せかけの愛情」と「見せかけの安定」という幻想を維持することはできる。だが、結婚などをきっかけに実家と距離を置くようになったり、実家に住んでいた人が家を出て独立しようとしたりすると、本人はそんなつもりはなくても家のバランスをひっくり返すことになってしまう。

もちろん、どのような家庭でも、安定を維持するためにはバランスが必要だ。そのバランスは、家族のメンバー同士がよくわかり合って暮らしているのであれば、ひっくり返ることはない。健康な家庭においては、バランスとは落ち着いた秩序を意味し、安らぎとなる。

だが「毒になる家」においては、「バランスを維持する」とは、高いところに張られたゆらゆら揺れるロープをわたるようなものだ。そういう家では家庭内の混乱は日常茶飯事で、それがその家の普通の状態なのである。本書でこれまでに考察してきたような「毒になる親」の行動も、その異常なバランスを維持しようとしてのことだと言ってよい。実際、「毒になる親」は、彼らが望むバランスが失われそうになると、しばしば混乱を作り出すことによって対抗しようとする。「毒になる家」では、その毒性が強ければ強いほど、些細なことが大問題となり、バランスがちょっと失われただけでも生きるか死ぬかのような大問題となってしまう。子供の考えがちょっと違うだけで、「毒になる親」がまるで自分の命がかかっているかのように振る舞うのはそのためだ。

四章で紹介した町工場経営者の発言を引用してみよう。

二十歳くらいの時、アルコール中毒の父に対して自分の考えをはっきり言おうと思ったことがある。実際に行動に出るのには勇気がいったが、酔っている時の父の言動は耐え難く、そういう姿を見るのは好きでないということをどうしても言ってやりたかったのだ。

だが、その話をはじめたとたんに、母がパニックに陥ったようになって父を弁護して私を非難しはじめた。おかげで私は、そんな話を持ち出したことに罪悪感を覚えさせられてしまった。母は私の言うことすべてを否定し、姉たちも家庭内に波風が立つことを恐れて聞こえないフリをしていた。私は何か悪いことでもしたかのようなひどい気分になった。その後、家族はだれも私に口をきかなくなり、まるで私など存在しないかのように私を無視し続けた。


だが、彼はだれも言おうとしない事実を口にしただけなのである。その事実とは、父はアルコール中毒だということだ。だがそれを言ったために、彼は家庭内に騒動を巻き起こし、テンションとストレスを引き起こした犯人ということにされてしまったのだ。それは、「偽りの安定」という家のバランスを崩したためだった。

彼の家では、家族のメンバー全員に〝家のシステム〟を永続させるための役割があった。父親は飲んで酔っぱらう役、母親はその共依存の妻の役、子供たちは〝役割の逆転〟により親の役を演じていた。そして全員がそれぞれの役を演じている限り、つぎに何が起きるかはすべて予測でき、家のなかはなじみのある光景となって安心できた。だが彼がそのルールに逆らったため、家のバランスが崩れてしまったのだ。

「毒になる家」のシステムにおいては、どんなことでも危機のきっかけとなる。父親が仕事を失った、親戚のだれかが死んだ、義理の親戚が同居することになった、娘が新しいボーイフレンドと出かけてばかりいるようになった、息子が独立してひとりで暮らしたいと言いだした、母親が病気になった、等々、なんでもかまわない。そして、いまの例でもわかるように、ほとんどの「毒になる親」は、彼らの危機に対しては、「事実の否定」、「真実を隠すこと」、そしていちばん最悪なのは「ほかの人を非難すること」で対抗しようとする。そしてその非難の対象となるのは、いつも必ず子供なのである。

つぎに、そのいきさつをもう少し詳しく見てみよう。

「毒になる親」は、自分の危機にどう反応するか

比較的まともに機能している家庭では、親は自分自身や家庭内に問題が起きた時、なんとかそれに取り組んで解決しようとする。そして、物事をオープンに話し合い、いろいろ異なる選択肢もさぐり、必要とあれば外部の人間に助けを求めることも恐れない。ところが「毒になる親」は、問題が起きるとそれを彼らのバランスを崩す脅威と受けとめる。そして、恐れとフラストレーションを露骨にあらわし、その結果が子供にどういう影響を及ぼすかについてほとんど考えることなく反射的に反応する。彼らの対応の仕方は硬直化しており、パターンはいつも同じだ。

その最もよくあるパターンをあげれば、以下のようになる。

1 事実の否定

本書のいたるところで示されているように、「事実の否定」は、問題が起きた時に「毒になる親」がまず最初に行う反射的な行動である。これには二種類ある。ひとつは「そんな問題は起きていない」という反応で、これは問題が存在することそのものの否定である。二つめは、「問題はあったが、それは今後もう起きない」または「そんな問題は大したことではない」という、問題の矮小化である。これには、冗談にしてしまったり、正当化したり、違う言い方をして問題をはぐらかすことも含まれる。違う言い方というのは、例えばアルコール中毒であることを「つき合いで飲んでいるだけ」と言ったり、子供に暴力を振るうことを「厳しくしつけている」と言うなどだ。

2　問題のなすりつけ

これにも二種類ある。ひとつは、能力の不足など自分自身の問題を、子供の問題に転嫁して子供を責めること。例えば、いつも仕事が長続きしない父親が、息子を怠け者で無能だといって責めるなどである。もうひとつは、自分が救いようのない状態になっているのは自分自身が抱えている問題のためなのに、子供をその原因として責めること。例えば、アルコール中毒の母親が娘に「お前のおかげで私は不幸な思いをさせられ、飲まずにはいられない」と言うなどだ。

彼らは自分自身の行動や欠陥の責任から逃れるために、この二種類の手法を両方使うこともめずらしくない。

3　妨害行動

精神障害、アルコール中毒、慢性病、暴力癖などのはなはだしい障害がある親のいる家庭では、家族の他のメンバーはその親の世話をする役を担うことになる。この状態は、その家のなかで強者と弱者、良い人と悪い人、健康な人と病的な人などの歪んだ関係を作り出す。そこで、問題のある親が治療を受け始めたり、機能不全が回復し始めたりすると、その人の回復を好まない人

（とくにもう片方の親）が、回復を妨害しようとすることがある。その理由は、問題のある人が回復すると自分の優位な立場が失われてしまい、家庭内のバランスが崩れるからだ。それと同じことは、問題を起こす子供がカウンセリングを通じて心の健康を回復し始めた時にも起きることがある。私は状態が良くなってきた子供のカウンセリングを親がやめさせてしまった例をいくつか見ている。

4　三角関係を作る

「毒になる家庭」では、片方の親がもう片方の親に対抗するために子供を味方につけようとすることがある。そうなると子供は不健康な三角関係の一角に組み込まれ、常にどちらを選ぶのかという圧力をかけられて二方向に引き裂かれてしまう。この場合、親は自分たちの抱える問題に正面から取り組むことなく、相手の問題点を子供に言いつけることで自分の気持ちを楽にしようとする。そうなると、子供は両方の親からネガティブな感情の荷おろしをする場所にされてしまう。

5 秘密を作る

「毒になる親」が生きていくには、家庭内に外部の人間が入れない自分たちだけの閉ざされた世界を作る必要があり、そのために〝秘密〟が必要になる。とくに、彼らにとっての家庭内のバランスが脅かされた時、家の秘密は家族のメンバーを結びつける。例えば、本当は親にぶたれてあざを作った子供が、「階段でころんでケガをした」と人に言って事実を隠したとすると、その子供はそのように言うことで家を外部の干渉から守っているのだ。

親の考え、親の作るルール、そして子供がそれらをどれほど従順に守っているかなど、〝家のシステム〟の観点から「毒になる親」を見れば、子供が成長後に示す自己破壊的な行動について多くのことがよく見えてくる。そしてそういう親の行動のほとんどを背後から駆り立てている強力な「力」とは何なのか、ひいては子供の行動を駆り立てているのは何なのかがよくわかるようになってくる。

理解は変革への第一歩だ。それによって新しい選択肢への扉が開かれる。だが、物事を違った角度から眺めるだけでは十分ではない。真の変革と苦しみからの解放は、物事を違ったやり方で実行することによってのみ、はじめて訪れてくれる可能性がでてくる。つぎの第二部では、その具体的な方法のアウトラインを示そう。

第二部

「毒になる親」から人生を取り戻す道

第二部のはじめに

本書の第一部では、「毒になる親」とはどのような親なのか、彼らは子供に対してどのような有害な言動をし、それらの行為は子供が成長してからどのような問題を引き起こす原因になるか、といったことについて、実例をあげて説明した。第二部は、不幸にしてそのような親を持ってしまった人が、いかにしてその悪影響から身を守り、自滅的な行動パターンを建設的なものに変えて、自分の人生を自分のものにして生きていくにはどうしたらよいかについて、具体的な方法を示そうとするものである。

ただし、ここに述べられている内容は、現在すでにセラピーや心理治療を受けている方がその代用になるようにと意図して書かれたものではない。そういう方は、現在受けている治療を続けられ、本書はその補助として役立てていただきたい。また、本書を読みながら自分の抱える問題を独力で解決しようと試みることはかまわないが、親から身体的虐待や性的虐待を受けた被害者は、どうしても専門家の助けが必要である。

さらに、苦しみから逃れるために薬物を使用したり、アルコール類に頼らねばならない人は、本書に書かれている方法によって自分の問題を解決しようとする前に、それらのものを必要とする衝動を抑えられない自分と取り組んでおかなくてはならない。そのような依存症に支配されたままの状態で人生を自分の手に取り戻すことは不可能だからだ。それゆえ、その問題を抱えている方は、まずそちらのほうの治療に専門家の助けを求めることを強くお勧めする。この第二部に書かれている方法を試みるには、アルコール類や薬物を少なくとも六か月は断つことができる状態になってからでなくてはならない。というのは、断ってまだ日が浅い段階では、感情が極度に敏感になっているので、子供時代の体験を解き明かしていく時の苦しみから再びそれらのものに手を出す危険性が高いからだ。

本書を読んで、そこに示されているアウトラインに従ったからといって、「毒になる親」によって引き起こされている問題がたちまち消え去るなどということはあり得ない。けれども本書で解説されている内容をよく理解し、時間をかけて実行すれば、問題の親をはじめ、あなたを取り巻く人々との新しい関係の持ち方を必ず発見できるに違いない。また、自分は何者なのか、どのような人生を望んでいるのか、といったこともよく見えてくるだろう。そして新しい自信が生まれ、一人の人間としての自分の価値が発見できるようになるに違いない。

九章　「毒になる親」を許す必要はない

この章題を読まれた方の多くは、つぎのように反論したい気持ちになるかもしれない。

「でも、相手を許すというのは、まず最初にしなくてはならない一番大切なことではありませんか」

それに対する私の答えは「ノー」である。私のこの答えにショックを受けたり、腹を立てたり、がっかりしたり、あるいは何がなんだかわからなくなったと言う人も多いに違いない。「心の癒し」について少しでも学んだことのある人なら、ほとんどがこれと正反対のこと、つまり、「許し」こそ「癒し」の第一歩だと信じ込まされてきているのだから、それも不思議ではない。

だが真実を言うなら、あなたが自分に対して良好な感情を持ち、自滅的な人生を建設的なものに変えるためには、必ずしも親を許す必要はないのである。

この事実は、世の宗教や哲学、あるいは心理学的な教えに真っ向から逆らうものかもしれない。カウンセラーのなかにも、「許すこと」こそ「癒える」ために必要な最初のステップであるばかりでなく唯一の方法であると固く信じている人も多い。だが、はっきり言わせてもらうが、私はそれには賛成できない。

実はかく言う私も、カウンセラーの仕事を始めたばかりのころはその考えを信じ、自分を傷つけた相手、特に親を許すことは、心の癒しには最も重要なことではないかと思っていた。そして、親からひどい虐待を受けた人たちに、そういう親を許すようにと私も説いたものだ。だが、その後私が次第に発見していったのは、多くの被害者は親を許したと語っていたが、彼らの心は少しも癒えていないということだった。彼らは相変わらず自責の念に責められていたり、みじめな気持ちや押さえ込まれた怒りを消すことができないままでおり、心身の症状はまったく好転していなかったのだ。「許した」と思った時には一時的に気分がすっきりすることはあるが、その状態がずっと続くことはなく、人生が劇的に変わったわけでもなかった。実際、そんな風に自分に言い聞かせることによって、さらに打ちひしがれている人もいた。自分の許し方が足りないのだと思い込み、ますます「自分はだめな人間だ」と感じている人もいた。

そういうわけで、私はその後長い年月をかけて、「許す」という概念について綿密に研究してきた。そして次第に、「許さないといけないから許す」という考えは、傷ついた心の回復には助けにならないばかりか、むしろ妨げになっているのではないかと思うようになった。

私は「許す」ということには二つの要素があることに気がついた。ひとつは、「復讐をしない」ということであり、もうひとつは、責任を負わなくてはならない人間から「罪を免除する」ということである。

このひとつ目の点、つまり、自分がやられたことに対して仕返しをしたい気持ちを捨て去るということについては、もちろん私が反対する理由は何もない。復讐心というのはだれもが抱くことがあるとてもノーマルな感情ではあるが、人間の行動の動機としてはとてもネガティブである。それは、やり返すことによって満足を得たいという執着心の泥沼に人をはまりこませ、欲求不満と不幸を作り出し、心の健康とは逆行するものである。復讐をした瞬間にはいい気分になるかもしれないが、その気分は長く続くものではない。相手との感情的な軋轢《あつれき》はさらに拡大し、貴重な時間もエネルギーも浪費する結果となるだけだ。自分にひどいことをした人間に仕返しをしたいという気持ちを捨て去るのはたやすいことではないが、そのように努力することは明らかに健康的なワンステップである。

だが、「許し」の持つ二つ目の点、「罪の免除」の正当性はこのように明確ではない。責任を負わねばならない人間から正当な議論もなく罪を免除してしまうというのは、特にそれが罪もない子供にひどい思いをさせた人間だった場合、どうも正しいこととは思えないのである。

罪もない無垢な子供を恐怖に陥れ、あるいは心や体を傷つけて苦痛を与え、虐待した親の責任を免除しなくてはならない理由がどこにあるのだろうか。家に帰るたびに暗い部屋のなかで酔いつぶれている母親をなだめて世話をしなければならなかった子供が、人生を台無しにされた事実をなぜ〝見過ごしてあげる〟必要があるというのか。親から性的な行為をされ、そのために正常な情緒を回復できずに一生苦しまなくてはならなくなった人が、そんな親の罪を免除してやる必要がいったいどこにあるのか。七歳の少女をレイプした父親を許さなければならない理由が本当にあるのか。

さらに被害者の観察を続けた結果、私はそのような「罪の免除」は「事実の否定」（一章参照）の一形態に過ぎないと確信した。それは、「もし私があなたを許せば、私たちはあんなひどいことは起きなかったというフリができるわね」ということだ。親を「許した」と言っている人たちの多くは、本当の感情を心の奥に押し込んでいるのにすぎず、そのために心の健康の回復が妨げられて、相変わらず人生がうまくいっていなかったのである。

「許す」ことの落とし穴

人間の感情は理屈に合わないことを無条件で納得できるようにはできていない。許さないといけないからという理由で無理やり許したことにしても、それは自分をだましているだけなのだ。その最も危険な点は、閉じ込められた感情がそのままになってしまうということだ。それで怒りが本当に消えたわけではもちろんなく、心の奥に押し込まれているのである。しかし「許した」と言った以上、怒りがくすぶっているのを認めることはできない。

あなたがだれかに傷つけられた時、あなたが傷ついた責任はあなた自身にあるか、それともあなたを傷つけた相手にあるかのどちらかでしかない。そこで、もしあなたが虐待した親を「許した」と言えば、あなたは自分がその責任を負うことになる。あなたは無理して親の責任を免除したために自分がその責任を負い、その結果として自責の念や自己嫌悪に陥り、または押さえ込まれた怒りのために、心身にさまざまな障害を引き起こす。

多くの人をカウンセリングして気づいたもうひとつの点は、真実を見つめて問題に取り組むのは非常につらい作業であるため、その苦しさから逃れるために、「許し」に逃げ込んでしまう人がいるということだった。そういう人は、あたかも親を「許し」さえすればたちまち気分は回復し、元気になれるとでも思っているかのようだ。そしてかなりの人が「もう許したから」といってセラピーを早々に切り上げてしまい、後になって以前よりひどい鬱や不安症候群に沈み込んで苦しんでいた。

このように、心の奥では消えていない本当の感情を無視して自分をだましている限り、その感情はことあるごとに噴き出してくる。そして彼らは「許し」の空しい約束を信じたために、苦《にが》い落胆に陥ったことを知る。「もう許した」と思った時には一時的に心が洗われたようになって、心身の健康が急激に好転することはたまにあるが、それが長く続くことはない。なぜなら、心の奥で本当に感じていることは何ひとつ変わっていないからだ。

このいきさつをよく示す例として、まるで映画のような話をひとつ紹介したい。

その女性は私に会った時二十七歳で、数年前にキリスト教の原理主義者として生まれ変わったということだった（訳注：原理主義とは、教典に書かれている内容をすべて文字通りに解釈することを信仰の基本とし、近代的な解釈をいっさい拒否する狂信的な考えのこと。一九八〇年代から九〇年代末にかけて、アメリカでは人生が壁に突き当たった人がこの主義の宣教師に説かれて、突然クリスチャンとして〝生まれ変わった〟と宣言する現象がよく起きていた）。彼女は十一歳の時に義父にレイプされ、それから母親が義父と別れるまでの一年間、義父に関係を強いられていた。さらにつぎの四年間、彼女は母親がつき合うようになった男たちの何人かに性的ないたずらをされていた。十六歳の時に家出し、売春を始めた。二十三歳の時、たちの悪い客から殴る蹴るの暴行を受け、あやうく命を落としそうになった。担ぎ込まれた病院に入院し、そこで若い用務員と知り合った。その男は熱心なクリスチャンで、誘われて教会に行くようになった。彼女はその教会で洗礼を受け、人生をもう一度やり直す勇気を得た。一年後に二人は結婚し、子供も生まれた。

ここまでは映画のような話だが、現実はそのままハッピーエンドにはならなかった。家庭も持ち、新たな決意のもとにキリスト教徒として生まれ変わったはずなのに、しばらくたつと理由もよくわからないのにみじめな気分に襲われるようになり、彼女は抑うつ症に悩むようになったのだ。症状が次第に悪化していったのでセラピーを受けはじめ、二年たったが症状は好転しなかった。彼女が私を訪ねて来たのはそのころだった。

私は彼女を近親相姦の被害者のグループセラピーに参加させた。彼女ははじめ、自分を性的に虐待した義父のことも許しているし、愛情がなくて親の義務を果たさなかった母親のこともう許していて、心は平和だと主張していた。そこで私は、うつ病を治すためにしばらくの間だけ

「許す」ことは忘れて、内面に潜んでいるかもしれない「怒り」を感じ取ってみる練習から始めてみたらどうかと勧めた。だが彼女はその提案に強く抵抗し、「許す」ことの大切さを深く信じていること、そして治るために「怒る」必要はないと主張した。それからしばらくの間、彼女と私との間にはかなり大変な綱引きがあった。それは、私が彼女に非常につらいことをするように要求していたということもあるが、同時に、彼女の宗教的な信条が治療のじゃまをしていたのである。

その後も彼女はセラピーにはきちんと参加し、真面目にスケジュールをこなしていったが、内面の「怒り」に注意を向けることだけは拒否していた。だがそれからしばらくして、彼女はグループセラピーに参加している他のメンバーのために、少しずつ怒りを表現するようになった。例えば、メンバーのひとりの身に起きたひどい出来事についてディスカッションしている時に、その人に代わって加害者に対する怒りをあらわすようになったことなどだ。

それから二、三週間後のこと、大転機が訪れた。ついに自分自身に起きたことに対する怒りがほとばしり始めたのである。セラピーの途中で彼女は大声で叫びだし、子供時代を破壊し、大人になってからの人生までめちゃくちゃにした両親のことを金切り声をあげてののしり泣きわめき始めた。嵐が過ぎ去った後、すすり泣く彼女を抱きしめると、彼女はすべてを解き放って虚脱状態になり、体からすっかり力が抜けてぐったりとなっていた。

彼女の感情が静まったのを見計らって、私は「敬けんなクリスチャンの女性があんな風になるなんて、いったいどうしたっていうの？」とからかった。それに対する彼女の答えを、私は忘れることができない。

彼女は「きっと神様は、人を許す以上にもっと自分を回復させなさいと言われたのだと思うわ」と答えた。

誤解がないようにつけ加えておきたいが、私はけっして「親を許すな」と言っているのではない。本当に許すことができるのなら、それはそれでよい。だがそれは、「心の大掃除」という長い道のりを経て、すべての整理がついたうえで、最後の結論としてそうなるのでなくてはならないということだ。「まず最初に許さなくてはすべてが始まらない」というのでは、順序が逆なのだ。

ひどい思いをさせられた人は、「怒り」という感情を抑えておかずに外に出す必要がある。子供の時に切望していた愛情を親から与えられなかった人は、「深い悲しみ」という感情を抑えておかずに外に出す必要がある。自分にされたことを矮小化するようなことはやめなければならない。人は簡単に「許して忘れなさい」と言うかもしれないが、それは「そんなことは何も起きなかったというフリをしていなさい」と言っているのと同じである。

もうひとつ、「許し」とは、許される側の人間がそれに値するなんらかの具体的な行動を取った時にはじめて適切なことと言えるのではないか、と私は思うのだ。子供に害悪を与えた親は、自分が行ったことがなんであったかを認め、その責任が自分にあることを認め、自分を改める意思を見せなければならない。被害者のほうが一方的に加害者を許して責任を免除し、その一方で加害者の親は相変わらず事実を否定し、被害者の気持ちを踏みにじってひどいことを言い続けるのでは、被害者の心の回復は起こり得ないのである。

もし問題の親がすでに死亡していて、責任を取ることができない場合は、被害者は怒りを抱いている自分を許すことによって、心身の健康に大きな影響を与えていた親の心理的支配から自己を解放し、傷ついた心を癒すことができる（詳しくは十三章を参照のこと）。

ここまで読んでも、なお、「しかし、もし相手を許さなかったら、苦渋に満ちた人生はその後も変わらないのでは」と思っている方もいることだろう。その疑問はよくわかるが、事実はその正反対である。私は長年にわたって多くの被害者をカウンセリングし、観察してきたが、「毒になる親」の支配から自己を解放した人は、必ずしも親を許さなくても心の健康と平和を取り戻すことができている。そのような解放は、自分が内面に抱える「激しい怒り」と「深い悲しみ」という二つの感情と正直に取り組み、苦しみの原因となったことの責任を本来負わなければならない人間、すなわち害毒を与えた親の両肩に返すことができて、はじめて可能となっているのである。

十章　「考え」と「感情」と「行動」のつながり

「毒になる親」に育てられた子供は、何をするにも常に親の承認を得なければならないように感じているため、自分が望む人生をなかなか生きることができない。もちろん、どんな人でも親とはなんらかの感情のからみ合いがあるのが普通であり、「考え」と「感情」と「行動」のすべてが親の希望や期待にまったく影響されていない人はほとんどいないと言っていいだろう。実際、健康な家庭では、ある程度の精神的からみ合いは家族への帰属意識を生み、メンバー間の結びつきを強める有益なものである。それでもなお、時には健康な家庭ですら親の影響力が強くなりすぎることはある。まして「毒になる家」においては、感情のからみ合いは許容範囲を超えた異常なレベルにまでなってしまう。

私が「あなたは親の考えに縛られて、ご自分の行動に支障が出ることはありませんか」と問うと、気まずそうな顔をしたり、なかには不快そうな顔をする人もいる。だが私はその人の気分を害するためにそんなことを聞いているのではない。だれでもその問題には悩まされることがあるということを知ってもらいたいのだ。「親に承認してもらいたい」という気持ちから完全に解放されている人はほとんどいないと言ってよい。この私の質問に対する答えが「イエス」だったとしても、必ずしもその人の親が「毒になる親」だということではない。

親に自己をからめ取られる形は、大きく分けて二種類ある。ひとつは親の気持ちを満たすために、いつも言いなりになるタイプだ。この場合は、たとえ自分に望むことがあっても親の望みをいつも優先させてしまう。もうひとつはその反対で、親の言うことにはとにかく逆らうタイプだが、たとえわめいたり脅したり断絶までして反抗したとしても、やはり親にからめ取られていることに変わりはない。親はあなたにそのような感情や行動を起こさせる大きなコントロールを依然として及ぼしているのである。あなたは自分の意思で行動しているように思っていても、そのように激しく反応するのは、あなたを不快にできる力を彼らに与えてしまっているからだ。

親にどれほど自己をからめ取られているかは、自分の「考え」、「感情」、「行動」の三つを調べてみるとよくわかる。つぎに、それらをひとつずつ見てみよう。

「考え（信条）」のチェック

八章でも考察したように、個人の根本にある「ものの考え方（信条）」は、その人の態度、知覚力、人間についての概念、人間関係、倫理観などに根本的な影響を与えている。したがって、人間として成長し、人生を好転させるためには、まず自分が持っている「間違った考え」が、

「ネガティブな感情」と「自滅的な行動」にどう結びついているかに気づく必要がある。

つぎにあげるチェックリストは、あなたの「感情」や「行動」のおおもとにはどのような「考え（信条）」が横たわっているかを突き止めるのを助けるためのものである。自分を偽らずにじっくりと心の奥を観察してみてほしい。以下で「親」とあるのは、父親でも母親でもかまわない。

親との関係における私の「考え方」

1　親は私の行動しだいで幸せに感じたり感じなかったりする。
2　親は私の行動しだいで自分を誇らしく感じたり感じなかったりする。
3　親にとって私は人生のすべてだ。
4　親は私なしには生きられないと思う。
5　私は親なしには生きられないと思う。
6　もし私が本当のこと（例えば、離婚する、中絶した、同性愛である、フィアンセが無神論者である、等々）を打ち明けたら、親はショックで（または怒りのあまり）倒れてしまうだろう。
7　もし親にたてついたら、私はもう永久に縁切りだと言われるだろう。

8 彼らがどれほど私を傷つけたかを話したら、私はきっと縁を切られてしまうだろう。
9 私は親の気持ちを傷つけるようなことは何ひとつ言ったりしたりするべきではない。
10 親の気持ちは自分の気持ちよりも重要だ。
11 親と話をすることなど意味がない。そんなことをしたところで、ろくなことはないから。
12 親が変わってさえくれれば、私の気分は晴れる。
13 私は自分が悪い息子（娘）であることについて親に埋め合わせをしなくてはならない。
14 もし彼らがどれほど私を傷つけているかをわからせることができたら、彼らも態度を変えるに違いない。
15 彼らがたとえどんなことをしようが、親なんだから敬意を払わなくてはならない。
16 私は親にコントロールなどされていない。私はいつも親とは闘っている。

もしこれらのうち四つ以上が「イエス」だったら、あなたの心はいまだに親と相当からみ合っている。このことを受け入れるのはつらいかもしれないが、いまサンプルとしてあげた十六の「考え」は、すべてネガティブで自分をダメにする考えである。こういう「考え」を持っている限り、あなたは独立した一人の人間になることはできない。あなたは引き続き心理的な依存に縛られたまま、エネルギーを奪われ続けていくだろう。

多くの「毒になる親」に共通しているのは、彼らは自分の不幸や不快な思いを他人のせいにするということだ。そしてその対象にはたいてい子供が使われる。もしあなたが、親が幸福か不幸かに責任があると信じているとすれば、あなたは自分が親を（ひいては他のだれでもを）喜ばせたり悲しくさせたりすることができると考えているということになる。

だが、ここが大事なところだ。人間の感情が他人の言動から影響を受けるのは事実だが、もしあなたが大人であるなら、だれかに傷つけられた時にあなたを癒すのはあなた自身の責任であって他人ではない。それは親も同じことだ。

例えば、子供が親の認めない相手と結婚したり、自分のしたい仕事をするために遠く離れた街にある会社に就職したりしたとしても、そのこと自体は残酷な行為でもなければ親を傷つけるためにしていることでもない。もしその結果、母親が裏切られたように感じたり、傷ついたりしたとしたら、なんとかして自分を癒す道を見つけなければならないのは母親本人の仕事だ。子供がそのような母親に優しい言葉をかけてあげるのは良いことだとしても、母親の気持ちをなだめるだけのために、自分の大切な計画を変更しなければならない理由はない。母親の感情が原因で自分にとって必要なことをつぶしてしまうのは、本人ばかりでなく母親本人のためにもよくないことである。なぜなら、その結果、子供の内面に生じて押さえ込まれる不快感、怒り、嫌悪感、といったものは、いくら否定したところでその後の親子関係に大きな影響を及ぼさざるを得なくなるからだ。

もしあなたの人生における決定事項の大部分が、その結果親がどういう気分になるかということが基本になっているのであれば、それはあなたの人生ではなく彼らの人生だ。それではまるで、あなたは自分の車に乗っているのにいつも運転席に座っているのは親で、あなたは自分の車を自分で運転したことがないのと同じである。

ここにあげた項目はいくつかの例にすぎない。ほかにもあなたが自分を一人の大人の人間として感じることを妨げている「考え」があれば、つけ加えてみてほしい。

間違った「考え」が引き起こす苦しみ

自滅的な「考え（信条）」は、常に苦痛に満ちた「感情」を引き起こす。したがって、自分がどのような「感情」を抱いているかに意識を巡らせてみれば、そのような感情を引き起こすもとになった「考え」はどんなものだったか、そしてその結果どのような「行動」をしたか、などについて理解を深めることができる。

多くの人は、感情とは自分に対して起きた出来事に対するリアクションとして生じるもので、その原因は外部にあると考えている。だが、強い恐怖心や喜びや苦痛といった感情ですら、自分が内部に抱えている「考え」がもとになって生じていることがある。

例えば、ある日あなたは勇気を出して、アルコール中毒の父親に酒をやめるように言ったとしよう。すると父親は大声でわめき、「オレはアル中ではない！」とか「父親を侮辱する気か！」

と言ってあなたをののしったとする。あなたは父親に説教しようとしたことを後ろめたく感じて落ち込み、そのように感じるのは父親にののしられたためだと思うかもしれない。

そう思うことは誤りではないが、それだけでは話はまだ半分しか終わっていない。残りの半分は、あなたがそのような罪悪感に襲われる直前に、自分でも気づいていない「考え」が自動的に頭をもたげたということである。その「考え」とは、例えば「子供は親に口答えしてはいけない」とか、「酒をやめられないのは病気なんだ。私は父の面倒を見てあげないといけないのではないか」などという「考え」だ。後ろめたく感じたのは、心の奥に深く根ざしたそういう「考え」について、それまで正直に取り組んでこなかったからである。

このように、多くの状況のもとにおいて、感情がわき起こる直前に、家で培われた「考え」が自動的にあなたの心のなかを駆けめぐる。**その「考え」がどんなものか、そしてそれとわき起こる「感情」とがどう関係しているかを理解することが、自滅的な「行動」に走ることを止めるための第一歩だ。**

「感情」のチェック

私たちはだれでも、「親」という存在に対しては感情的な強い反応が起きる。その感情についてよく自覚している人もいれば、無視することで自分を守ろうとする人もいる。そこで、子供時代のつらい体験のために自然な感情を心の奥深くに埋めてしまうことに慣れてしまった人は、まずそれを掘り起こして、自分の感情に馴染む必要がある。その練習のために、つぎに示すチェックリストを見てほしい。

その際、自分の感情をはっきり自覚できない人は、自分の親と同じような人間を親に持った人はどのような感情を抱くだろうか、と他人事のように想像してみるのもよいだろう。セラピストの助けなしに心の奥深くに潜む感情をさぐることはできない人も多いが、そういう場合でもその人の感情はなくなっているのではなく、どこにしまい込んだのかわからなくなっているだけなのだ。いずれにせよ、どのような方法を取るにしても、あなたは自分の「感情」をはっきり認識することなしに、これより先に進むことはできない。

押さえ込まれて自覚していなかった感情が表面に出てくる時には、しばらくの間、非常に不快な気分が続くことがあるので、ゆったりと構えてあまり先を急がないことが大切だ。専門家のセラピーを受ければたちまち気分がよくなるように思っている人もいるが、そんなことはあり得ない。むしろ気分はよくなる前に一度悪くなるのが普通である。この作業は「心の外科手術」のようなものだ。傷が治癒するにはまず洗浄しなくてはならないし、痛みが消えるまでには時間がかかる。だが、痛みを感じるのは癒えるプロセスが始まった証拠でもあるのだ。

読者が自分の感情を調べる作業を容易にするため、つぎのチェックリストでは感情を「罪悪感」、「恐れ」、「悲しみ」、「怒り」の四つに分けてまとめてある。これらの感情はすべて、きっかけがあると自動的にわきあがってくるネガティブな感情であり、たいていはトラブルのもとになる感情であるが、発生の予測がつくものでもある。自分の状態に近いと思うものに印をつけてみてほしい。

親との関係で私が感じる「感情」

1 私は何事でも親の期待通りにできないと罪悪感を感じる。
2 私は親の気分を害するようなことをすると罪悪感を感じる。
3 私は親のアドバイスに逆らうと罪悪感を感じる。
4 私は親と言い争いをすると罪悪感を感じる。
5 私は親に腹を立てると罪悪感を感じる。
6 私は親を落胆させたり気持ちを傷つけたりすると罪悪感を感じる。
7 私は親のために十分頑張っていないと罪悪感を感じる。
8 私は親からするようにと言われたことをすべてやらないと罪悪感を感じる。
9 私は親の言うことを拒否すると罪悪感を感じる。

10　私は親に大声を出されると怖い。
11　私は親に怒られると怖い。
12　私は親に対して腹を立てるのが怖い。
13　私は親が聞きたくないだろうと思われることを彼らに言うのは怖い。
14　私は親が愛情を与えてくれなくなることが怖い。
15　私は親の考えに反対するのは怖い。
16　私は親に反対して立ち上がるのは怖い。

17　私は親がネガティブな気分でいると悲しい。
18　私は自分が親を落胆させたとわかったら悲しい。
19　私は自分が親の生活をよくしてあげられなかったら悲しい。
20　私は、私が原因で彼らの人生がだめになったと言われたら悲しい。
21　私は自分の望むことをしてそれが親を傷つけたら悲しい。
22　私は親が私の（夫、妻、恋人、友達）を好きでなかったら悲しい。

23　私は親から批判されたら腹が立つ。
24　私は親が私をコントロールしようとすると腹が立つ。

25　私はどのような人生を生きるかについて親から指図されると腹が立つ。
26　私がどう考え、どう感じ、どう行動するかについて、親から口出しされたら腹が立つ。
27　私は親から「ああしろこうしろ」、「それはするな」と言われると腹が立つ。
28　私は親から何かを要求されると腹が立つ。
29　私は親が私を通じて彼らの人生を生きようとしたら腹が立つ。
30　私は私が親の世話をすることを親が期待していたら腹が立つ。
31　私は親に拒否されたら腹が立つ。

これらの感情以外にも、材料として使えるものがあればリストに加えてみてほしい。例えば身体的な反応などもよい材料だ。だれでも口ではごまかすことができるが、体はその時の感情に正直に反応する。各人の体にどのような反応が出るかは、遺伝的要素やそれぞれの個人の体の弱いところ、身体的な個性、その時の感情の状態などによって異なるが、一般的に言って、頭痛、胃や腸の不調、体のこり、疲労感、食欲不振または異常に食べたくなる衝動、睡眠障害、吐き気などは、「毒になる親」を持った子供が成人後によく見せる症状としてまれではない。もっとも、もしそれらの症状があってそれが心因性のものだと確信できても、あまり長く続く場合には身体的な病気に進むこともあるので医師に相談したほうがよい。

このリストの三分の一以上が「イエス」である人は、いまだに親に心理的にからめ取られている度合いが強く、感情が親によって左右されていると言える。

「考え」と「感情」の関係

つぎに、いま行った感情のチェックで自分にあてはまる項目があったら、その後に「なぜなら」とつけ加え、その後ろに最初の「考え方」のリストからあてはまる文章を見つけてつなげ、「……だからだ」と結んでみてほしい。このようにして、自分の抱く感情の理由をあらためて考えてみることにより、自分がなぜそのように反応するのかがわかってくるだろう。

例えば、感情のチェックのところで「(2) 私は親の気分を害するようなことをすると罪悪感を感じる」という項目が自分にあてはまったとする。そうしたら、それはなぜなのかと考えて、最初の「考え」のリストからあてはまるものを捜し、「なぜなら、(9) 私は親の気持ちを傷つけるようなことは何ひとつ言ったりしたりするべきではないからだ」という「考え」を持っていたとわかるといった具合だ。

同様に「(18) 私は自分が親を落胆させたとわかったら悲しい」は、「なぜなら、(1) 親は私の行動しだいで幸せに感じたり感じなかったりするからだ」、「(12) 私は親に対して腹を立てるのが怖い」は、「なぜなら、(7) もし親にたてついたら、私はもう永久に縁切りだと言われるだろうからだ」という「考え」を持っていたからかもしれない。

このように、わき起こる「感情」と心の奥に横たわる「考え」の結びつきをあらためて調べてみると、「感情」というものがいかに「ものの考え方（信条）」を土台にしているかがわかるに違いない。こうして自分の感情がわき起こるもとになっているものが何なのかを知ることは、感情をコントロールできるようになるための重要な第一歩である。

「行動」のチェック

人間にはまずもとになる「考え」があり、つぎにその「考え」に基づいて人との関係における「感情」が生じ、その結果「行動」が起こるとすれば、「行動」の仕方を変えるには「考え方」と「感じ方」を変えなければならないということは容易に想像がつくだろう。次のリストに示す行動パターンは、前にあげたリストの「考え」と「感情」から派生するものである。これらの「行動」は、「服従」と「反逆」の二つのカテゴリーに分けることができる。あなたにあてはまるものがないか、チェックしてみてほしい。

〈親との関係における私の行動パターン〉

◉服従のパターン

1 私は自分がどう感じているかに関わりなく親の言うことに従うことがよくある。
2 私は自分が本当はどう考えているかを親に言わないことがよくある。
3 私は自分が本当はどう感じているかを親に言わないことがよくある。
4 私は親とうまくいっていない時でもうまくいっているように振る舞うことがよくある。
5 私は親と一緒の時には表面的に合わせているだけで、〝ニセ者〟になっていることがよくある。
6 私は親との関係において、自分の自由な意思ではなく後ろめたさや恐れから行動していることがよくある。
7 私は親を変えようと一生懸命努力している。
8 私は親に私の考えを理解させようと一生懸命努力している。
9 私は親と衝突した時に、自分のほうから和解しようとすることがよくある。
10 私は親を喜ばせるために、苦痛に満ちた犠牲を自分に強いることがよくある。
11 家の秘密を守るのは私の役目である。

◉反逆のパターン

12 私は自分が正しいことを示すためにいつも親と口論する。
13 私は自分には自分の考えがあることを示すために、いつも親が気に入らないとわかっていることをする。
14 私は親が私をコントロールできないことを示すために大声でわめいたり毒づいたりする。
15 私は親に暴力を振るわないよう自分を抑えなければならないことがよくある。
16 私の我慢はもう限界を越え、親とは縁を切った。

これらの「行動」パターンのうち、二つ以上があてはまる人は、いまだに親のことが人生の大きな問題となっていると言えるだろう。服従的な行動が子供の精神的独立を阻んでいることは容易にわかるが、すでに何度かくり返したように、反逆的行動に出るのもやはり自己を相手にからめ取られている証拠であることは、なかなかわかりにくい。そのような行動に出ることで親に反撃しているような気分になったとしても、それは幻想にすぎない。攻撃的な態度を取るということは、依然として相手にからめ取られているということである。それは行動に激しい感情がともなっていること、反応の仕方がいつも同じパターンであること、その行動は予測がつくこと、その行動は自由な意思による選択の結果ではなく、自分が親から独立した存在であることをなにがなんでも証明しなくてはならないためであること、などからわかる。服従的であることと攻撃的なことは同じコインの両面にすぎない。

チェックリストへの反応

この章で示した三つのリストを使ってあらためてチェックしてみると、自分と親が心理的にどういう関係にあるのか再発見できて驚く人も多いかもしれない。五章で例にあげた五十二歳になる元モデルのインテリアデザイナーは、このリストを使って自分をチェックしたところ、その年齢になってもいまだに人生が圧倒的に親にからめ取られたままであることを発見して愕然となった。彼女は、「いったいいつになったら親は問題を理解し、態度を変えてくれるのか」と思っていた自分にやっと気がついたのだ。

彼女が気づいた通り、彼女の親が変わることはおそらくないだろう。だが親は変わらなくても、あなたは変わることができる。あなたが「毒になる親」との有害な結びつきを払いのけるための第一歩は、いったい何が、彼らをあなたに対してそう〝強く〟しているのかを知ることだ。

ここでひとつ、注意すべきことがある。自分の状態に気づくと、怒りもあらわにただちに親と対決しようとする人がいるが、もしそのような衝動が起きたら踏みとどまるのがよい。衝動的な行動は絶対によい結果をもたらさない。感情的になっている時には、対決的な行動は避けるべきである。その理由は、目の前のことにばかり考えが集中してしまい、判断力が鈍っているためだ。

　時間はあるのだから、せいていますぐ行動に出るのではなく、まずはじめにすべきなのはこれからの計画をたてることだ。この章で述べたことは、本書の目指しているゴールに向けた長い旅の始まりにすぎない。あなたが通り抜けなければならないことはまだたくさんある。

　いままでの人生ですでに身についてしまっている生き方のパターンは、そう簡単に変えられるものではない。まずは有害な「考え方」と自滅的な「行動」を変えることから挑戦を始めよう。だが本当の自分を回復しようと思うなら、その前に〝本当の自分〟とは何なのかをよく知っておかなければならない。

十一章　私は何者か――本当の自分になる

親から感情的に独立するとは、親との関係を切らなくてはならないということではない。家族の一員であり続けながら、同時に親や家族の他の人たちとは異なる個人でいるということだ。そうすることで、あなたは本当の自分でいることができ、また親にも彼ら自身でいてもらうということだ。

自分に誠実になることと利己主義の違い

自分自身の考えでものを考え、自分自身の感覚でものを感じ、自分自身の意思で行動し、親（やその他の人たち）の要求や意向に影響されないでいる時、あなたは本当の自分になっている。だがその時、もしあなたの考えや行動を親が気に入らなければ、あなたはある程度の不快を我慢しなくてはならない。そしてもしあなたが親の望むように自分を変えようとしないなら、あなたは彼らがあなたに対して抱く不快感を我慢しなくてはならない。また、たとえあなたの考えが親と同じだったり、あなたの行動が親の望んだことと同じだったとしても、それはあなたが自分の意思で選択した結果、たまたまそうなったのでなければならない。つまり、親の意向に賛成するのも反対するのも、はっきりとした自分の意思で自分が選択した結果でなければならないということだ。

「本当の自分でいる」とは、人の気持ちを踏みにじったり、自分の行動が人に及ぼす影響を無視したりしてよいということではない。だがそれはまた、他人にあなたの気持ちを踏みにじらせたり、勝手なことをさせたりしてよいということでもない。つまり、他人の気持ちを思いやることと、自分を大切にすることとは、常にバランスが取れていなくてはならない。

だがそうは言っても、そういう意味で常に百パーセント、本当の自分でいられる人はいないだろう。私たちはみな社会の一員であり、他人の同意などまったく必要ないということはあり得ないからだ。他人から感情的に完全に独立している人もいなければ、そうなりたいと思う人もまずいないだろう。人間は社会的な生き物であり、人とオープンにつき合っていくには、ある程度の相互依存が必要なのである。

したがって「本当の自分でいる」のには柔軟さがともなわなければならないのは当然のことだ。その意味で、親のために何かを妥協したからといって悪いことはひとつもない。大切なのは、なんとなく押し切られて、本当は嫌なのにずるずるとそうなってしまうのではなく、たとえば「不本意だけど、ここは妥協しておこう」と考えて、自分の意思で選択してそうするということである。それはつまり、自分に対して誠実であるということだ。

自分に誠実であることと利己主義は混同されやすく、多くの人は利己主義だと言われたくないために、自分に誠実になることに二の足を踏む。「利己主義」という言葉が頭をよぎると、たちまち「罪悪感」というライトがともるのである。親に対する過剰な義務感を背負っている人は、自分が利己主義でないことを証明するのがあまりにも重要なことになっているため、自分が本当に必要としていることを親の要求の下に埋めてしまっているのだ。

そのような態度でずっと生きてきた人は、大人になってから子供時代を振り返ってみると、自分が本当にやりたいことをした思い出がほとんどない。そのため長い間に心の奥にたまった怒りや、心から充実した気分になったことがないという事実が、しだいに抑うつ症やかんしゃくとなってあらわれてくる。

反射的で自動的な反応とは

ほとんどの人は、人に脅威を感じたり自分が攻撃されたと感じたりすると、相手の言うことをろくに聞かずに反射的に反応する。この「反射的で自動的な反応」は、相手が恋人であろうが上司や友人であろうが、だれに対しても起きるが、たいてい最も激しく起きるのは親に対してである。

だが、「反射的で自動的な反応」をしてしまうのは、相手が承認してくれるかどうかに依存しているからだ。なぜなら、その時、あなたが気分をよくしていられるかどうかは、だれもあなたに反対も批判もせず、みんながあなたを認めてくれるかどうかによるからだ。その時あなたは批判や反対をされるか称賛や賛同をされるかで、反応の仕方が決まってしまう。そういう時にあなたに生じる感情は、その感情を引き起こすもとになった出来事と比べてまったくつり合いが取れていない。ちょっとした助言が悪口に聞こえ、建設的な批判が個人的なこき下ろしとなってしまう。人が賛成してくれないと、最小限度の心の安定すら維持できなくなってしまうのである。

「反射的で自動的な反応」とは、例えば母親から自分の生き方について何かを言われるたびにカッとなったり、父親の声を聞いただけでイライラしたりするというようなことだ。相手に対して感情が自動的に反応してしまうのを許しているということは、自分に対するコントロールを失っているということであり、言葉を変えれば、あなたの感情は相手しだいでどうにでもなってしまうということだ。それはつまり、あなたの感情をコントロールする力を相手に与えてしまっているということになる。

「反応」と「対応」の違い

「反応」するのと「対応」するのでは、言葉は似ているが大きな違いがある。「反応」が自動的で反射的であるのに対し、「対応」している時、あなたは感情がわき起こっていると同時に〝考えて〟いる。そしてその感情が起きていることを自覚しており、それに突き動かされて衝動的な言動をしていない。

そのように行動できるようになれば、たとえ親から何を言われても自分に対する自尊心を失うことがなくなり、その結果、計り知れない恩恵がもたらされる。物事を正しく把握して合理的に見る力が感情に邪魔されることがなくなるので、相手に対処するうえでのさまざまな選択肢をすべて見渡すことができるようになるからだ。親の言動に自動的に「反応」するのではなく、「対応」できるようになれば、人生のかなりの部分に対するコントロールを取り戻すことができるようになってくる。

私自身をも含み、習慣化している行動のパターンを変えるのはだれにとっても簡単ではない。だが常にそのことを忘れず、あきらめずに続けていれば、不可能ではない。それにはひとりでもがいているよりセラピストのもとで練習するほうが効果的だ。セラピーでおもに使われるのは「ロールプレイ」という方法で、これは被治療者同士のグループや、またはセラピストが相手になって、自分や親などの役をお互いに演じながらやりとりの練習をするものだ。これは「心理劇」とも呼ばれ、対話だけの受け身の治療ではなく、被治療者が積極的に行動訓練に参加するアクティブな方法である。この方法を使うと、自分の態度や言動についてそれまで気がつかなかったことが驚くほどたくさん発見できる。

一章の「いつまでも罰し続ける親」のところで例にあげた、宗教的な信条に頭が凝り固まった両親に若いころからひどい言葉でなじられていた二十八歳の女性は、「お前は利己主義だ」と非難されるのが恐ろしくて親の身勝手な頼みをいつも断れず、うっ積したネガティブな感情に苦しめられていた。だが彼女は親の非難の言葉を、長い年月をかけて内面化していたので、心のなかに住みついたネガティブな自己像を短期間で変えるのは難しかった。そこで私は、彼女とロールプレイをすることにした。

やり方としては、まず私が彼女の母親の役をやって、彼女に理不尽な言葉を浴びせ、彼女がそれに対して受け答えをするという練習から始めた。その時に彼女にとくに練習してもらったのは、「自分を防衛するために相手に対して攻撃的にならない」ということだった。また私は彼女に、私（母親の役）とやりとりする時に、謝ったり、議論しようとしたり、なんとか自分を説明しようとしたりしないよう指示した。なぜなら、彼女は親に〝わからせよう〟とすることをまずやめなければならなかったからだ。

親の同意や承認を得ようとしてもがいている限り、彼女は親にコントロールされたまま変わることはできない。彼女にまず必要なのは、親との会話で自己防衛的にならないことだった。

つぎに、私は彼女と役を入れ替え、彼女に彼女の母親の役をやってもらい、私が彼女の役をやってみせた。これをやることにより、彼女は彼女の母親がどのようにして彼女に非難の言葉を浴びせているかが文字通りよくわかり、私（彼女の役）の対応を聞いて「自己防衛的にならない対応」が言い争いのエスカレートを防ぐさまを実感できた（訳注：ロールプレイの具体例については十二章～十五章を参照してください）。

自分を防衛するために相手を攻撃しない

「自己防衛的にならない対応」のやり方は子供の時に学校などで学ぶことがないので、大人になってから身につけようとしてもなかなか難しい。意識的に学び、くり返し練習するしか方法はない。ほとんどの人は、人と衝突すると、自分を防衛しようとしてつい相手に対して攻撃的になってしまう。そうしなければ相手はますます攻め込んでくるだろうという気がするからだ。だが事実はその反対だ。こちらが攻撃的になれば相手も自分を防衛するために反撃し、非難の応酬はエスカレートする一方になる。冷静さを失わないまま、譲らないところは譲らないという態度こそ、強さを保持するために必要なものである。

「毒になる親」と向かい合って話をするうえで、絶対に身につけておかなければならないのが、この「自己防衛的にならない対応の仕方」だ。これこそが、「争いのエスカレート」というまったく無意味であるにもかかわらずだれもがくり返す悪循環を断ち切ることのできる唯一の方法なのである。

その対応の例をいくつかあげてみよう。

■「ああ、そうなの」
■「なるほど」
■「それはおもしろい考えだね」
■「あなたがどういう意見を持とうと、もちろんあなたの自由です」
■「あなたが認めて（賛同して）くれないのは残念ですが」
■「それについてはもう少し考えさせてください」
■「これについてはあなたがもう少し冷静な時に話しましょう」
■「がっかりさせて申し訳ないけど」
■「あなたが傷ついたのは気の毒だけど」

こういう対応の仕方を身につけるには、まずひとりで練習することから始めるとよい。部屋のなかにひとりで座り、そこに親（その他、対象となる人物）がいると想像する。そしてその親があなたを批判したり何かひどいことを言ったりしているさまを想像してみる。あなたはきっと、その言葉や声までも、実際に言われているように頭のなかで再現できるに違いない。

つぎにその相手に対して、例にあげたような「自己防衛的にならない対応の仕方」で対応する返答を声に出して言ってみる。その時には、論争しようとしたり、言い訳を言おうとしたり、自分のことを説明しようとしたり、相手を説き伏せて考えを変えさせようとしたら、その瞬間にあなたは自分の持つエネルギーを相手に渡してしまうことになるということを忘れないでほしい。「自己防衛的にならない」で答えるということは相手に何も求めないということであり、要求していない以上、相手は何も拒否することはできないのである。

しばらくこの練習をしてみて、ある程度冷静さを保つ自信ができたら、つぎは、だれかと意見が合わない状況になった時にこのテクニックを使ってみる。それには同僚とか普通の友人など、あまり感情的な結びつきが強くない相手がよい。はじめは不自然でなんとなく落ち着かず、ついフラストレーションに陥って、いつものように自己防衛的な反応をしてしまうかもしれない。だが、新しい技術というのは、なんでも同じだが、うまくいかないことを恐れずに辛抱強く練習する以外に習得する道はない。そのうちに、特に意識しなくても自然にできるようになってくるだろう。

自分をはっきりさせる

反射的に反応してしまうのを防ぎ、自己防衛的になって相手を攻撃しないようになるために大切なもうひとつのことは、相手に対して自分をはっきりさせるということだ。そのことがひいては「自分は何者なのか」を知る道につながるのである。自分をはっきりさせるということは、相手に対して自分の信じていること、自分にとって重要なこと、やる意志のあることとないこと、話し合う余地のあることとないこと、などをはっきりさせるということだ。

例えば、親の要求に対して自分は本当はどうしたいのか。「正直なところ、要求に従うのはいやだけど、でも親の気分を害したくはないし、……どうしたらいいのかわからない」というのがよくあるパターンだ。このジレンマは、子供の時からいまに至るまで、親のために必要以上の責任を負わされてきた人に多く見られる。これまで自分をはっきり示す機会をほとんど与えられたことがなかった人にとって、いま急にやろうとしてもなかなか難しいに違いないが、これができないことには先に進むことはできない。だが、これも練習によってできるようになる。

自分の意思で選択していることを確認する

人に対して自分をはっきりさせることができないのは、弱さのためだと考える人は多い。けれども、「自分にはできない」と思っているのは、実際には「できない」のではなく、「しないでいること」を選択しているのである。

「自分にはできない」という考えは、そう思った瞬間に自分を縛ってしまう呪文のようなものだ。実際には自分の意思で「しないでいる」のだということをはっきりと自覚してほしい。選択してそうしているのか、それともそうでないのかの二つには、大きな違いがある。

例えば、あなたが相手にからめ取られている時には、自分の意思による選択はない。逆に言えば、選択できないということは相手にからめ取られているということだ。子供の時には自分の意思で自分のことを選択する余地はあまりなく、選択肢は親によって支配されている。親の問題を抱えている人というのは、その状態が大人になっても相変わらず続いている人なのである。「できない」と言うのではなく「しないと選択する」と言えるようになった時（もちろん言い訳ではなく）、未来へ通じるドアが開かれる。

なかには、「それは単なる〝言葉のあや〟にすぎない」と言う人もいるかもしれない。どう表現しようが、「できない」のは敗北であることに変わりはないというわけだ。だが、他の選択肢をすべて検討し、他には選択の道がないと知ったうえで（例えば、自分にはまだ闘う準備ができていないなど）従うのと、言われるままに自動的に言いなりになるのとでは、大きな違いがある。自分で選択するというのは自分に対するコントロールを手に入れるための第一歩だ。それほど大きな進歩には感じられないかもしれないが、それができるようになればあなたは間違いなく進歩している。自分で選択するということは、自分をはっきりさせ、自分は何者かを知るためのカギである。

親との会話で実行する

「自己防衛的にならない対応」が親以外の人とのやりとりでうまくできるようになったら、つぎはいよいよ親を相手に試してみる時だ。だが、他の人との練習ではうまくいっても、実際に親と向かい合った時に冷静さが保てるだろうかと心配な人も多いだろう。「毒になる親」は子供の感情を支配することに慣れており、子供は大人になっても自動的かつ反射的に反応することが条件反射のようになっている。それに、もしうまくやれたとしても、親は思い通りにならないので怒り出すかもしれない。

だが、それに対する私のアドバイスは、「かまわないからやりなさい」だ。もしここまでの段階の練習が十分できていれば、実行するのは早いほどよい。この小さな最初の第一歩を踏み出すのをためらって、「どうしようか」と考えているだけでは、不安は増すばかりだ。あなたは大人なのだから、自分が自分でいるためには、必要なら不快感をもこらえることができると信じなくてはならない。

はじめから感情的になりそうな一件を持ち出す必要はない。「自己防衛的にならない対応の仕方」で自分の考えをはっきりさせる練習には、例えば服装や料理についてなど、あまり重要でない日常会話から慣らしていけばよい。そして機会があるごとに自分の考えや意見を表現するようにする。例えば、「あなたは間違っている。あなたは利己主義でよくない」と言うかわりに「それはちょっと賛成できないな。利己主義になるのは自分のためによくないと思うよ」というような言い方をすれば、相手に挑戦しているのではなく自分の意見を述べていることになる。このように対応することによって、相手の感情的な反応のレベルを多少なりとも下げることができる。

さらに、もう少し自信があれば、もう少し大きな問題について話してみてもかまわない。そして、あまり重要でない話題の時と同じように、「自己防衛的にならない対応の仕方」をしながら、冷静さを保ったまま自分を示し、あなたは彼らのためにどこまではできるがどこから先はできないという限界をはっきり示す。

とはいえ、「毒になる親」を持つ人は、現実問題としてもっと悲観的にならざるを得ないかもしれない。たとえあなたが感情的に反応せずに冷静に対応できたとしても、親の感情的な反応が変わるとは思えないからである。実際、私の説明に対して、はじめは「そんなことをしても効果ないですよ」と言う人は多い。先ほども例にだした、宗教的な信条に頭が凝り固まった両親に若いころからひどい言葉でなじられていた二十八歳の女性も、「でも相手が変わらなければ、私の気分は晴れないでしょう？」と質問した。

そこで私は彼女に、「相手が変わることは必要ではない」ということをもう一度思い出してもらった。もし彼女が、親の反応とは関わりなく自分の反応の仕方を変えることができれば、彼女は自分の力だけで、一方的に、親との関係の持ち方を変えていくことができる。ここで理解しなければならない大切な点は、この方法は、相手にではなくて彼女に効果があるということである。

相手が変わるか変わらないかは重要なことではない。**大切なのはあなたが変わることであり、あなたは相手の反応がどうであるかには無関係に、自分の力だけで過去のパターンから変わっていくのである。**その結果相手の態度が変わればそれはそれでよいし、もし変わらなくても、力のバランスは冷静さを保っているあなたのほうへ傾いてくる。

このように、自分をはっきりさせ、反射的に反応するのではなく冷静に対応し、自分の考えや感じていることを相手にはっきり伝え、受け入れられることと受け入れられないことの限界をはっきり示すことができた時、あなたと親との関係は変わらざるを得なくなっていくだろう。

十二章　「怒り」と「悲しみ」

すべての人が幸せな子供時代を過ごせていたら素晴らしいことだ。だが、もしあなたがそうでなかったとしても、すでに過ぎ去った過去を変えることはできない。カウンセラーとしての私にできることは、苦痛に満ちた子供時代を送ることを余儀なくされながらその責任の所在について誤解している人に、真実に目を向け、認識を転換できるようお手伝いをすることだけだ。この認識の転換は、そのような人が人生を自分の手に取り戻すためにはどうしても行わなくてはならない必須のことである。なぜなら、子供時代に起きた出来事の責任がだれにあるのかという事実について、正直に認識することができない限り、その人の心が本当に晴れることは一生ないからだ。そしてその状態が続く限り、羞恥と自己嫌悪が消えることはなく、その人は永久に自分を罰し続けることになってしまう。

自分に合ったペースで

十章と十一章で取り扱ってきたことは、おもに頭で考えることが中心で、新しい考えを探索し、真実を読みとり、理解することが目的だった。この十二章から十四章までは、直接感情を取り扱う作業に進んでいく。それゆえ、ここからは先を急がず自分に合ったペースで進めることがいっそう大切になってくる。自分の感情に正直に取り組むというのはとてもつらい作業になることもあり、無意識のうちに口実を見つけて逃げようとしてしまうことがあるからだ。

これから先の章を読み進めて気分が落ち着かなくなったり、不安感が増したり、感情が高ぶってくるようであれば、ペースを落として数日間の休憩を取ってもかまわない。だが、あまり休んでばかりいるようであれば、休憩にはタイムリミットをもうけなくてはならない。

怒りや悲しみなどの強い感情を抱えている人は、ひとりだけで問題を解決しようとしているよりも、サポートグループやカウンセラー（セラピスト）など外部の助けを借りたほうが確実な効果が得やすい。親友や恋人、配偶者などの人生のパートナーも助けになってくれるには違いないが、彼らにはあなたの強い感情を取り扱うのは手に余るかもしれない。そういう人には本書を一緒に読んでもらい、あなたが通り抜けようとしているものが何なのかを理解してもらうとよい。

責任は親にある

これについてはすでにもう何回も書いたが、その重要さについては何回強調してもしきれない。なぜなら、このことは頭では理解できても、その認識が体の奥にまで染み込むのはたやすくはないからである。

くり返すが、子供時代に親によってもたらされたつらくて悲しい出来事について、子供だったあなたに責任はない。あなたはそのことをはっきりと認識し、もしまだ自分に責任があるように感じているなら、責任は負わなければならない人間が負うべきものだということを心の底から理解しなければならない。つぎに示すのは、そのための練習である。

静かにひとりだけになれる時間を作り、子供時代の自分を心に思い描いて話しかけてみてほしい。当時の自分の写真があれば、それを見ながら対話すればさらに効果的かもしれない。そして声に出して、「きみには……についての責任はない」と語りかける。この「……」の部分には以下のような文章がくる。自分にあった文章を当てはめてみてほしい。

1　親がきみのことを顧みず、放置して粗末に扱ったこと。

2　親がきみのことを愛する価値がない人間のように扱ったこと。きみが親に愛されていないと感じたこと。

3　親から残酷な言葉や思いやりのない言葉でからかわれたこと。
4　親からひどい言葉で口汚くののしられたこと。
5　親自身の不幸。
6　親が抱えている彼ら自身の問題。
7　親が自分自身の問題について何もしなかったこと。
8　親の飲酒の問題／親がアルコール中毒であること。
9　親が酔ってしたこと。
10　親がきみに暴力を振るったこと。
11　親がきみに対して性的な行為をしたこと。

この他にも、くり返し体験した苦痛に満ちた出来事があれば、リストにつけ加えてみてほしい。これを十分行ったら、つぎは本当に責任がある人間はだれなのかをはっきりと認識する練習をする。それには、「私の親は……に責任がある」とはっきり声に出して言う。この「……」の部分に、いまのリストの文章から自分にあてはまるものを入れてみてほしい。他にも自分にあてはまることがあればつけ加えるのは同様である。

なぜこのようなことをするのかというと、このことは頭ではわかっていても、その理解に対するあなたの感情的な抵抗がなくなるまでになるには時間がかかるからである。あなたの心のなかに住んでいる小さな子供のあなたは、いつまでも後ろめたい気持ちを引きずっている。したがって、心の底から抵抗なくこの事実が言えるようになるまで、この練習は何度もくり返す必要がある。

親に悪意はなかったと思える場合

親が暴力を振るうなどはっきり虐待とわかる行為や性的な行為をしたわけではなく、心身に病気があったり、自分の問題で頭がいっぱいになっていて、すべき義務を果たせない〝ダメな〟親だった場合、またはあなたのためを思ってそうしたように見える（あるいはそう主張している）場合には、この練習をするには抵抗があるかもしれない。

二章に登場した三十四歳のスポーツ用品店オーナーは、八歳の時に母親が神経症が悪化して家事をしなくなったため、二人の弟の世話をしなければならなくなった。だが彼は、神経症の母を哀れに思う気持ちが強く、親が責任を果たせなかったことを自覚する練習をするのには抵抗があった。彼のようなケースでは、成人後に起きている問題の原因に子供時代の親のネグレクトがあることを指摘するのはなかなか難しい。

だが、いまになっても彼の人生がうまくいかない原因が、そのような親を持ったためにまともな子供時代を送れなかったことにあるのは事実なのである。そこで彼のケースでは、親にどれほど責任があったかを追及することより、「親が責任を果たせなかったのは私の責任ではない」と彼がはっきり認識できるようになることが重要だった。彼はそれが納得できるようになるにしたがい、心の回復のペースが上がっていった。

この男性のように、親が親としての義務を果たしていなかったことを知っていても、それが心の障害のためだった場合、子供は親が苦しんでいたことに同情してしまうのが普通かもしれない。結局のところ、私たちの親の世代には、親としての正しい姿とか人間の心の問題について、勉強する機会はほとんどなかったのである。四十年前にはセラピーなどというものも一般的ではなかったし、家庭の問題に心理学者の助けを借りようとする人も、そのための方法も、ほとんどなかったのだ。また、親として機能していない親というのは消極的な人間であることが多く、そのため子供から見ても哀れに思えてしまうということもあるだろう。「親に悪気はなかったのだ」と子供が考えてしまっても無理はない。

おそらく、ほとんどの場合は、そのような親に悪意はなかったのだろう。だが、ここで親に悪意があったかなかったかを議論するのは意味がないことなのだ。ここでは意図がどうだったのかではなく、結果がどうだったのかに注目しなくてはならない。義務を果たせない親のために、その結果として子供が苦しめられたのであれば、そこに悪意があったかなかったかを論じるのは的がはずれている。親としての義務を果たさなかった親は、したこととしなかったことの両方の面で責任がある。

私はこのことを彼に理解してもらうために、つぎのようなロールプレイを行った。だれも座っていない椅子を彼の前に置き、そこに親がいるとイメージしてもらい、私が彼の役をやって、彼の親に語りかけるのを聞いてもらった。

私(彼の役):お父さん、お母さん、ぼくは子供の頃、いつもひとりぼっちだった。ぼくは心細くて、寂しかった。ぼくは、なぜだれもぼくのためにいてくれないのか理解できなかった。

お母さん、ぼくはなぜあなたの世話をぼくがしなければならないのか、なぜお父さんがやらないのか、理解できなかった。なぜぼくは普通の子供のようにしていられないのか、ぼくには理解できなかった。ぼくはいつも、お父さんもお母さんもぼくのことを愛していないのだと感じていた。その気持ちは、いまでも消えていない。

お母さん、あなたはいつになったら、ぼくから力を吸い取るのをやめてくれるのですか。あなたはいつになったら成長してくれるのですか。ぼくは、家のことに責任があるように感じるのにはもう疲れました。あなたの世話をするためにいつも待機しているのにはもう疲れました。何かがうまくいかないたびに自分を責めるのはもううんざりです。

お母さん、あなたがいつも具合が悪くて、自分を不幸だと思っているのは気の毒だけれど、それはぼくのせいではないんです。

私がこれを言い終えると、彼は「いつも心のなかではまさにそのように思っていたけれど、それを親に対して言えたことは一度もなかった」と告白した。私は彼に、「今のあなたには、まずこういう言葉を自分に対して言えるようになることが大事なのだけれど、トレーニングを続けてもっと自分を強く感じられるようになったら、もっと違うことができるかもしれないわね」と答えた。

それからまもなくして、彼は、「親は子供に対する一定の基本的な責任を負っている」ということを納得し始めた。そして、「親子の関係を歪めてしまう原因は子供にではなく、子供の基本的なニーズに気を配ることができない親にある」ということを理解できるようになるとともに、ワーカホリックになる原因だった「自責の念」の多くを取り去ることができるようになった。彼は次第に、自分も人から愛される人間になることができるかもしれないと感じ始めた。

一方、暴力を振るう親に折檻されるなどして子供時代に痛めつけられた人も、大人になってから親の責任を指摘することはなかなかできないことが多い。そういう子供は、自分の家は〝良い家〟であるという虚像を信じていたいがために、「悪いのは親ではなく自分なのだ」という意識をぬぐい去ることができないということを思い出してほしい。この意識は、親から暴力で虐待された子供が大人になってから示す事実上ほぼすべての自滅的な行動パターンの根底に横たわっている。だがその意識も、努力によって逆転させることができる。

「怒り」の管理

「怒り」は非常に不安定な感情であり、いつも腹を立ててばかりいる人がいる一方で、心のなかの怒りをうまく表現できない人もいる。また、「怒る」とは恐ろしいことでもある。激高したら自分をコントロールできなくなるかもしれないし、人を傷つけてしまうかもしれない。長い間抑えつけてきた怒りをひとたび噴き出させたら、止まらなくなってしまうかもしれない。そういった恐れはだれにとっても非常に現実的なものだ。だが、事実を言うなら、もし怒りを噴き出るにまかせたら起こるに違いないと恐れているようなことは、怒りを噴き出させなくてもいずれ起きる可能性が非常に高い。

なぜなら、抑えがたい大きな怒りを無理やり抑えつけている時、あなたの心はうっ積し、イラついて、あなたは間違いなく人と摩擦を起こす。怒りとは、うまく管理していない限り、必ず本人に害を与えるものなのだ。

「毒になる親」に育てられた子供が、大人になってから怒りをうまく扱うことができなくなる理由のひとつには、彼らの育った家庭では子供が感情を自由に表現することが許されていなかったということがある。その家で怒りをあらわす特権を持っていたのは親だけだったのだ。そういう子供は小さなころからみじめな思いに慣らされているので、子供のころに自分の家では普通の家と違うことが起きていたことについて、ぼんやりとした記憶しかないこともよくある。だがほとんどの場合、彼らは内面に潜む怒りに気づいていないだけなのである。

そういう人が怒りをどう扱っているかというと、おそらくつぎのいずれかであろう。

1　怒りは心の奥深くに押し込まれ、抑うつ症や身体的な病気を引き起こしている。
2　怒りはその人の内部で受難と犠牲の悲壮な精神に転換されている。
3　アルコールや薬物の力を借りて、あるいは大食いやセックスで怒りを麻痺させている。
4　ことあるごとに怒りを爆発させ、いつも緊張し、フラストレーションに満ち、疑り深く、なにかというと人と口論する。

だが残念ながら、そのような状態になっていてもその人の問題は何ひとつ解決しない。怒りはもっと違う方向に注いで、自分をはっきりさせ、受け入れられることと受け入れられないことの限界を示すために使ったほうが有益である。それができるようになるために、怒りを管理する方法をいくつかあげてみよう。

1　怒りが起きたら、その感覚を嫌がらず、自分が怒っていることを自分に対して許してあげる。
怒りが感情のひとつであることは、喜びや恐れがそうであるのとなんら変わるところはない。

感情というのは正しいとか間違っているとかいうものではなく、ただそういうものがそこに存在しているという事実があるだけなのである。それはあなたの一部であり、あなたが人間であることの証拠なのだ。

怒りはまた、あなたにとって何か重要なことを知らせてくれるシグナルでもある。それは、あなたの権利が踏みにじられた、あなたは侮辱された、あなたは利用された、あなたのニーズが満たされていない、などかもしれない。また、怒りは何かが変わらなくてはならないことを常に意味している。

2 怒りは内面にためておかないで外に出す。

とはいえ、もちろん人にぶつけるのではない。怒りを表現するために、人に乱暴したりののしったりする必要はないのである。枕を思いっきりたたく、怒っている相手の写真があればそれに向かって大声でわめく、車のなかや家でひとりの時に叫び声をあげる、または相手が目の前にいると想像して言いたいことを言う、などをして、とりあえず外に出す。これらは代替行為ではあるが、身体にたまった怒りを消散させるのに効果があり、心理治療でも実際に使われている。また、あなたがどれほど怒っているかについて、信頼できる友人と語り合うのもいい。とにかく怒りというのは外に出してからでなければ処理することはできない。

3　スポーツや運動など、身体的活動をする。

体をよく動かすことで筋肉をほぐすと、心にたまった怒りもほぐれてくる。スポーツクラブに通うのでも、テニスでもジョギングでも自転車でもなんでもよい。それができなければ部屋の大掃除でもディスコに踊りに行くのでもよい。活発な身体的活動はエンドルフィンという脳内麻酔物質の分泌を増加させ、これが心の安定に寄与するのである。

怒っている時には、そのことをはっきりと自分に対して認めたほうがよい。そのほうがエネルギーが増し、建設的になれる。その反対に、怒りを心の奥に抑えつけているとエネルギーは渋滞して低下してしまい、何もやる気が起きなくなる。

4　怒ることでネガティブな自己像をさらに拡大しないようにする。

親に対して強い怒りを抱いた時に罪悪感を覚えることはよくあるので、そういう時には「私は怒っている。私には怒る権利がある。怒ることで罪悪感を感じても少しもかまわない。このように考えたからといって、私は悪い人間でもないし間違っているのでもない」と声に出して言う。

5　怒りは自分がどんな人間であるかを自分に対してはっきりさせるために使うことができる。

怒りは自分について学び、親（あるいはどんな人でも）との関係においてどんなことは受け入れられ、どんなことは受け入れられないかを知るためにたくさんのことを教えてくれる。怒りはあなたが許容できることの範囲を決めるのを助けてくれる。

怒りはまた、親の言いなりになったり、親がいいと言ってくれないのを恐れる気持ちに陥ったりすることからあなたを解放する力を与えてくれる。怒りは、親の考えを変えさせようとする達成不可能な闘いにエネルギーを浪費することから心を転換し、エネルギーを再び自分のものとして使えるようにするのを助けてくれる。

怒りを管理できるようになることは、将来親とはっきり〝対決〟する時（それについては十三章で詳しく取り上げます）のための非常に重要なステップである。その時がくるまでは、コントロールできない怒りを爆発させるような場面は避けたほうがよい。

だれにとっても怒りはコントロールするのが難しい感情だが、特に女性は、泣き悲しんだり優しさをあらわすのはかまわないが、怒りをあらわにするのはふさわしくないという意識が一般にある。怒りを心の奥にため込んだ女性が、自分に代わって怒りを表現して行動してくれる男性に惹かれることがよくあるのはそのためだ。代理を使って自分の怒りを放出し、うっぷんを晴らすわけである。だが残念なことに、そういう男性は腹を立てやすく、女性をコントロールしたがったり虐待したりするタイプが多いのである。

怒りとうまくつき合っていくことは、心身の健康には不可欠だ。自分の怒りとあらためて対面したことのない人は、はじめはまごつくかもしれないが、あせらずに辛抱強く練習してほしい。

怒りというのは、ひどい扱いを受けた時にはだれにでもわき起こる自然な感情なのだ。「毒になる親」に育てられた子供が、大人になってから普通の人よりも大きな怒りをため込んでいるのも不思議ではない。

「深い悲しみ」の処理

「怒り」はすぐ表現できても、心の奥深くに潜む「悲しみ」を認めようとしない人は多い。とくに男性は、弱々しい男に見られたくないという心理があるため、その傾向が強い。だが「悲しみ」というのも何かを「失った」時に生じるノーマルでかつ必要な感情だ。「失う」とは、親しい人が命を失ったというようなことばかりではない。例えば、子供時代につぎのようなものを「失った」場合もそうだ。

- ■自分自身に対して良い気分でいられる状態
- ■安心感
- ■信頼感
- ■喜びや、自然にしていられる状態
- ■子供の心をはぐくみ尊重してくれる親

■楽しい子供時代
■無邪気さ
■愛情

心の奥にある悲しみと嘆きは何なのかを正確に知り、それを十分に体験するには、失ったものは何なのかを知る必要がある。そしてつぎに、心に取り付いている深い悲しみと嘆きの感情をじっくりと感じ取り、正しく取り扱うことによりそれらを解き放すのだ。

「怒り」を感じ取る練習をしている時に、同時に「深い悲しみ」の存在に気がつくことがある。怒りと悲しみは密接にからみ合っており、この二つは、お互いを伴わずに存在することはほとんど不可能に近い。

あなたはこの練習を始めるまで、自分が情緒面でいかに多くのものを失ってきたかに気づいていなかったかもしれない。「毒になる親」に育てられた人は、ほぼ毎日のようにそれらの「喪失」を体験しているにもかかわらず、ほとんどの人はその事実を無視したり心の奥深くに押し込んだりしているために認識できないのである。そしてそれらの「喪失」によって自尊心の面で大きな代償を支払わされているにもかかわらず、嘆き悲しむことを避けようとする。

だが、避けていても、遅かれ早かれそれはまた戻ってくる。多くの人が嘆き悲しむのをこらえようとするのは、〝強く〟なければいけないとか、自分がしっかりしてだれかの世話をしなければばならないなどと感じるためだ。だがしばらくすると、そういう人はみな例外なく崩れ落ちる。それは何年も先になってからのこともあるが、その時にはごく小さなことで絶望的になったりする。

「強い怒り」と同じで、「深い悲しみ」も十分に感じ取って十分に嘆き切った後でないと、心が回復を始めることはできない。つぎに示すように、「嘆き悲しむ」プロセスにはいくつかの段階があり、人間の心はこのプロセスを順番に通過していかないと癒えることはないのである。避けている限り、「深い悲しみ」はいつまでもなくなることはない。

嘆き悲しむプロセス

嘆き悲しむプロセスは、まずその原因となる出来事に接した時の「ショック」、つぎに「激しい怒り」、そして「信じられないという気持ち」、それから「悲しみ」へと進む。「悲しみ」の段階の最中では、永遠にその状態は終わらないのではないかと思えることもあるかもしれない。「怒り」の場合と逆で、一般的に言って、ほとんどの男性は嘆き悲しむのは男として恥ずべきことのように感じている。世間一般にも、男性が悲しみや心の痛みを表現するのは、怒りや攻撃性を示すことより受け入れられにくい傾向があるのは事実である。だがそのために、多くの男性は心身の健康に大きな代償を払っている。

それゆえ、男性は自分をごまかさずに〝深く嘆き悲しむ〟練習をするとよい。強がらずに事実を見つめ、受け入れるのである。六章に登場した、父親にいつも暴力を振るわれていた大学院生も、内面に潜む強い怒りを感じ取って表に出す練習はうまくできたが、嘆きの感情を感じ取ることがうまくできなかった。そこで私は彼につぎのような練習をしてもらった。

私のオフィスにはドライフラワーを差した花瓶がある。私はそれをテーブルの上に置き、彼はそれに向かって座り、その花瓶を静かに見つめて、「深い嘆きと悲しみ」を埋葬する墓をイメージする。つぎに、私がつぎの言葉を一文ずつ声に出して言い、彼にそれを復唱してもらった。あなたもこれを声に出して言ってみてほしい。

私は、いつの日か自分の家が幸せな家庭になってくれたらという幻想を、いまここに埋める。私は、もし親があでなかったら、もしこうだったなら、などという願いや期待を、いまここに埋める。私は、子供の時に親を変えるために何かできたのではないかという幻想を、いまここに埋める。私は、愛情深い素晴らしい親を持つことは永遠にないであろうということを、いまここにはっきりと自覚する。私は、そのような親を持てなかったことを、深く悲しむ。だが私は、この現実を受け入れる。そして私は、そのような幻想には永遠に、そして心静かに、別れを告げる。幻想よ、安らかに眠れ。

このような言葉を自分に対して言うことには、抵抗を感じる人も多いことだろう。それは、こんなことを言うのは自分を哀れんでいるような気がするからだ。だが、これは自己憐憫ではない。これは幻想に別れを告げるための告別式なのだ。失われた子供時代を嘆くのは、自分を哀れむのとはまったく違う。

自己憐憫とは、自分を哀れむあまり何もできなくなっている状態のことを言う。自分を哀れんでいる人は、心のどこかで、だれかがなんとかしてくれないだろうかと感じている。それは自分の責任を逃れようとしているということでもあり、勇気のない状態である。だが「深く嘆き悲しむ」のは、前進できなくなっている状態から脱出するためのプロセスであり、自分を癒し、抱えている問題に対して現実的な対応を可能にするための行動である。

多くの人は、深く悲しむことと自己憐憫とを混同し、自分を哀れんでいるように見られたくないために、嘆き悲しむことを避けようとする。だが、怒りと同様、内面に抱えている大きな悲しみは静かに感じ取ってから深く嘆くことで外に出してやり、そうすることで、心のなかにいまも住んでいる傷ついた小さな子供のあなたを解放してあげなければ、あなたはいつまでも自己破壊的な行動を続けてしまう。

人生は止まらない

心のなかの「深い悲しみ」と正直に取り組むことは、あなたの現在の状態を変えるために欠くことのできないこととはいえ、その作業をしている間も人生は止まってはくれない。日常生活は毎日変わらずに続き、仕事もあればその他の人間関係における責任もある。強い怒りと悲しみはうまく管理していないと、そういう日常生活に支障を生じるので、この時期は特に自分を大切にする必要がある。

一日中考え込んでいる必要はないのだから、意識的に遊びに出かけたり、趣味を持つなどして、楽しい時間を過ごすよう心がける。もうひとりの自分になったようなつもりになって、苦しんでいる自分に語りかけてあげる。親身になってくれる人のサポートがあれば、遠慮しないで受ければよい。話ができる友人がいれば会って話をすればよい。どんなことでもよいが、大切なのはひとりで考えているのではなく、行動することだ。

とはいえ、親しい人ならみなあなたの話を快く聞いてわかってくれるとは限らないことも覚えておこう。多くの人は、自分自身の子供時代に心が傷つけられた「悲しみ」と取り組んだことなどないのである。いくら親しくても、あなたの悲しみについて耳を傾けて理解してくれる余裕はないということもあるだろう。そういう話をしようとすると身構えて自己防衛的になってしまう人もいるかもしれない。だが、友人に理解してもらえなかったとしても、裏切られたように感じるべきではない。過剰に期待することが間違いのもとなのだ。

「悲しみ」も止む時が来る

大きな悲しみもいつかは消える時が来る。それまでには時間がかかるが、それは漠然とした長さではない。かかる時間は、自分が失ったものについての事実を寄せ集め、現実を受け入れるまでの長さである。それは、過去の痛みから現在を生まれ変わらせ、ポジティブな未来へ向けてエネルギーの方向を変えるまでの時間と言ってもよい。

大きな傷も、いずれはいくつかの小さな痛みに分かれていく。あなたは失った子供時代についてあなたには責任がないと確信できた時、悲しみは癒え始めるだろう。

自分の責任を取る

責任は負わなくてはならない人間に負わせる、つまり、子供の時の不幸は親の責任だと確信できたとしても、だからといって、大人になった後も自分の自己破壊的な行動のすべてが親のせいだということにはならない。子供の時のあなたには、あなたに対してされたことに対していっさいの責任はなかったが、その事実は、いまでは大人になっているあなたから自分に対する責任を免除するものではないのである。

つぎにあげるリストは、現在は大人であるあなたが、親との関係において果たさなくてはならない責任について考えるのに役立つであろう。声に出して「大人である私には、……に責任があります」と言ってみてほしい。

1　親から独立したひとりの人間になること。
2　親との関係を正直に見つめること。
3　自分の子供時代について、目をそらさず真実を見つめること。
4　子供時代に起きた出来事と、大人になってからの人生との関係について、認める勇気を持つこと。
5　親に対して本当の感情を表現する勇気を持つこと。
6　現在親が生きているかいないかにかかわらず、彼らがいまでも私の人生に及ぼしている支配力とはっきりと対決し、それを減少させること。
7　私が人に対して残酷だったり、人を傷つけたり、人をこき下ろしたり、人の心を操ったりするような行動をすることがあったら、そのような行動を改めること。
8　心のなかに住んでいる小さな子供の私を癒すために、適切にサポートしてくれる人たちを見つけること。

9 大人としての自分の力と自信を取り戻すこと。

これらの事項は、それに向かって努力するための目標であり、いますぐすべてができることを期待すべきではないということも覚えておいてほしい。努力している間にも、古い行動パターンや考え方のパターンに逆戻りしてしまうことは何度かあるだろう。こんなことは無駄だと感じて、やめたくなるかもしれない。けれども、時どきコースから外れることは当然あると思っていたほうがいい。これはプロセスであり、いますぐ完全にできないのは当たり前のことなのだ。だが、項目によって難易度に差があるかもしれないが、これらのことは最終的にはすべて達成可能である。

そのゴールは、あなたの心のなかにいまでも住んでいる傷ついた小さな子供を、永遠の処罰から解放することだ。

十三章 独立への道

十章から十二章までの三つの章で考察し練習してきたことは、すべてこの十三章で行うことのための準備だった。準備を終えたら、いよいよ「毒になる親」と正面から向き合い、〝対決〟する段階に入る。とはいえ、ここでいう〝対決〟とは、相手をやっつけるという意味ではない。十分に考えたうえで、勇気をもって親に正面から向き合い、苦痛に満ちた過去と困難な現在についてはっきり話をするということである。これは生涯で最も恐ろしく、また同時に、生涯で最もあなたに力を与える行動となるだろう。

このプロセスはシンプルだが、実行するのはたやすいものではない。心の準備が完全にできた時、あなたは静かに、しかしきっぱりと、子供時代の自分の身に起きた不幸な出来事について親に語るのだ。そして、それらの出来事がいかにあなたの人生に害を与え、また現在の彼らとの関係に害を与えているかについて、あなたは親に語るのだ。また、彼らとの関係のどのようなところが現在のあなたにとって苦痛であり有害であるかについて、あなたははっきりと親に示すのだ。そして今後の関係のあり方について、あなたは新しい基本原則を提示する。

ここでもう一度、この〝対決〟の目的についてはっきりさせておこう。その目的は、つぎのようなことではない。

■親に復讐するため
■親を罰するため
■親をけなすため
■自分の怒りをぶちまけるため
■親から何かを引き出すため

その真の目的はつぎのようなことだ。

■親と正面から向き合い、はっきりと話をすること
■そのことへの恐怖心を、これを最初で最後のこととして勇気を出して乗り越えること
■親に真実を語ること
■親と今後どのような形の関係を維持することが可能かを判断すること

「そんなことは無駄だ」という意見について

心理セラピストも含み、このような親との〝対決〟は必要ないと考える人は多い。だがその根拠とするところのものは、決まり切ったものばかりだ。例えば「過去を振り返るな。未来を見つめていろ」とか、「そんなことをしても、ストレスや怒りが増すだけだ」、あるいは「そんなことをしても古傷を掘り返すだけだ。それでは傷は癒えない」などが代表的なものだろう。だが、私に言わせれば、そういう考えは「正しくない」と言うしかない。

確かに、この〝対決〟をすることによって「毒になる親」が自分の非を認めて子供の言い分を聞いたり、謝罪したり、自分の責任を受け入れたりすることはあり得ないという意見はまったく正しい。実際、彼らの反応はたいていその正反対で、否定したり、覚えていないと言ったり、反論して子供を責めたり、あるいは怒り出すこともしばしばである。

すでに親と話をしようとしたことがあり、その結果、にがい思いを味わわされたことのある人なら、具体的な良い結果が引き出せなくては意味がないと考えるかもしれない。親の反応がどうだったかを基準に成功か失敗を判断するなら、〝対決〟をしてもあなたの望むような形での成功はないだろう。

だが大切なのは、この〝対決〟は彼らのためではなく、あなた自身のために行うものだということである。親のネガティブな反応ははじめからわかっていることだ。成功か失敗かを決めるのは親の反応がどうだったかではなく、あなたにどれほどの勇気がありどのような態度を取れたかということなのである。もしあなたがそれをやる勇気を出すことができたなら、それだけであなたの〝対決〟は成功したと言えるのだ。

〝対決〟はなぜ必要か

この〝対決〟の必要性をこれほど私が力説するのは、実際に効果があるからだ。私はこれまで何年間にもわたり、この方法が何千人もの人たちに劇的でポジティブな変革を起こすのを見てきた。心には強いプレッシャーがかかるが、はっきりと〝対決〟するということは、心の最深部に横たわっている〝恐れ〟に顔をそらさず直面するということであり、それだけでも、いままで圧倒的に親のほうに傾いていた心理的な力のバランスを変え始めることになるのである。

もしこの方法を取らなければ、残る道はその恐れとともに残りの人生を生き続けることしかない。そして、自分自身のために建設的な行動を起こすことを避け続けていれば、無力感や自分に対する不十分感は永久になくならず、自尊心は傷ついたままだ。

そして、実はもうひとつ、決定的に重要な理由がある。それは、あなたに負わされたものは、その原因となった人間に返さない限り、あなたはそれをつぎの人に渡してしまう、ということだ。

もし親に対する恐れや罪悪感や怒りをそのままにしておけば、あなたはそれを人生のパートナー（妻や夫）や自分の子供の上に吐き出してしまうことになる可能性が非常に高いのである。

〝対決〟はいつ行うべきか

時期の設定は慎重に考える必要がある。準備もせずにやぶから棒に始めたのではもちろん良い結果は生まれないが、いつまでも延期していても何も変わらない。
多くの人は、実際の行動に移るまでにつぎの三段階の心理状態を通過する。

第一段階　そんなことは自分にはとうていできそうにない。
第二段階　いつかするが、いまはまだできない。
第三段階　いつやればいいだろうか？

セラピスト（カウンセラー）としての私の経験では、ほとんどすべての人ははじめ「そんなことはできない」と言い張る。そしてつぎに、私が〝それ以外ならなんでも症候群〟と呼んでいる反応を示す。それ以外のことならなんでもするが「それだけはできない」と言うのだ。カウンセリングを続けて、他の練習はすべてうまくいっていても、第二段階に進むまでには二か月近くかかるのもまれではない。だが第二段階までいければ、第三段階にはたいてい数週間で進むことができる。

実行の時期を決めるための夕イミングを測る完全な方法というものはない。準備を十分しておく以外にないのである。時期を決めようとするとたいてい不安が高まるが、普通その不安は実行した後でなければ解消しない。

〝対決〟の前には、クリアーしておかなければならない条件が四つある。

1　その結果予想される親の「拒絶」、「事実の否定」、「怒り」、その他のネガティブな反応によってもたらされるであろう不快な結末に、対処できるだけの強さが自分にあると感じられる。

2　ひとりだけで孤立しておらず、理解してくれる友人やカウンセラーなど多くの人たちから十分な励ましがある。

3　「手紙書き」や「ロールプレイ」もして、言いたいことをどのように言うか練習を十分してあり、「自己防衛的にならない話し方」も十分練習してある（訳注：「手紙書き」についてはこの章と十四章、「ロールプレイ」は十一〜十五章を参照してください）。

4　子供時代に自分の身に起きた不幸な出来事について、自分には責任がないことがはっきりと確信できている。

この四番目の条件は特に重要である。子供時代に体験したトラウマの責任が親にあるという確信がまだ十分できていない状態では、〝対決〟はできない。だが、この四つの条件が満たされ、ある程度の自信が持てるようであれば、行動を先に延ばすべきではない。

いますぐは無理、という場合には、時期をあらかじめ設定しておくといい。それは何年も先のことになる場合もあるかもしれないが、それが実行を延期させるための口実であってはならない。それまでに十分な準備を整え、練習し、具体的な時間的目標をたてるためである。

〝対決〟の方法

〝対決〟は、直接会って話すのが基本だが、それができない事情がある場合は手紙を書いてもよい。電話で話せば安全なように思えるかもしれないが、実際には効果がなくまず失敗する。電話というのは非常に人工的な道具なので、感情的なコミュニケーションには向いていないうえ、一方的に切られてしまう可能性もある。もし親が遠く離れたところに住んでいて直接会えないようなら、手紙のほうがよい。

（1）手紙による方法

文章を書くというのは、頭のなかを整理し、自分の考えや言いたいことをまとめるのに非常に効果がある。しかも満足がいくまで何度も書き直すことができ、受け取った人は何度も読み返して内容についてゆっくり考えることができる。また、親が暴力を振るう危険性がある場合には、手紙は安全でもある。いくら〝対決〟が重要なこととはいえ、身体を危険にさらすようなリスクをおかす必要はない。

両親がともに健在なら、手紙は必ずそれぞれの親に宛てて別々に書く。言いたいことに重複していることがあっても、それぞれの親に対する感情の持ち方や、関係の形態は異なるからだ。順序としては、二人のうち毒性がより強いと思われるほうの親に向けて先に書く。普通はそのほうが書くのが容易だからだ。それが書ければ、もうひとりの親への手紙もたいてい書きやすくなる。

手紙などあまり書いたことがないという人も多いだろうが、この方法は対面して話をするのとほぼ同じくらいの効果がある。どちらの親に対する手紙も、まず、「この手紙にこれから書くことは、いままであなたに一度も言ったことのないことです」という書き出しで始め、主な内容にはつぎの四点を必ず含めるようにする。

1　あなたが私にしたこと
2　その時の私の気持ち
3　そのことが私の人生に与えた影響
4　現在のあなたに望むこと

この四点が、どのようなタイプの「毒になる親」との〝対決〟でも必要な核心部分であり、あなたが言わんとすることはほぼすべてこれに集約される。これを常に念頭に置いていれば、話が混乱したり散漫になるのを防ぐことができる。

（2）直接会って話す方法

対面しての会話は当然直接的であり、その場でフィードバックがある。心を整理する事前の準備が十分できたら、まず会う場所を決める。セラピーを受けているのならセラピストのオフィスがいいだろう。セラピストには同席してもらい、あなたの言い分が正しく親に伝わるよう助けてもらう。話が緊迫することが予想される場合には、セラピストの助けがあったほうがいいだろう。セラピストのオフィスで話をすることになったら、親とはどこかで待ち合わせて一緒にそこに行くのではなく、そのオフィスで待ち合わせる。話し合いの成り行きがどうなるかはわからないから、終わった後は親の車に乗せてもらうのではなく、ひとりで帰れるよう準備しておく。もし話し合いが希望の持てるような雰囲気で終わったとしても、その後はひとりになって自分と対話したほうがよい。

セラピストがいない場合や、いても親との対決はひとりで行いたいという場合もあるだろう。親がセラピストのオフィスに行くのを拒否することもあるだろう。実際、多くの「毒になる親」は、概してセラピストと会いたがらない。いずれにせよ、ひとりで会う場合には、親の家で会うか自分の家で会うかを決めなければならない。レストランや喫茶店などは周囲に人がいるので適さない。やはりこういう会話には完全なプライバシーが必要である。

もし親の家か自分の家かが選べるのなら、自分の家のほうがよい。そのほうが心にゆとりができるからだ。親が遠く離れて住んでいて、あなたのほうからその街に出かけていくのなら、ホテルに泊まり、部屋に親を呼ぶのがよい。どうしても親の家でなければ話ができない場合は、より十分な心の準備をしなければならないだろう。

両方の親と話をする必要がある場合は、両方一緒に会っても片方ずつ会ってもかまわないが、普通は二人一緒のほうがよい。「毒になる親」は、家族のメンバー間のバランスを保つために、秘密、共謀、否定、などを行うことが当然のことになっており、三人一緒であればそのようなややこしいことが起こるのを防げるからである（ただし、これには一つだけ例外がある。それは性的虐待をした親との〝対決〟の場合で、詳しくは十四章で述べる）。とはいえ、両親の気質や態度が大きく違う場合には、別々に会って話したほうがよい場合もある。

言うべきことは前もって紙に書いて文章化することで頭を整理し、声に出して練習しておくことはすでに述べたが、いくら練習を重ねていても、いざ実行するとなると緊張が高まって、しどろもどろになってしまうこともあり得る。プレッシャーに圧倒され、話を始めたとたんに頭が真っ白になって、練習した言葉が出てこないなどといったことも起きるかもしれない。そういう事態になるのが心配な人は、「手紙書き」でやったのと同じように、言うべき言葉を前もって紙に書いておき、それを親の前で読み上げてもよい。もう少し自信があれば、要点を書いたメモを見ながら話すのもよいだろう。

話を始めるには、まずつぎのようなポイントをはっきりさせておくとよい。

1　これから言うことは、私がいままで一度も言ったことがないことであり、全部言い終えるまで黙って聞いていてほしい。

2　これは私にとって非常に重要なことなので、途中でさえぎったり言い返したりしないでほしい。

3　私がすべて言い終えたら、その後はいくらでも反論したり、あなたの言い分を言ってくれてか

まわない。

4　以上のことに同意しますか。

これは話し合いのために必要なルールである。ほとんどの親は、一応これには同意する。もしこれすら同意できないようであれば、その日の話し合いは中止したほうがよい。なぜなら、話をそらされたりさえぎられたりせずに、言うべきことを予定通り最後まで言うことがあなたの一番重要な目的だからだ。それができないようであれば、日を改めてまた会うことにするか、それも難しいようであれば、手紙による方法を取るしかないだろう。

どのような結果が予想されるか

だれもが想像する通り、ほとんどの親はあなたが話を始めるやいなや、ただちに言い返してくるだろう。つまるところ、もし彼らが子供の話に耳を傾けたり、正論を理解し、子供の気持ちを尊重し、子供の自立を助けていこうと考えることができる人間だったら、彼らははじめから「毒になる親」にはなっていないのである。おそらく彼らは、あなたの言葉を悪質な個人攻撃と受けとめ、家族に対する裏切り行為だと考えるだろう。要するに、彼らの反応は、これまであなたに対して取ってきた態度と少しも変わるところはないだろうということだ。

例えば、「親としての能力のない親」はいっそう哀れを誘うように振る舞い、ただおろおろするだけかもしれない。「アルコール中毒の親」はさらに怒りや憎しみを込めてその事実を激しく否定するかもしれないし、もしアルコールを断つ治療を受けているところなら、それを理由にあなたの話をかわそうとするかもしれない。「コントロールしたがる親」はさらに独善的な態度を強めて、あなたに罪悪感を持たせようとするかもしれない。「言葉で傷つける親」は間違いなく激高し、あなたをののしりだすだろう。これらの反応はすべて、親子の力のバランスを現状のまま維持し、あなたを従属的な立場に置いたままにしておこうとする反射的な反応なのである。もしそれより少しでもましな反応が得られたら、それは予想外の収穫と考えなくてはならない。

くり返すが、この話し合いで忘れてならない大切なことは、親の反応がどうであるかではなく、あなたがどう対応するかということだ。もしあなたが、親の怒りや非難、脅し、あるいはあなたに罪悪感を抱かせるような言葉や態度を真正面から受けとめ、動じずにいることができたなら、あなたはいままでに経験したことのない自信に満ちた自分を体験できるだろう。

その日に備えるにあたっては、最悪なケースを想定しておく必要がある。親の激高している顔、哀れを誘う表情、涙を流している顔などを頭のなかに浮かび上がらせ、彼らが怒って吐く言葉や、事実を否定してあなたを非難している声を耳のなかで再現してみる。親が言いそうなセリフを声に出して言ってみることにより、そういう親の言葉に過敏になっているあなたの心が反射的に反応しないように自分を慣らす。そして、自己防衛的になって相手を攻撃することなく冷静に対応する練習をする。信頼のおける友人やパートナー、またはセラピストなどに親の役をやってもらい、親があなたを攻撃する時に言いそうなあらゆる言葉を言ってもらうのもよい。この場合も「ロールプレイ」は非常に効果がある。

予想される親のネガティブな反応に対しては、つぎのような言葉を練習しておく。

■あなたはもちろんそういう見方をするでしょうが、

■私のことをそんな風にののしったりわめいたりしても、何も解決しませんよ。

■そういう決めつけは受け入れられません。

■あなたがそのようなことを言うこと自体、こういう話し合いが必要だという証拠です。

■私に対してそんな言い方をするのはよくないことです。

■私の話を最後まで聞くと同意したでしょう。

■あなたがもう少し冷静な時に、もう一度やりなおしましょう。

つぎに、あなたの話に対する親の典型的な反応の例と、それに対するあなたの応答の例をいくつかあげてみよう。

①「そんな話はウソだ」「そんなことが起きた事実はない」

「事実の否定」をすることで自信のなさや不安をごまかしてきた親は、この話し合いでも当然それまでと同じように事実をねじ曲げた見方を展開しようとするだろう。また、「覚えていない」と言ったり、あなたは大げさだとかウソをついていると非難したりすることもあるだろう。特にアルコール中毒の親の場合にこの反応はよくあり、時にはアルコールのせいで本当に記憶がなくなっていることもある。

あなたの対応　「あなたが覚えていないからといって、この事実がなかったということではないのですよ」「あなたは覚えていなくても、私は覚えています」

②「それはお前が悪いんだ」「自分のせいじゃないか」

「毒になる親」が自分の責任を認めることはまずないと言ってよい。彼らは必ずあなたを非難するだろう。例えば、「あなたは言うことを聞かなかった」、「あなたは難しい子供だった」、「私はベストを尽くしたが、あなたがいつも問題ばかり起こした」、「あなたは気むずかしくて手に負えなかった」、「そのことは家中のみんなが知っている」等々、いろいろな理屈を並べるだろう。また、「自分の問題は何ひとつ解決できないくせに、どうしてこんな風に親のことを悪く言ってばかりいるんだ」という具合に、この話し合いをしようとすること自体、あなたが問題ばかり起こす子供である証拠だと主張するかもしれない。話をすり替えて、逆にあなたに説教しようとすることもあるかもしれない。それらはすべて、話題を自分からそらせようとしてのことでしかない。

あなたの対応　**「そうやって私のせいにするのは勝手だけど、そんなことをしても、私が子供の時にあなたがしたことの責任を逃れられるわけではないのですよ」**

③「そのことはもう謝ったじゃないか」

あなたの言い分を一応認め、「今後は気をつける」とか「愛情のある親になる」と言っておきながら、それは口ばかりで騒動がおさまると元の木阿弥、何ひとつ変わらないというケースもある。最もよく聞くセリフは「だから悪かったと言っただろう。それ以上、どうしろというんだ」。

あなたの対応　**「謝罪してくれたのは感謝するけど、それが口先だけではなくて心からすまなか**

ったと思っているのなら、今後は私が話をしたいと言った時にはいつでも応じてくれて、私と良い関係を保つよう努力してくれるということですね」

④「できる限りのことはしたんだ」

親としての能力に欠ける親や、夫（または妻）が子供のあなたを虐待するのを見て見ぬフリをしてきた親は、ほとんどの場合、この話し合いにおいても逃げ腰の態度を取る。このタイプの親は、どれほど自分が苦労したかを強調し、「どれほど大変だったか、お前にはわからないんだ」、「私はお父さん（お母さん）を止めようと精一杯努力した」などの言い方をする。このようなケースでは同情心や哀れみがわき、子供はつい言いたいことが言いにくくなってしまう。そうなってしまうのは理解できるが、それではやはりあなたは親のニーズを自分のニーズに優先させてしまっていることになる。親の苦労を認めるのは大変よいことだが、そのために自分が虐げられて苦しめられた事実を否定しないことが大切だ。

あなたの対応　「あなたが苦労したことはわかるし、もちろん私を苦しめようと思ってわざと苦しめたのではないのでしょう。でも、あなたは自分の子供を苦しめたのだという

事実を知ってもらいたい」

⑤──「楽しかった時のことを覚えていないの?」

多くの親は、あなたが子供の時の楽しかった出来事を持ち出して反論しようとする。それは、そういう思い出に注意を向けさせることによって、自分の行動の暗い部分に触れるのを避けようとしているのである。どこかに遊びに行った時のこと、あなたのために何かをしてくれた時のことなどについて語り出し、「あれだけしてやったのに、そのお返しがこれだ」、「いくらしてやっても、お前は不満なんだ」などと言う。

あなたの対応

「私のためにしてくれたことには感謝している。だが、そういうことがあったからといって、あなたが私に暴力を振るったこと（あるいは、いつもひどい言葉で傷つけたこと、私を踏みにじって侮辱したこと、過干渉とコントロールで私を苦しめたこと、アルコール中毒であること、等々）を埋め合わせることにはならないんです」

⑥――「育ててくれた親に対して、どうしてこんなことができるんだ」

まるで自分が犠牲者になったかのように振る舞い、あなたの〝残酷さ〟はとても信じられないなどとショックを受けた表情をして涙を流したり、悲嘆にくれたりする親もいる。こうして加害者が被害者のように振る舞い、被害者が加害者のように扱われるのである。彼らはあなたにこのようなことをされて深く傷ついたと言ってあなたを責め、「こんな目にあわなければならないとは、なんと悲しいことだ。私はもう年老いて健康がすぐれないから、こんな思いをさせられたらもう長くは生きられないかもしれない」などと言うかもしれない。

彼らの悲しみの一部は、もちろん本当なのだろう。親にとって、自分の至らなさや、自分が子供にどれほど大きな苦痛を与えてきたかなどということを認識させられるのは悲しいことだ。悲しみは命取りになることもある。だが彼らの悲しみは、あなたが突きつけたことが事実だったことにあるのであり、あなたがこの話し合いを申し入れたことが悲しみの原因なのではない。また彼らの悲しみは、あなたに罪悪感を持たせてあなたを操り、コントロールするためにも使われるという点に注意すべきだ。

あなたの対応　「悲しい思いをさせて申し訳ないけれど、だからといってこの話をするのを止めるわけにはいかないんです。私も長い間傷ついてきたんですから」

話し合いが不可能な場合

いくら話をしようとしても、感情的になるばかりで話をすることがまったく不可能な場合もある。あなたがいくら冷静に話そうとしても、相手がまるでけんか腰、言葉をねじ曲げて解釈する、何を言ってもウソばかりつく、絶え間なく話に割り込んで邪魔をする、大声でわめきだす、暴れ出してものを壊したりする、などということになったら、話を途中で切り上げなくてはならなくなるだろう。

いくら勇気を出して言うべきことを言うのが大切だとはいっても、それが現実に不可能な場合はやむを得ない。話を途中で切り上げなければならなくなったとしても、それは相手が話にならなかったということであり、あなたの失敗ではない。

とはいえ、話のテンションが高まることはあっても、手がつけられないまでになるケースはそれほど多くはない。話の内容はともかく、実際には静かな会話となることも多い。

大荒れになった例

六章に登場した、大学院で心理学を専攻している二十七歳の男性の父親は、話し合いの席でも攻撃的なところがまったく変わらなかった。彼が子供のころにいつも暴力を振るっていた父親はすでに六十歳を過ぎていたが、数十年にわたり怒りをたたえて飲み続けてきたアルコール中毒者でもあり、そのことは風貌にあらわれていた。母親はその父と典型的な共依存（二章を参照）の関係にあった。

最初の三十分くらいの間、私は彼が父親に対して言うべき事を言える雰囲気を作ろうと努力したが、父親は彼の話に絶え間なく割り込み、汚い言葉で悪態をつき、カウンセラーの私やカウンセラーという職業まで侮辱した。母親はほとんどしゃべらず、激高する父親をたまになだめようとしただけだった。私は何十年たっても変わらない悲惨な一家の縮図を見たような思いがした。

彼は練習の成果があって、驚くほどの冷静さを保って話を続けた。だが彼が飲酒の問題に触れると父親は怒りを爆発させ、言いたい放題の悪態をついたあげく席を蹴って立ち上がり、部屋から出ていってしまった。残った母親は小さくなっていいわけを言い、それに反論する息子の言い分をまったく聞こうとはせず、父親の後を追うようにしてやはりそそくさと部屋を出ていった。

こうして彼の〝対決〟は終わった。両親はともに彼の言うことにいっさい耳を傾けることなく、一方的に対話を拒否して出ていったのである。

では、こんなことなら〝対決〟などしないほうがよかったのだろうか？　そうではない。これで彼の〝対決〟は成功だったのだ。なぜなら、彼は相手が聞こうが聞くまいが、生まれてはじめて、この異常な親たちに自分の本当の気持ちを語り、それによって、両親が有毒な行動パターンから抜け出すことは永遠にないであろうという事実を、ようやく心の底から受け入れることができたからである。

〝対決〟の後に起きること

1　あなたに出る反応

話し合いの直後には、突然、勇気と力が湧いてきたような気分になり、一時的に高揚した幸福感のようなものを感じることがある。また、対話が予定していた通りにうまくいかなかった場合でも、ついに大きなイベントをやり終えたという安堵感に浸ってほっとする人もいる。いずれも、長い間心のなかに押し込んできたたくさんのことを言ったことで、気分はずっと軽くなっているかもしれない。

だが、心が極度にアンバランスになったような、または大きな落胆をしたような気分になる場合もある。また、この先はどうなるのだろうかという不安を感じることもあることだろう。

直後の気分がこれらのどれであっても、本当の効果があらわれてくるまでには少し時間がかかる。本当に力が湧いてきたように感じ始めるまでには、数週間から数か月かかるのが普通だ。だが、時間はかかるが、あなたは確実にそれを感じるようになる。その感じは、極端で一時的な高揚感でも落胆でもない、安定して少しずつ増加していく自負心のようなものだ。

2　親に出る反応

一世一代の〝対決〟とはいえ、その時の成り行きだけでその後の究極的な結果がどうなるかをただちに示すとは限らない。お互いにその体験を消化して自分のものとするには時間がかかるからだ。

例えば、対話がよい雰囲気で終わったように見えても、後になって親の考えが再び変わったりして、親の本当の反応が出るまでに時間がかかることもある。対話中は比較的落ち着いていたのに、同意したことを後になって否定したり、腹を立ててやり返してくるのもめずらしいことではない。

その逆に、対話は怒りと混乱のなかで終わったのに、その後しばらくしてポジティブな変化が生じることもある。はじめの興奮がおさまるとともに、それまで語られたことのなかった過去のふたがこじ開けられたことで、かえってオープンで正直なコミュニケーションをもたらすこともある。

後になって親が怒って逆襲してきた場合、子供のほうとしては応酬したくなるのは人情だが、そうしてしまったら元の木阿弥になってしまう。感情的な言葉で言い返すのは避け、あくまでも〝対決〟の日と同じように冷静に対応する。さもなければ、やっと取り返したエネルギーをまた親の手に渡してしまうことになるからだ。そうならないためには、例えばつぎのような態度で対応すればよい。

■「あなたのその怒りの原因について話し合うのなら喜んで応じるが、私をそのようにののしったり侮辱したりするようなことはもうさせない」

■「その件については、あなたがもっと冷静になった時にまたいつか話し合いましょう」

もし親が腹を立てて、あなたにいっさい口をきかなくなった場合には、例えばつぎのように対応する。

■「あなたがそんな風にして私を困らせようとするのをやめる気になったら、私はいつでも話に応じます」

■「私はリスクをおかして自分の気持ちを正直にしゃべったのです。あなたも一度そうしてみたらどうですか」

いずれにせよ、絶対に確かなことがひとつだけある。それは、〝対決〟の日を境にして、すべてが変わるだろうということだ。したがって、その後は長期にわたってどのような波及効果が生じるかを注意深く見守ることが必要だ。また、その後は親との関係だけでなく、家族の他のメンバーとの関係の変化にも注意していなくてはならない。親がどのような態度に出ても、それまでの古いパターン（反射的に反応したり自己防衛的に反撃しようとしたりする）に逆戻りすることのないよう、自分をよく見つめていることが必要だ。

3　親同士の関係に与える影響

あなたと親との間に起こる劇的な変化に加え、親同士の間にも変化が起きる。片方の親がもう片方の親に対して秘密にしていたこと、例えばあなたに性的な行為をしていたことをあなたがしゃべった場合、その後の両親の関係に与えるインパクトは決定的に大きなものとなるだろう。加害者でないほうの親は、あなたと組んで加害者の親に対抗しようとするかもしれない。あなたの話がきっかけで両親が別れることさえあるだろう。一方、例えば親のアルコール中毒の問題についてなど、あなたが話題にしたことが、それまでだれも口にしなかったとはいえすでに家族全員が知っていた場合には、親同士の関係に与えるインパクトはそれほど大きくはないかもしれない。

いずれにせよ、もしあなたの話が原因で親同士の関係に亀裂が生じたら、あなたはそのことでまた自分を責めてしまいそうになるかもしれない。

四章に登場した、アルコール中毒で依存心の強い母親を持つ女性歯科医は、母と父の両方と〝対決〟した。するとそれがきっかけで、両親の間に大きなみぞが生じる結果になった。母が彼女の要求を入れてアルコール中毒更生施設に通い始めたところ、今度はその母と共依存の関係にあった父親が急に元気を失ってしまったのだ。

彼女の父は、自尊心のほとんどの部分を「アルコール中毒で何もできない妻にかわって家庭を切り盛りしている、活力のある立派な夫」という役を演じることで保っていた。ところが、母がアルコール中毒であることを認めて治療を受けることになったために、家庭内で自分が存在する意味がなくなってしまったのだ。彼女の両親は、「アルコール中毒者とその共依存者」という関係以外の形でお互いとの関係を維持する方法を知らなかったのだ。こうして二人の関係は崩れ去ってしまった。

彼女は両親と〝対決〟をしたことで家庭を崩壊させてしまったような気がして、複雑な心境になった。もし両親が離婚したら、それは自分のせいではないだろうかと感じたのだ。私は彼女に、もしそうなっても罪悪感を持つ必要はないと説いた。長い沈黙の後、彼女はこう言った。

多分、何が怖いかと言えば、……私はようやく、親のために自分を犠牲にするのをやめようと決心して、彼らに自分の問題には自分で責任を取らせることにしたのです。でも、もしそれで家のなかが大混乱になったら、私は彼らの不幸につき合っていかなければなりません。それは怖いです。

結局、彼女の両親は離婚しなかったが、その後の結婚生活が平和を取り戻すことはなかった。だが、両親はその後も確執を続けたが、それ以前とは大きく変わったことが起きた。両親の確執が彼女の人生を汚染することがなくなったのだ。彼女は真実を語ったことで、両親が長年くすぶらせていた争いを再び始めてもそれに巻き込まれることがなくなり、それまで不可能だと思っていた自由を手に入れることができた。

4　兄弟姉妹の反応

本書は基本的に親子関係について書かれたものではあるが、子供は家というシステムのなかの一部である以上、あなたと親との〝対決〟が家族の他のメンバーとの間にも影響を及ぼすことはおのずから避けられない。対決後のあなたと親との関係がそれまでと同じではあり得ないように、あなたと兄弟姉妹との関係も同じままではなくなるだろう。

兄弟や姉妹があなたと同じような目にあっていた場合は、彼らはあなたの行動を支持することもあるだろうが、もし親による〝からめ取られ度〟があなたより強ければ、たとえ同じような虐待を受けていてもそのことを否定するだろう。また彼らがあなたと同じような体験をしていない場合は、あなたの話を理解できないかもしれない。

なかには、あなたの行動がそれでなくても不安定な家庭内を引っかき回してしまうことを恐れ、怒り出す者もいるだろう。そして、あなたが家庭の平和を乱したと信じ込んで感情的になり、親の味方をしてあなたを攻撃してくる者もいるだろう。その場合も、親に対する時と同じように冷静さを保ち、自己防衛のために反射的に反撃しようとしないで対応することが必要になる。

どのような態度で対応するか、例をいくつかあげればつぎのようになるだろう。

■その件について意見があるのなら喜んで話し合うが、私を侮辱するようなことはさせない。

■あなたが親の味方をしたい気持ちはわかるが、私の言ったことは事実だ。

■私はあなたの気分を害しようと思ってあのような行動を取ったのではない。私自身のためにどうしてもしなければならなかったのだ。

■あなたとの関係は大切だが、私はそのために自分がしなければならないことを中止するつもりはない。

■あなたの身には起きなかったからといって、私の言っていることがウソだということにはならない。

もちろん、兄弟や姉妹が同じような目にあっていた場合は、お互いをかばい合うこともまれではない。兄弟の仲が良ければ、兄や姉が弟や妹を親の暴力から守ろうとすることもある。

六章に登場した、子供時代に妹とともに銀行家の父親から日常的に激しい暴力を振るわれていた四十歳の女性は、もし親と〝対決〟すれば、妹は彼女が昔のことを蒸し返して騒ぎを起こしたと受け取って腹を立てるだろうと思っていた。だが〝対決〟をする前に話をしてみると、妹は子供のころの父の暴力について彼女と語り合うことを拒否しなかっただけでなく、彼女が忘れていたことまでよく覚えていた。二人は思い出をたどり、一緒に泣き、笑い、子供時代の記憶を確かめ合った。

彼女は感激した。その時まで、二人が父の暴力について話をしたことは一度もなかったのだ。彼女が言い出さなければ、妹は過去の苦しみを永遠に心のなかに閉じ込めたままでいたに違いない。妹は彼女を全面的にサポートすると約束し、彼女も自分がひとりではないことが確認できた。父親と〝対決〟をすると決めたことで、妹との間に新しい心のつながりが生まれ、彼女は結果的に妹を助けることにもなったのだ。私は彼女の話を聞いて胸が熱くなった。

5　その他の家族の反応

あなたが親と〝対決〟すれば、望むと望まざるとにかかわらず、あなたと心理的に関連のあるすべての人たちに影響が出る。とくに、あなたが結婚している場合には、配偶者や子供たちに影響が及ぶことは避けられない。あなたが「毒になる親」の被害者なら、彼らもまた間接的に被害を受けているからである。

あなたは〝対決〟の後、愛する人たちや親しい友人などからたくさんの愛とサポートを必要とする。そのことを恥じたり恐れたりすることはない。彼らには、あなたがいま人生で最も困難な時を過ごしていることを正直に伝えるべきだ。ただ、いくら親しくても、彼らはあなたとまったく同じ精神状態を体験するわけではないし、あなたがなぜそのような行動を取らなければならなかったかを完全には理解できないかもしれないということも覚えておいたほうがよい。また、いまは彼らにとっても困難な時なのだから、あなたが望むほどあなたをサポートすることができないかもしれない。もしそういう状況でも彼らを理解することが大切だ。

親のなかには、家族の他のメンバーや親戚を巻き込んで味方につけ、あなたを悪者に仕立て上げて自分の罪を逃れようとする者もいるだろう。そうなると、なかにはあなたの味方をしてくれる人もいるかもしれないが、叔父や叔母や祖父母などを含み、親しい親族のなかには詳しい事情も知らずにあなたの親の味方をして、あなたにつらくあたる者も出てくることだろう。だが、どういう状況になっても、彼らの言うことはそのまま聞き、あなたは自分の心身の健康と正気を守るために必要で建設的な行動を取ったのだということを彼らに誠実に説明し、彼らと言い争わないように気をつけることが大切だ。またその時には、彼らがどちらかの側につかなくてはいけないと感じるような話し方はすべきではない。

時には親の友人や、家が所属する寺の僧侶や教会の牧師などが何かを言ってくることもあるかもしれないが、それら外部の人間には必ずしもすべてを詳しく説明しなくてはならない義理はない。もし彼らと話したくなければ、つぎのような言い方をすればよい。

■「あなたが心配してくれていることには感謝しますが、これは私と親との個人的な問題なのです」
■「あなたが手助けしようとしてくれているのはわかりますが、いまあなたと特に話し合いたくはありません」
■「あなたは、ご自分のよく知らないことに対して独断的な決めつけを行っています。事態がもう少し落ち着いてきたら、あらためてお話ししましょう」

いくらあなたが誠意をもって説明しようとしても、親戚や外部の人間にあなたの行動が理解できるとは限らない。相手が理解しようとしない場合は、おそらくその後、その人と良好な関係を維持するのは難しくなるだろう。これは大変につらいことである。心の健康を取り戻すためにはさまざまな代価を支払わなくてはならないことがあるが、これなどは最も高くて苦しい代価のひとつに違いない。

6　その後の最も危険な時

予測しておかなければならない最も危険な事態は、親による〝最後の逆襲〟であろう。彼らはあらゆる方法を使ってあなたを懲らしめようとして、あなたの〝裏切り〟に対して後になって非難の嵐を浴びせたり、あるいはその逆にまったく口をきかなかったりするかもしれない。もしくは、まわり中の知人や親戚にあなたがいかにひどい息子（娘）かとふれてまわることもあるだろう。あなたとはもう〝縁切り〟だとか、「遺産は渡さないと遺書に書く」などと脅されることもあるかもしれない。

つまるところ、たとえあなたの家がどんなにひどい「毒になる家」だったとしても、あなたは「黙っていること」と「事実の否定」というその家のルールを破ったのだ。そしてあなたは「家のウソ」を破壊し、彼らとは違う人間となって、家族の狂気に満ちた救いようのない「からみ合い」に一撃を加えたのである。

すなわちひとことで言うなら、あなたはその狂った家に爆弾を投げ入れたのと同じことなのだ。その後どういう事態が起きるかは予想しておかなくてはならない。親がひどく腹を立てれば立てるほど、あなたはますます後悔するかもしれないし、新たにわいてくる力を自分のものとするのをあきらめて投降したくなるかもしれない。また、家族にそのような大きな混乱を巻き起こしたのでは、〝対決〟によって自分が得たものに価値などあるのだろうかとも思えてくるかもしれない。

そのような疑問がわいたり、元の状態に戻りたいという気持ちになったりするのは、きわめてよくあることだ。「毒になる親」は、それまで慣れ親しんだ居心地のいい「毒になる家」の環境に戻そうとして、あらゆることをするだろう。そしてあなたに罪悪感や哀れみの気持ちを起こさせ、または非難を降り注ぎ、あるいは優しくなることすらあるだろう。

あなたの行動を理解し支持してくれる人たちがどうしても必要なのはそのためなのだ。あなたには理解してくれる友人、セラピスト、愛する人たちなど、親兄弟以外の人間が必要だ。

私の経験では、口ではいくら縁を切ると脅しても、実行する親は少ない。彼らは家族のメンバーと情緒的にあまりにもからみ合っているので、劇的な変化を起こすことはほとんどできないのだ。だがもちろん、絶対にそういうことは起きないとも言い切れない。私は実際にいっさいの経済的援助や遺産相続を拒否し、子供と縁を切った親も見たことがある。どのような事態になっても動じないだけの心の準備をしておくことは絶対に必要である。

その後どのような新しい関係が持てるか

しばらく時間がたち、あなたも周囲も落ち着いてきたら、自分の起こした行動が作り出した結果を振り返って見る時だ。今後たどる道としては三種類あることがわかるに違いない。

(1)たとえわずかではあっても、あなたの苦しみと自分たちの責任について親が理解することができた場合

もし彼らが、その後も話し合いを続けてあなたと心を通わせる意思をわずかでも見せたなら、

彼らが将来〝毒性〟の低い親となり、あなたとともに親子関係を改善していくことができる可能性はある。その場合、あなたは親に、批判したり攻撃したりせずにあなたの言い分を聞き平等な立場でコミュニケーションを取るように教えたり、「内心の恐れ」に突き動かされずに感情を表現する方法を教えたりすることも可能になるだろう。

このような展開を見せるケースはきわめてまれだが、それでもまったくないというわけではない。

(2) 親がほとんど理解を示さなかった場合

〝対決〟でいくら話し合いを試みても、親がただちにいつも通りの態度になり、なんらの変化も見られなかった場合には、その後あなたにできることは限られざるを得ない。おそらく、その後もコンタクトは取り続けるとしても、よくて表面的な会話をする程度がせいぜいかもしれない。私がカウンセリングした多くの人は、親との関係を完全に断つことまではしないまでも、深いかかわり合いを持つ関係に戻ることは望まなかった。

最も多くの人たちが選んだ方法は、その後は話をするにしても本当の気持ちを伝えることはもうせず、会話を交わす状況を限定し、感情が入り込む会話を避け、誠実に、しかし当たり障りのない表面的な関係にするというものだった。おそらくこれは最も現実的で、多くの人にとって効果がある方法かもしれない。親との接触は断たないが、自分の心の健康を犠牲にしない範囲の接触に限定するということだ。

（3）自分の健康と正気を保つために関係を切らなければならない場合

これは最後の選択だ。親のなかには、片意地なまでに子供を敵視していて、話し合いの後、さらに毒のある行動をエスカレートさせる者もいる。そうなった場合には、子供は親との関係を取るか自分の健康と正気を取るか、という選択をせざるを得なくなるだろう。

これは最後の選択であり、相当な心の痛みを伴わずには実行できない。けれども、その〝最後の〟選択をする前に、もうひとつ試みてみる道はある。それが、〝試験期間〟をもうけるという方法だ。最低三か月、いっさいの接触を断ってみるのである。私はこれを〝解毒期間〟と呼んでいる。というのは、この期間にお互いが〝溜まった毒〟を抜き、自分たちの親子関係がそれぞれ自分にとってどういうものかをじっくり考える時間をとることができるからだ。

これを実行するのはたやすくはないかもしれないが、この期間を有効に使うことができた人は大きく成長することができる。この期間中には親との対立にエネルギーを使わないですむので、自分自身のことに使えるエネルギーがずっと増える。このようにして精神的に距離を置くことにより、親も子供も、ともに相手に対するポジティブな感情を再発見できる可能性もなくはない。

試験期間が終わったらもう一度話し合いをしてみて、親に変化が見られるかどうかを見てみる。もし変わっていなければ、もう一度試験期間を置いてみるか、またはいよいよ完全に関係を断つことにするかを選択しなければならなくなるだろう。

事態がいよいよ悪くなり、健康と正気を保つためには永遠の別れ以外に方法がないと決断する場合には、カウンセラーの助力を得ることを私は強く推薦する。これはあなたにとって最も恐ろしい最後の選択であり、あなたは外部からたくさんの助けを必要とする。理解のあるカウンセラーなら、あなたの内部に住んでいる「怯えた子供」をあたたかく支え、同時に「大人のあなた」を導いて、苦痛に満ちた最後の別れを助けてくれるだろう。

断絶した例

六章に登場し、さきほども例に出した大学院生が父親との〝対決〟後どうなったかについて述べておこう。彼の父親は〝対決〟後もずっと腹を立てたままだった。そのうえあいかわらず毎日酒を飲み続けていた。そして数週間後、母を使って連絡してきた。「今後もし再び会いたければ謝れ」というのだった。母はほぼ毎日のように電話してきて、おとなしく父の要求に従ってくれと懇願した。そうすればまたみんな昔のように〝家族に〟戻れるというのだ。

ついに彼は、「事実をねじ曲げるばかりで真実を見ようとしない両親のやり方は、自分の心の健康を永久に損ない続ける」という悲しい結論に達せざるを得ないと悟った。彼は両親に短い手紙を書き、三か月間連絡を取らないことにするから、その間に考えを変えてくれることを望むと伝えた。そして三か月後にもう一度会って、親子の関係を救うことができるかどうか検討してみようと提案した。

その手紙を投函した日、彼は最悪の事態にも心の準備はできている、とつぎのように私に語った。

私はいままで、両親との関係を保ったままでも狂気に押しつぶされないほど自分が強かったらどんなにいいだろうと思ってきました。でも、それは自分に対して要求しすぎだと思うようになったのです。自分を犠牲にして親との関係を続けるか、それとも自分の正気を保つ道を選ぶかという選択しか残されていないのなら、どうやら自分を選ぶしかなさそうです。それが多分、私が生まれてから行ってきたことのなかで、いちばん健全な行動だと思います。でも、そう決断した自分が誇らしくて強く感じられたかと思うと、つぎの瞬間にはものすごく空虚な気分になります。

彼にとって、両親に永遠の別れを告げるというのは大変につらい決断だったが、自分の人生に対する新たな決意を示すことにより、心のなかに新しい強さが生まれてきた。その結果、女性に対しても落ち着いて接することができるようになり、六か月後には新しい出会いがあって、それまでにはなかったような安定した関係に発展することができた。そして、自分の価値に対する自覚が増すとともに、彼の人生は上を向いていった。

以上の三つの道――親とよりよい関係を作り出すために話し合うことができるのか、それとも表面的な関係だけに限定していくのか、完全に断ち切るのか――のどれを選ぶかは、あなたの健康と正気を守るためにはどうする必要があり、どこまでが可能か、ということにより決まってくるだろう。だがどの道を選ぶにせよ、あなたは自分を縛りつけていた過去からのネガティブで大きな力を振り切ることになり、「毒になる親」との古い、儀式のような関係のパターンは打ち破られる。そうなれば、あなたは自分にも他人にも心を開いて、愛情の通った人間関係が持てるようになっていくだろう。

病気または年老いた親の場合

親が年老いていたり、病気で体が弱っていたり、障害があったりする場合、子供はなかなか〝対決〟には踏み切れないことだろう。親に対する嫌悪感に哀れみが混ざり合い、身動きがとれなくなってしまうからだ。親の要求には極度に敏感になりながらも、そのような親をいたわることは人間としての義務ではないだろうかという気持ちが事態を複雑にする。「そんなことは親がもっと若い時にやっておけばよかった。いまでは昔のことなどもう覚えていまい」とか、「いまそんなことをしたら、母は脳卒中を起こしてしまう」などと言う人も多い。だが、そう言っている人も、子供の時から心にたまった苦しみを相手にぶつけもせずこのまま引き下がってしまったら、永久に心の平和は訪れないこともまた知っている。

困難なのは当然だが、そういう状況でも〝対決〟などまったく論外だということではない。親が医師にかかっているなら、話をした場合に親に大きなリスクが生じるかどうかを相談してみるのもよいだろう。もし精神的ショックやストレスが親の病状を悪化させたり、生命を脅かすほど大きいようであれば、直接的な対決の代わりになる方法はいくつかある。

言うべきことを手紙に書き、投函する代わりに親の写真に向かって読み上げるという方法もある。カウンセラーに親の役をやってもらい、ロールプレイを行うのも効果がある。それらの方法については詳しくは、「すでに死亡している親の場合」の項で述べる。

意外に思われる方もいるかもしれないが、私がカウンセリングしたいくつかのケースでは、これらの方法は、親が同居していて二十四時間介護を必要としている場合でも有効であることが証明されている。また、そういう親に対して子供のほうからオープンに接しようと努力することがテンションを和らげることもあり、その結果、世話がしやすくなったケースもある。

だが、直接的な〝対決〟をしたために不和が拡大し、同居生活がそれまで以上に耐えがたいものとなる可能性も大きい。そうなっても同居をやめることができない場合には、直接的な〝対決〟ではなく、代わりの方法を用いるほうがよいかもしれない。

三章に登場した、母に反抗するあまり結婚しないで生きてきた実業家は、その後ようやく母と〝対決〟して話をする決心をした。だが言いたいことはたくさんあったが、問題は母親が八十二歳という高齢のうえ、数年前に心臓発作を起こして以来、健康状態が衰えていることだった。だがそれにもかかわらず、母は電話や手紙をよこしては、いまだにああしろこうしろと指図し続けていた。彼は中年を過ぎたいまになっても、母に会いに行くのは平和を取りつくろうための見せかけであり、内心は苦痛だった。彼は人生を母親に好きなように牛耳られたことへの怒りがいまだにおさまらなかったが、何かを言ったらショックで死んでしまうかもしれないと思うと、やはり何も言えなかった。母がまだ元気だった十五年前にはっきり〝対決〟しておけば、自分の一生は救われていたかもしれないと思うと悔やまれた。

だが、〝対決〟してはっきり話をするというのは、相手をやっつけて打ちのめすということではない。傷ついた心やたまった怒りを、コントロールされた形で解き放つ方法を見つけることができれば、真実を話すことを避けているよりは語るほうがずっと大きな平和を見いだすことができるはずだ。年老いて体が弱っている母親に対して、後になって後悔することが起きるようなことはすべきではないが、正直な気持ちを伝え合う会話ができれば、二人の関係を改善できるチャンスはあるのである。それをしないのなら、本当の気持ちを押さえつけて、何も問題はないというフリを続ける以外にない。

私は彼に、冷静に正直に語り合うことで、弱っている親を大きく傷つけずに問題を解決して平和を見いだすこともできると説いた。彼は数週間、どうやって母と話したらよいかと悩み抜いた。そして母親がかかっている医師と話して、母の健康状態はいま安定しているとの説明を受けた。

彼は母を散歩に誘い、ぶらつきながら、「あなたは私たちの親子関係について私がどう思っているかと思うか」と問いかけることでうまく話を切り出し、自分の正直な気持ちを冷静に語ることができた。母は、「なぜあなたは私と会う時にいつもイライラしているのだろうかと前から思っていた」とはじめて明かした。彼は彼女の執拗なコントロールがいかに彼の人生に影響してきたかについて静かに語った。そんなことが言えるとは、それまで思ってもいなかった。

母は事実を否定し、傷つき、自己防衛的になって彼を非難したが、彼の話を多少は理解することができ、そんな時には目に涙をためさえした。彼は長い間背負っていた重荷を肩から下ろして苦痛が和らいだ気がした。長い間、母には会うのすら苦痛だったが、いま目の前にいる母は、彼が子供の時からずっと知っていた強大でエネルギーを吸い取ってしまう支配的な母ではなく、ただの弱々しい老婆にすぎなかったのだ。こうして彼は、苦痛に満ちた過去の記憶に動かされ続けるのではなく、現在の母をそのままの姿で見ることができ、その後の二人の関係の持ち方を変えることができた。

彼のケースは〝対決〟が多少でもよい結果を導いた例であるが、もちろん必ずこうなるとは限らない。高齢だったり病弱になっていることは必ずしも「毒になる親」が真実と向き合うことを容易にさせるとは限らないからだ。晩年優しくなり、自分の余命が日々少なくなっていく事実と直面することで、自分の行動に責任を取れるようになる親もいるが、その反対に、ますますかたくなに「事実の否定」に固執し、ますますつむじ曲がりで機嫌が悪く、怒りを吐き出すようになる親もいるのである。

そのような親にとっては、すでに中年を過ぎている子供を攻撃することが自分の〝うつ状態〟と〝老いの恐怖〟をまぎらわせる唯一の方法なのかもしれない。残念ながら、そういう親は子供の気持ちなど永久に理解することなく、怒りと恨みを抱えたまま墓に入ることになるだろう。だが、もしそうなったとしても、それは仕方のないことだ。それはだれにも止められないし、重要なことではないのである。重要なのは、あなたが言わなくてはならないことを言ったかどうか、ということなのだ。

すでに死亡している親の場合

これまで本書で述べてきたさまざまな方法をいくら理解したところで、親がもう生きていない場合にはどうにもならないと思われる方もいることだろう。だが、親がすでに生存していなくても、〝対決〟を行う方法はいくつかある。

そのひとつとして、言い分を手紙に書き、親の墓の前で読み上げるという方法がある。そんなことが、と思われるかもしれないが、これは実際に非常に効果のある方法であることが多くの人によって証明されている。この事実はちょっと意外かもしれないが、そうすることによって実際に親に語りかけているような感覚が心のなかに呼び起こされ、長い間押さえ込んできた感情をようやく吐き出した実感を与えてくれるのである。私は長年の間に、この方法によりポジティブな結果がでたというリポートをたくさん受け取っている。

つぎに、親の墓まで出かけていくのが現実的に難しい人には、同様の手紙を親の写真に向かって読む、あるいはだれも座っていない椅子を目の前に置いてそれに向かって読み上げる、またはあなたの問題を理解しサポートしてくれている親しい人のなかから協力者を見つけて（あるいはカウンセラーに）親の役をやってもらいロールプレイをするという方法もある。

もうひとつ強力な方法がある。親戚の人（願わくは親と近い世代で、叔父や叔母など血のつながりが近い者がよい）に相手になってもらい、親から受けた体験や人生についてその人に話すのである。もちろんこれは、親からされたことについてその人に責任を取ってもらおうというのではない。だがこの方法によって真実を語ることができれば、実際に親に向かって話すのと似たような大きな心の解放がある。

もっとも、その親戚の人からは、もし親が生きていたらそうするであろうと思われるのとまさに同じようなネガティブな反応をされる場合もある。彼らは事実を否定し、あなたの言うことを信じず、腹を立てたり、傷ついたり、あなたを嫌悪したりするかもしれない。だがそれを恐れてはいけない。あなたはそれに対して、相手が親だったらするのと同じように対応する。つまり、反射的に反撃せず、自己防衛的にならず、相手があなたを理解するかしないかには無関係に落ち着いて対応するのである。これは、変わらなくてはならないのはあなたであって相手ではないということを実践するための素晴らしい機会となる。

一方、その親戚の人が驚くほど理解を示してくれることもあるだろう。三章に登場した、カネの力とその時の気分でコントロールをする父親にいつも傷つけられていた女性は、父親が死んで五年以上たってから叔母を相手に話をして、非常にポジティブな結果を得た。子供の頃から彼女の父のワンマンぶりをよく知っていた叔母は、彼女の話を信じてくれ、心の傷を深く理解してくれたのだ。

もっとも、ある意味で、この方法は相手に対して失礼とまではいわないまでも、少なくとも不親切な行為のようには思えるかもしれない。なぜなら、ほとんどの場合、彼らにはあなたが親から悲惨な思いをさせられたことに責任はないからである。だが、もしその人があなたの話によって不愉快な思いをし、一時的に腹を立てたとしても、あなたが心の傷を癒し、自分の一生を台無しにするもとになっている最大の課題に取り組むことの重大さを考えれば、その相手には理解を求めて許してもらうしかないだろう。

〝対決〟は必ず効果がある

〝対決〟は「自立への道」の最終段階だ。その最中に、あるいはその後にどのようなことが起きたとしても、あなたは敗北者にはならない。なぜなら、あなたには〝対決〟する勇気があったという事実が残るからである。

たとえ親が自分の非を認めなくても、たとえあなたが言いたいことを全部言えなかったとしても、たとえあなたが自己防衛的になってしまったとしても、あるいはつい感情的になって言い訳をしてしまったとしても、たとえ親が怒って部屋から出て行ってしまったとしても、とにかくあなたはやったのだ。あなたは真実を親に、そして自分に対して語ったのである。それは、いままであなたを縛りつけていた「恐れ」が、もはやあなたをコントロールすることがなくなったことの証しなのだ。

十四章　セラピーの実際

どのような種類の「毒になる親」の被害者であっても、傷ついた心を回復し人生を自分の手に取り戻すための原理と方法は似たようなものである。この章では読者の理解を助けるために、子供時代に近親相姦（的行為）の被害にあった人のケースを例にとり、加害者の親との〝対決〟に至るまでのセラピーの実際を簡単に紹介してみることにする。

ただし、子供時代に親から性的な行為をされた人は、絶対に専門家の心理治療を受ける必要がある。私がこれをここに示す理由は、その問題を抱えている人々にもどれほど大きな希望があるかを知ってもらうためであり、被害者はこれを読んだだけでひとりで試みるべきではない。この章は十三章の補足として、セラピーのアウトラインをごく簡単に示しているにすぎない。

現在セラピスト（カウンセラー）のセラピーを受けている方は、この章に書かれている方法をそのセラピストの指導のもとに実行されることをお勧めする。ここに示すのは、私が考案し、長年の間に千人以上の被害者の治療で改良を重ねてきた方法であり、私の経験では、心理学的なダメージの深さのいかんにかかわらず、性的虐待を受けた人は最も劇的かつ完璧にセラピーに反応して回復している。

ここに示す治療のプロセスは、開始時、中期、最終段階、の三段階に分かれており、たどるべきロードマップが具体的に明確に示されている。道標通りに進んでいけば、おそらくほとんどの人が尊厳と自尊心を回復することができるはずだ。

なお、心理セラピストや被治療者のなかには、虐待の〝被害者〟という言葉を避けて、虐待の〝サバイバー（サバイバルした人）〟という言い方を好む人もいる。それはそれでかまわないが、私は従来通りの〝被害者〟という言葉のほうがより正確な表現だと思っている。というのは、〝サバイバー〟という言葉を使うことで、「私は生き延びた。つぶされなかった」と自分に言い聞かせて苦痛を和らげたいという気持ちはよくわかるが、それがトレーニング（練習やリハーサル）の重要さをないがしろにする口実になると困るからだ。

子供のころに大人から性的な行為をされた人は、つぎの項目のほとんどがあてはまるはずだ。

1　心の奥底に、自分には価値がないという感じ、罪悪感、羞恥、などの根深い意識がある。

2　他人にすぐ利用されたり、食い物にされたりしやすい。

3　他の人はみな自分より重要に感じる。

4　人から愛情を得る唯一の方法は、自分のニーズは二の次にして相手のニーズを満たすことだ

と思っている。
5　自分が受け入れられることの限界をはっきり相手に示したり、怒っている時にその怒りを適切に表現したり、人の要求を断ることなどがとても下手である。
6　残酷な人や虐待的な人を自分の人生に引き寄せてしまうことが多く、そういう人を自分に良くさせたり好きにならせたりできると思ってしまう。
7　人を信頼することが困難で、必ずいつかは裏切られたり傷つけられたりすると思う。
8　セックスや自分の性的な面が好きでない。
9　物事がうまくいっていなくても、うまくいっているように振る舞う。
10　自分が何かに成功したり、幸福になったり、人と良好な関係が持てると信じていない。
11　ふざけたり、楽しくしたり、のびのびと自然に振る舞うことが苦手である。
12　子供時代などまったくなかったような気がする。
13　自分の子供が自分より良い子供時代を過ごしていると、腹が立つことがある。
14　〝正常〟とはいったいどんな感じなのだろうと思うことがある。

こういった感覚はごく若いうちに始まり、自分だけの力で取り除くのはきわめて困難だ。

適したセラピストを選ぶには

子供時代に近親相姦（的行為）の被害に遭った人は、その問題について特別に教育を受け、かつ臨床の経験のあるセラピストを選ぶ必要がある。性的虐待の被害者の治療は非常に専門的な分野であり、心理学科の大学院でも特に教えているわけではないので、多くのカウンセラーやセラピストはあまりわかっていないというのが実状だ。この分野の専門家とは、そのためのセミナーや特別教室に参加したことがあり、かつ実際に臨床の経験がある人たちをいう。

最も適しているのは、家族の人間関係における精神力学を学び、対話によるセラピーだけでなく「ロールプレイ」のような行動訓練の技術にたけたセラピストだ。フロイト系の精神科医は最も適さない。フロイトは、近親相姦（的行為）のはびこりにもその行為が子供の心に与える害についても、はじめは正確な見解を示していたが、後にそれをひるがえして否定するようになってしまったからだ（訳注：七章を参照）。その結果、フロイト系の精神科医や精神分析学者は、患者が主張する子供時代に受けた性的虐待の被害について懐疑的な態度を取る者が多いのである。

最近では自助グループもよく見かけるが、ひとりだけで孤立しているよりは仲間と一緒に助け合うほうがよいのは確かだとしても、グループに参加する時には経験を積んだ治療のプロが指導していることを確認してほしい。

個人セラピーとグループセラピー

いちばんよいのは、経験豊かなセラピストが指導している被害者のグループに入り、自分と同じような被害に遭った人たちと一緒にグループセラピーを受けることだ。近親相姦（的行為）の被害者のほとんどすべてに共通して言えるのは、悩みや真実を語り合う相手がいないということだ。有能な指導者のもとに似たような境遇の人たちが集まったグループに入れば、お互いの苦しみを理解して励まし合えるので、孤独感が解消する。はじめはたいてい不安で落ち着かないが、じきに打ち解け、最後までうまくいかない人はほとんどいない。

もっとも、ごく少数ではあるが、心が非常にもろくなっていて、グループのなかでは自分の問題を語れない人もいる。そういう人に対しては、セラピストが一対一のセラピーを行うこともある。

私のグループセラピーでは、男性の被害者も女性の被害者も一緒のグループに入れることにしている。彼らが体験したトラウマや気持ちに男女の違いはないからだ。私の治療センターでは、いつでも新しい人がグループに参加でき、回復のレベルの違う人たちと一緒にセラピーを行う。新しく来た人にとって、治療が進んで自己を回復しつつある人や、治療が終了してセンターを卒業していく人の姿を見るのは、大きな励ましになる。

治療のステップ

私の治療のプロセスは「強い怒り」の表現、「深い悲しみ」の表現、それらの感情からの「自己の解放」の三つの段階を経る。どのような種類の虐待であっても回復のためのプロセスは同じようなものになるので、ここで述べることは十二章で述べた内容と基本的には同じである。

最初の段階で取り扱う「強い怒り」は、人間存在の最も根幹の部分である尊厳と信頼を不当に踏みにじられたことに対する怒りである。これをうまく表現させることは、最初に欠くことのできない最も重要な作業であるが、同時に最も難しくもある。

子供の時に大人から性的な行為をされた人のほとんどは、すでに「悲しさ」、「孤独感」、「してはいけないことをしたという気持ち」をさんざん味わっている。したがって、彼らは「悲しみ」や「嘆き」には慣れているが、「強い怒り」の感覚には慣れていない。そのため彼らはセラピーでも「強い怒り」を表現する練習を飛ばしたり、早々と切り上げて「深い悲しみ」の表現の練習に進もうとすることがある。だが、それでは良い結果は得られない。「深い悲しみ」の表現の練習をする前に、必ず「強い怒り」を表現する練習を行わなければならない。

①「強い怒り」の表現

すでに述べたように、「強い怒り」のなかには必ず「深い悲しみ」が含まれており、「深い悲しみ」のなかには必ず「強い怒り」が含まれている。このように、これらの二つの感情は常にお互いを伴っているので、完全に分離することは不可能だが、ここでは練習のためにそれらを分けて、別個に意識を注ぐようにする。被害者は自分の身に起きたことの責任の所在をはっきりさせるために、まず心の奥にたまっている強い怒りを認識しなければならず、それを安全な形で吐き出すことを学ぶ必要がある。

多くの人にとって、この作業は簡単なことではない。何年もの間、怒りの釜にふたをしてきた人のなかには、従順で犠牲的精神の強い完全主義者のようになっている人もいる。それはちょうど「おれはちっとも傷ついてなんかいないんだ。なんでも完璧にやれることでそれは証明できる」、「私は自分を犠牲にしてでも人のためにつくすことができます。少しも怒ってなんかいません。言われた通りのことをします」と言っているようなものだ。そういう人が、自分でも気づかずに押し殺してきた怒りを解き放ったら、それこそ火山の噴火のようになってしまう。そうなった時には、そのすさまじさに本人も圧倒されてしまうだろう。

また、強い怒りを心の奥に抑え込んで意識の外に押しやっている人は、頭痛や抑うつ症などの心身の障害となってあらわれている場合もある。いずれの場合でも、怒りを意識していない人はまず心の奥にある怒りを感じ取ることから始める必要がある。

もうひとつのタイプは、怒りをいつもあふれるにまかせていて自分がコントロールできなくなっている人たちだ。そういう人は、まわり中の人に対してものすごい剣幕で食ってかかったりするが、本当に腹を立てている相手すなわち自分の親に対してはそれができない。いつもけんか腰なのは、親に対する煮え立つ怒りを他の人に向かってぶちまけているのにすぎないのだ。なかには、そのように行動することで人を遠ざけている人もいる。

怒りを放出してばかりいる人は、まず怒りを管理する方法を学ぶ必要がある。圧力釜のバルブをゆるめて蒸気を逃がすように、内面の怒りをうまく外に出すことにより、自分に対するコントロールを失うことなく激しい怒りを管理することもできるようになる。

②「深い悲しみ」の表現

つぎは、心の奥の「深い悲しみ」を意識的に感じ取り、積極的に外に出す練習だ。「深い悲しみ」の原因には、幸せな家庭を持てなかったこと、無邪気で子供らしい子供時代を送れなかったこと、もし親があであなかったら送れていたであろう建設的な人生を送れなかったこと、などがある。この悲しみは心が押しつぶされそうになるほど大きくもなり得るが、このプロセスは避けて通れない。じっくり自分と対面し、「深い悲しみ」を感じ取りながら、そのなかを通り抜けて来なくてはならない。うまく導いてくれる知識と経験の豊かなカウンセラーが必要なのはそのためだ。

「強い怒り」と「深い悲しみ」の扱いについて、詳しくは十二章を参照してほしい。

③「自己の解放」

「怒り」と「悲しみ」を心のなかから出し切ったら、最後はそれらの感情からの「自己の解放」である。この段階で、ネガティブな感情が無駄に浪費しているエネルギーの方向を変え、人生を再構築して自己像を立て直すために使うことを学ぶ。多くの場合、前段階の二つの練習を十分にやっていれば、この段階に来るまでに、それまで示していた症状の多くは大幅に減少しているか、コントロール可能になっているはずだ。ここまでくれば、人間としての価値を持った自分や、人を愛し人からも愛されることのできる人間としての自分に対する新たな尊厳や、自分が自分であることへの新しい感覚が生まれることだろう。そしてあなたは生まれてはじめて、被害者のように感じたり振る舞ったりすることなく生きていけることを実感するだろう。

実際の方法

練習の方法としては、「手紙書き」と「ロールプレイ」が基本である。その他に私はグループセラピーで、特に近親相姦（的行為）の被害者のために設定したいくつかの練習を行う。個人別に一対一のセラピーを行うケースはごくまれなので、ここでは説明を省略する。

1 手紙書き

手紙は、とくにはじめのうちは毎週一通ずつ自宅で書き、グループセラピーの場に持ち寄ってみなの前で読み上げる。この手紙は実際に親に宛てて出す必要はない。しかしセラピーを続けて心が強くなってきたと感じた人のなかには、出したいと思うようになる人もいる。

手紙はつぎの順序で書く。

（1）加害者の親へ

まず最初に書くこの手紙では、自分のなかにある怒りのすべてをあらんかぎり出しつくすようにする。どんなに汚い言葉を使って相手をののしってもかまわない。思い通りに、気がすむまで感情をあらわにして怒りをたたきつける。こうして心のなかにたまったゴミを出しつくすと同時に自己嫌悪を捨て去り、それによってさらに自分を成長させ、自分を癒す力をつけていく。

（2）もう片方の親へ

（親以外の親族が加害者の場合は、まずはじめに加害者に宛てて書き、つぎに父親と母親に宛てて別々に書く）

父親が加害者だった場合は母親に、母親が加害者だった場合は父親に宛てる。性的虐待の場合、加害者の大部分は父親なので、たいていこの手紙は母親宛てということになる。もしその母親が、自分の夫が子供にそのようなことをしたとは知らなかったと思える場合、この手紙はそのことを被害者の子供が母親にむけて言葉にするはじめてのものとなる。

母親が事実について知っていたと思える場合、または被害者の子供が当時そのことを知らせたにもかかわらず何もしてくれなかった場合、その母親は直接の加害者ではなくても、被害者の子供は大きな怒りを感じているだろう。それには、その母親がそのことを知っていながら助けてくれなかったことへの怒り、そのことを知らせたのに信じてくれなかったことへの怒り、あなたが悪いと言って聞き入れてくれなかったことへの怒り、彼らの結婚生活を取りつくろうためにあなたが犠牲にされたことへの怒り、真実を知らせたのに母親が経済上の理由から加害者の父親とも め事を起こしたくなくてあなたの訴えを無視したことへの怒り、などがあるだろう。私がカウンセリングした被害者のひとりは、何もしなかった母親に対する怒りを「動物でさえ子供を守るのに、あなたは何もしなかった」と書いた。

(3) 大人である現在の自分から、傷ついた子供時代の自分へ

自分の内部に住んでいる〝傷ついた子供〟に宛てる手紙は、いろいろな意味で他の手紙より書くのが難しいかもしれないが、非常に重要なものだ。これは「自分の親になる」という練習から始める。

「自分の親になる」とは、自分の心のなかに深く入っていき、いまだに内面に住んでいる〝傷ついた子供〟と会話して、愛情を注ぎ、言い分を聞いてあげることのできる〝親〟になるということだ。この〝親〟こそ、実際の親に代わって、いまでもあなたの内部で傷つき怯えている子供をなぐさめ、守って安心させてあげられる親である。あなたはこの手紙を通してそれを行うのだ。

子供の時に大人から性的に虐待されたことのある人の多くは、内面にいまでも住んでいる〝子供〟を切り捨ててしまっている。それは、そのような行為をされたことへの羞恥心が、〝汚《けが》された子供〟である自分に対する嫌悪感に転化してしまっているためである。そのため被害者の多くは、極度に苦痛に満ちた感覚から自分を守ろうとして、内面に住む傷ついた子供を切り捨て、自分の内部にそんな子供はいないというフリをしてきたのだ。だが、その〝内面の子供〟は見えないところに隠れただけで、いなくなったのではない。

この手紙を書くことにより、被害者はその切り捨てられた〝子供〟の存在を認め、抱きしめ、もう一度自分と合体させるのだ。そしてあなたは愛情のある自分の親となって、その可哀相な子供、つまりあなたが一度も与えられることのなかった温かいサポートを与えるのだ。そしてあなたはその子供に、親から愛され、まともな人間として生きる価値があるということを、生まれて初めて感じさせてあげるのだ。

七章で触れた、幼い頃から思春期を過ぎるまで父親から性的な行為をされていた、航空宇宙関係企業に勤める四十五歳のエンジニアは、心のなかに住む、父に逆らえなかった非力な小さな子供をずっと嫌っていた。つぎに示すのは、彼がその小さな子供の自分に宛てて書いた手紙だ。これを読むと、ほんの数回のセラピーが彼に劇的な変化を起こしたことがわかる。

小さなダンくんへ

ダンくん、きみは美しい子供だった。きみは汚《けが》れを知らず、無邪気だった。きみは愛そのものだった。これからは、ぼくがきみの世話をするからね。きみは才能も創造力もある子供だった。これからは、ぼくがそれを表現していくからね。きみはもう安全だよ。きみは人を愛しても人から愛されてもいいんだ。もう傷つかないからね。これからきみはいろんなことがわかってくる。これからはぼくが、ぼくたちの面倒を見るから。ぼくがぼくたちを引き寄せて結びつけるからね。

これまでぼくたちは、いつも別々だった。つらさに対抗しようとして、いつも別の役をやっていた。きみは頭がおかしいんじゃない。きみは怖かったんだ。あの人はもうきみを傷つけたりできないからね。

ぼくはアルコールもドラッグもやめた。ぼくはそういうものを、きみの怒りを隠すためにやっていたんだ。きみの憤りを隠すために、きみの悲しみを隠すために、きみの鬱を、きみの罪悪感を、きみの不安を隠すために、やっていたんだ。さあ、そんなものはみな捨ててしまうんだ。

ぼくは、あの人がしていたようにぼくたちを罰するのをやめた。ぼくは神に身をゆだねた。ぼくたちは生きていく価値がある。ぼくは生きていく価値がある。ぼくたちが作ってきたこれまでの世界は終わったんだ。ぼくたちはいま目を覚ましつつある。まだ痛みはあるけど、でも前ほどじゃない。ぼくはこのことがやっと現実に感じられるようになったよ。

ダンより

この例にもあるように、内面に住む〝小さな子供の自分〟に宛てて書く手紙は、薬物依存やアルコール依存を断つ決心を再確認するためにも使うことができる。彼はこの手紙を書くことで、初めて、それまでの自己破壊的な行動パターンと子供時代の心の傷との関係をはっきり理解した。

(4) 自分の人生を第三者的に見て、その自分を主人公にして寓話化し童話を書く

以上の三つの手紙が終わったら、次は自分の人生を、童話の言葉遣いとイメージを使って表現する練習をする。それまでの手紙と違い、この童話を書く時にははじめて自分を第三人称(彼、彼女)で表現する。それは、自己の内面を第三者的に見て、子供時代のトラウマと現在の自分との間に距離を置いて見られるようにするためだ。「私は……」と言うかわりに「彼(彼女)は……」と言うことで、強い痛みは和らぎ始める。このように自己を客観化することにより、それまで経験したことのないレベルで自分の人生に対する感覚を扱い、子供の時に起きた出来事への明確で新しい理解を得ることができるようになる。

ストーリーは本人の自由で、私がつける唯一の注文は、いくら悲しい始まりでもよいが最後は希望のある終わり方にすることだけである。なぜなら、ここで語られる話は本人の実際の人生を寓話化したものであり、そこには実際に希望があるからだ。はじめはそのことが信じられない人も多いかもしれないが、将来に希望のあるストーリーを描き続けていると、しだいに心のなかにポジティブなイメージを描けるようになってくる。

この方法は、自分一人の力では心のなかに幸福な将来像を描くことのできない人には特に意味が大きい。自分の状態がよくなっていくことがイメージできるようになれば、具体的なゴールを考えることが可能になり、確実なゴールが意識できればそれを目標にして自分を奮い立たせることができるようになってくる。

なかにはユーモアあふれるストーリーを書いたり、書きながら子供のようにふざける心を取り戻す人もいるが、何も書けないとか、ばかばかしくてできないと言って抵抗する人も多い。だが、そういう人も最後には必ず熱中するようになり、この童話書きは心を癒す感動的な作業となる。

(5) 恋人や配偶者へ

つぎの手紙は人生のパートナーへ宛てたものだ。もし現在そういう相手がいなければ、別れた昔の恋人や前夫（前妻）に宛てて書いてもよい（これらの手紙は出さなくてもよいということを思い出してほしい。その人の住所を知っているかどうかは重要ではない）。

その人に、自分の子供時代のトラウマがいかに二人の関係に影響している（いた）かを説明してみてほしい。二人がうまくいかない（かった）理由のすべてがあなたのその問題にある（あった）と考える必要はないが、相手を心から信頼できない（かった）ことや本心にそむいて追従的になってしまう（った）こと、性生活がうまくいかない（かった）ことなどは子供時代の体験に原因がある可能性が大きい。

この手紙を書くことの最も重要な点は、自分の身に起きた出来事について、愛する（した）人にオープンに正直に語り、恥辱の気持ちを捨て去ることにある。

(6) 自分の子供へ

最後は自分の子供に宛てて書く。二人以上いる場合は、その一人ひとりに宛てて別々に書く。子供がいない場合は、将来ほしいと思っている人はその将来の子供へ、または架空の子供に宛てて書けばよい。これは、自分には子供を愛する能力があり、内面の苦しみを通り抜けることによってよりよい親となるための力をつけつつあることを、自分に対して再確認することが目的だ。

この順に一回書いたら、またはじめからくり返してこの順に書く。何回かくり返すことにより、この手紙書きは心の健康を回復するための強力な手段となるばかりでなく、回復の程度を示すバロメーターともなる。はじめの二、三週間に書いたものと、三、四か月後に書いたものを比べてみると、大きく違ってきていることがわかるだろう。

2 「ロールプレイ」の力

以上の手紙を全員がすべて読み上げた後、それぞれの手紙のなかで提起された問題点を短い即興の劇に仕立てて「ロールプレイ（心理劇）」を行う。この方法はさまざまな心の問題の解決に素晴らしい効果があり、子供時代に親から受けた性的行為のトラウマによって生じている諸問題にも絶大な効果がある（訳注：さまざまなロールプレイの具体例については十一～十三章および十五章を参照してください）。

「ロールプレイ」には、被害者が心に負っている苦しみから自分を防衛するために無意識のうちに行っている「理由づけ」や「事実の否定」などの壁を打ち破る力がある。実際に加害者や他の家族のメンバーと顔を合わせて〝対決〟する前にこれを行い、本当の気持ちを隠さずにあらわす練習をする。安心できる雰囲気のなかでリハーサルを行うことによって、しだいに自信がつき、強さが生まれてくる。

3　心のなかに住む〝傷ついた子供の自分〟を癒す

「手紙書き」と「ロールプレイ」のほかにも、グループで行ういくつかの方法がある。ここではそのうちの最も有効な二つの方法についてごく簡単に記すにとどめる。

(1)　拒否する練習

どのような種類の「毒になる親」に育てられたにせよ、被害者の多くは、何事につけ「ノー」と言うことがうまくできない。性的な被害を受けた人の大部分はとくにその問題を抱えている。人の要求を断れないのは自分の弱さのためだと思っている人もいるかもしれないが、そのように感じることのルーツは、子供時代に親（または親族）によって強要されたり、怖がらされたり、あるいは屈辱的な思いをさせられた体験にある。

失った力を取り戻すには、「ビジュアリゼーション（視覚化）」というテクニックを使う。静かに目を閉じて、親などからはじめて性的な行為をされた時の光景を思い浮かべる。ただし、ここではその結末を、現実に起きたこととは正反対に変えてしまうのだ。

まず出来事の起きた部屋を思い浮かべ、それから加害者の顔や姿を思い浮かべる。だがつぎは、加害者の言いなりになるのではなく、あらん限りの力を振り絞って大声をあげて加害者を追い払うのだ。両手で加害者を突き放し、大声で「やめろ！」、「あっちへ行け！」、「人に言うぞ！」、「大声を出すぞ！」などと叫ぶ自分の姿や、加害者が逃げ出してその後ろ姿がどんどん小さくなっていく様子などを思い浮かべる。

被害者がその時の光景を再び思い浮かべるなど、悪夢をもう一度見るようなことはとてもできないのではと思うかもしれないが、これがうまくできるようになれば非常に力のつくエキサイティングな練習となる。

（2）その時の子供の自分に戻り、再び大人の自分に戻る練習

これは出来事がはじめて起きた時の年齢に戻ってグループで行うもので、最も感動的な練習のひとつだ。この練習では、子供の時の感覚をできる限り鮮明に呼び戻すことが非常に重要であるため、みな幼い子供のように椅子ではなく床に座るようにする。椅子やソファーは大人のためのものだからだ。この時、セラピストやグループのリーダー以外のメンバーはみな子供になっていなければならない。言葉遣いもその年齢の子供のような幼児言葉にし、子供の目で見たものの見方をする。グループ全員の準備が整ったら、その日のセラピーを受ける人が、家のなかで自分の身に起きた〝変なこと〟について、子供の言葉でセラピストに話す。他のメンバーはやはり子供の言葉でその人に質問したり、なぐさめたりしてかまわない。たいてい本人は語っているうちに

感情が高まって泣き出してしまう。

なぜこのようなことをするのかと言うと、その当時だれにも言えなかった正直な気持ちを、子供の時の気持ちのまま、安心できる環境のなかで信頼できる相手（カウンセラーやグループのリーダー）に語り、心細い自分をさらけ出す必要があるからだ。大人である現在は、普段は気丈にしていなければならないが、この時は子供になっているのでその必要はない。〝つっぱり〟や否定をしてまわり中に張り巡らせていた壁を取り去るのだ。被害者の多くはもう何年もの間、気丈に生きてきたため、長い間泣いたことがない。

このように、心のなかの最も傷つきやすい部分を、信頼できる環境のなかで解放してあげることが、その後で湧き出てくる力の大きな源泉となる。これをすべて出し切ってしまえば、もう内面にいる「傷ついて怯えている子供」は隠れている必要がない。

こうして内面の〝子供〟が自分を表現する機会を与えられ、それをみなから認められ、理解され、心から慰められたら、つぎは自分の意志で現在の大人の自分に戻って来なければならない。

立ち上がり、自分の身長や体重に意識をめぐらせ、それを感じてみる。そして、自分の体のなかに大人の力が流れていることを感じ取る。こうして、いつでも大人の自分に戻ることができることを確認する。それができるということは、もし非力な子供のように感じる時があっても、いつでも大人の力を呼び起こすことができるということである。その事実を確認することが強さの源泉になるのだ。

以上は、私がグループセラピーで行ういくつもの練習のごく一部である。「手紙書き」と「ロールプレイ」に加えて、グループで行うこれらのトレーニングを経て、参加者は本来の自分を取り戻す道を進んで行く。

加害者（と傍観者）の親との〝対決〟

以上のトレーニングとリハーサルが十分にできたら、いよいよ加害者や傍観者の親との〝対決〟をする時だ。一般的な〝対決〟の方法については十三章で述べたが、ここではとくに性的な被害を受けた人が忘れてはならない重要な点をもう一度確認し、いくつかの例をあげてみることにする。

まず、加害者と〝対決〟する前に、次のことができているかを確認しよう。これらは必ずクリアーしていなければならない必須条件だ。

1　あなたを強くサポートしてくれる人たちのグループがあること。
2　トレーニングとリハーサルをすでに十分すぎるくらいくり返していること。
3　起きたことの責任がだれにあるのかを十分に理解していること。

4　〝対決〟を行った後は両親との関係が根本的に変わるということ、そして場合によっては両親との関係を犠牲にしなければならなくなることにも心の準備ができていること。

もしあなたの両親がいまでも二人そろって一緒に暮らしているなら、〝対決〟は二人一緒でも別々に行ってもかまわないが、私の経験から言えば、近親相姦（的行為）の被害者の場合は別々に行ったほうが大荒れになる危険性が低くなる場合が多い。というのは、二人一緒にやると、両親は自分たちの結婚生活を守ろうとして共同戦線を張ることがよくあるからだ。加害者の親があなたの言い分にどう反応するかは実際に〝対決〟をやってみなければわからないが、もし激高したとしても、ひとりだけのほうがまだ荒れ方の程度が低くなるということは言えるようだ。

〝対決〟の手順は基本的に他の種類の虐待の場合と同じだが、性的虐待の被害者の場合は、とくに「加害者の親に求めること」のなかに以下の点を必ず含めるようにする。

◉自分がしたことを完全に認めること。

もし相手が「覚えていない」と主張したら、「あなたは覚えていなくても私は覚えているのだから、それは事実に違いないと認めてほしい」と要求する。

◉謝罪すること。

◉起きたことへの責任をすべて受け入れ、被害者であるあなたに責任はなかったと認めること。

◉償いをする意思を示すこと。

たとえば、みずから心理治療を受けることに同意することや、あなたのセラピーの費用を払うこと、その親の行為のために苦痛を与えた他の人にも謝罪すること、今後もこの件であなたが必要とする時には会って話をすることなど。

ここで注意すべき点は、その親が謝罪した場合、被害者はその後の親子関係が急に良くなるような気がしてしまうことがあるということだ。だが口ではいくら謝っても、行動が伴わなければ何も変わらないということを忘れてはならない。そうなったら、謝罪の言葉はあなたをさらに傷つけ落胆させるむなしいものでしかなくなってしまう。

当然ながら、いまあげた要求に加害者の親がポジティブな反応を示すことはほとんどない。だがこの要求は、その親がどう反応するかにではなく、行うことそのものに意味があるということを忘れてはならない。なぜなら、あなたは今後の親子関係についてルールを決める必要があるからだ。あなたはもう「嘘」や「秘密」や「事実の否定」に満ちた生活はしないということを、はっきり相手に対して示さなくてはならない。それがこの要求を行うことの意味なのだ。そしてさらに重要なのは、あなたは自分が受けた被害への責任をもう受け入れないこと、そしてあなたはもう〝被害者〟ではないということを、はっきり相手に示すということだ。

【例1】何も起きなかったようなフリをするのはやめる時

七章に登場した、ロサンゼルス郊外で小さな書店を経営する三十八歳の女性は、グループセラピーに参加してセラピーと練習を続けた後、父と母に個別に〝対決〟することを決めた。彼女はセラピーを受けていることを父に伝え、セラピストのオフィスまで来てくれないかと持ちかけた。だがその時彼女は、それが何のセラピーなのかは言わなかった。父は来ることに同意したが、予定した日の間際になってキャンセルすることを何度かくり返した。そしてある日、父はようやくやって来た。

部屋に入って来た彼女の父は頭が少し薄くなりかかった五十代後半の男性で、見るからに部長クラスとわかる非の打ち所のない身だしなみだった。私が「彼女がなぜあなたに来てもらいたいと言ったのか、わかりますか」とたずねると、彼は「だいたい見当はついています」と答えた。私は彼女に、どんな種類のセラピーを受けているかを彼に言うよう促し、彼女が口を開いた。

お父さん、私はいま、近親相姦の被害者のグループに入っているの。父親とか、時には母親から、あなたが私にしたようなことをされた人たちのグループに。

父親の顔に緊張が走り、見るからに顔が赤くなったのがわかった。彼は私から目をそらせ、何かを言いかけたが彼女がさえぎり、話を最後まで聞くことに同意させた。それから彼女は父に向かい、話を始めた。彼女が子供の時に彼がしたこと、それがどれほど気持ちが悪くて怖いことだったか、どれほど頭が混乱して不潔に感じたか、その体験がその後の彼女の人生をどれほど変えたか……。

彼女はさらに続けた。どうしても男性を好きになることができなかったこと、男性とつき合うたびに父を裏切るような気がしたこと、自分は父の所有物であるように感じていたこと、父が彼女を〝あばずれ〟と呼んだ時、自分には不潔な秘密があると自覚したこと、それをずっと自分のせいだと思っていたこと、これまでの人生のほとんどをうつ状態で過ごしてきたこと、それなのにあたかも問題などないようなフリをして生きてきたこと……。

そして彼女はこう言い切った。

何も起きなかったようなフリをするのは、もうやめる時なのよ。私の結婚生活は、もう少しで破綻するところだった。それは私がセックスが嫌いだったから。私が自分の体が嫌いだったから。私は私が嫌いだったから。でもそれは、すべて、これから変わる。でも、私がこの重荷を背負って苦しんでいた間に、あなたはなにをしていたの？　なにも悪いことなどしていないような顔をして、何事もなかったように暮らしていたんでしょう？

　そして彼女は父に、したことのすべてを認めて謝罪すること、そしてこのことを彼女が母に言う前に、父の口から直接母に話すよう要求した。

　父親はがく然となった。彼は自分がしたことを否定はしなかったが、彼女の言っていることは脅迫だと言い、「私は彼女の体を傷つけたりはしなかった」と出来事の衝撃を小さく見せようとした。父は一応、謝罪はしたが、それはこのことが外部に漏れたら母との結婚生活や社会的地位や仕事に影響することを心配したためだった。そして「私はノーマルで建設的な生活が問題なくできている」と主張して、心理治療を受けることを拒否した。

　その翌週、彼女は父に、このことをみずから母に告白するよう再び要求した。それから少しして、彼女はグループセラピーの場に戻って来て結果を報告した。

　彼女の話によれば、母は彼女の話を聞いて打ちのめされたが、彼女に最初に言った言葉は、「お父さんを許してあげて」と「家族の他の人たちには言わないで」だった。だが彼女が「それには同意できない」と答えると、母は「あなたはどうして自分の親をそんな風に傷つけなければならないの」と彼女を非難したという。「急に、私がこの騒動のすべてにおける悪者になってしまったの。最高じゃない？」と彼女は言って笑った。

　グループのメンバーたちは、いま彼女がどんな気持ちかを知りたがった。私はその時の彼女の言葉を忘れることができない。彼女はこう言った。

肩から三十トンくらいの重荷が降りたような気がするわ。私はわかったの。私には本当のことを言う権利があり、もしそのことに他の人たち（両親や家族の他のメンバーなど）が対処できなくても、それは私の責任じゃないってことにね。

彼女はその後も両親との接触は続けることにしたが、会うのはどうしても必要な場合だけに限定し、表面的なことしか話さないことに決めたという。

【例2】まるで壁のような親

いま例にあげた女性は〝対決〟に際して私の助けをほとんど必要としなかったが、やはり七章で取り上げた、教会の牧師をしている義父に性的な虐待をされていたもう一人の女性は、母と義父が二人で一緒に来ると言い張ったため、私の介入をたくさん必要とした。彼女が母と義父にセラピーの場に来るよう求めたところ、彼らは「あなたの〝精神障害〟をなんとかするために」全面的に協力すると答えたという。だが事実を言えば、彼女は義父から性行為をされていることを十三歳の時に母に訴えたが、母は信じなかったのだ。それ以来、彼女はそのことを母に言うのをやめていた。

驚いたことに、両親が私のオフィスにやって来た時、義父は牧師の正装で現れた。義父は聖職者らしく荘厳な顔つきをした、赤らんだ顔の六十代はじめの男で、母親はいかめしい顔つきの、痩せて背が高い女性だった。

彼女は義父と母に対して、セラピーで練習したとおり言うべきことをきちんと言ったが、そのたびに義父と母の怒りに満ちた頑強な否認の壁に阻まれた。それればかりか二人は、「お前は頭がおかしい」、「お前は作り話をしている」、「あなたはお義父さんが〝厳しく躾けた〟ことに復讐しようとしている」、「お前は悪意に満ちた女だ」などと、激しい非難の言葉を彼女に浴びせかけた。義父と母はあくまでも譲らず強硬だった。彼女は言い負かされ、助けを求めて弱々しく私のほうを見た。そこで私が介入した。

私は彼女が真実を語っていること、そして義父と母には真実を認める勇気がないことを、理路整然と説いた。とくに、聖職者という立場にある義父については、政府の児童保護局にすでにレポートしたこと、もし他の子供に被害を与えたら、その時には法的な制裁が通常より重くなることもつけ加えた。「ご自分ではわかっているんでしょう。神も知っていますよ」と私は念を押した。

だが私の言葉に対して、義父は石のように無表情だった。明らかに怒りをこらえているのがわかった。母親も言い分をまったく譲らず、押し問答になった。この二人はまるで壁のようだった。それ以上彼らと無意味な議論を続けて、被害者の女性の苦しみを長引かせるのは酷だった。彼女はとにかく言うべきことはすべて言ったのだ。私は両親にお引き取りを願った。
二人が帰った後、彼女は「この両親か、自分の心の健康か」のどちらかを選ばねばならないことを知った。彼女が決断するまでに時間はかからなかった。彼女は自分の心の健康を選んだ。彼女は「スーザン、あれが私の母親だったのね」と言って泣いた。私は彼女を抱き、しばらく泣くに任せた。数分後、彼女は泣き止むと言った。

多分いちばん傷ついたのは、あの人たちは私のことなどなんとも思っていないとわかったこと。これまでもずっとそうだったんだってわかったこと。愛情のどんな意味においても、あの人たちは私を愛してなんかいなかったのよ。

彼女の最後の言葉は、子供時代に親に虐待された人の多くが大人になってから直面しなければならないひどい事実に、彼女が勇気を出して直視する意志を見せたことを示していた。そのひどい事実とは、「彼女の親は、人を愛する能力がない」ということに尽きた。彼女の苦痛に満ちた現実を作り出していたのはこの二人であり彼らの人格上の欠陥であって、彼女ではないのだ。

【例3】何も言わないもうひとりの親との〝対決〟

七章の「なぜ子供は黙っているのか」のところで例に出した、大手銀行に勤める三十六歳の女性は、両親が遠くに離れて住んでいたため、〝対決〟は母親と父親に別々に手紙を書いて行った。彼女は幼い頃、父親から初めて性的な行為をされた時に、母親にそのことを言ったのを覚えていた。彼女はそれなのになぜ母親が何もしなかったのかを知りたかった。

彼女は手紙を投函した後、不安な日々を送っていたが、三週間たっても父から返事は来なかった。私は彼女に、それは父親が「そんなことを話し合う気はない」という返事をしたということだと説明した。だが母からは返信が来た。彼女はその一部をグループセラピーの場で読み上げた。その内容は、要約すればつぎのようなものだった。

あなたが傷ついたことには、私が何を言っても足りないでしょう。あの時、私は彼にその話をしたのです。彼は私に謝り、もう二度としないと誓いました。誠意があるように見えました。その時の私の不安はきっとだれにもわからないでしょう。私はどうしたらよいのかと途方に暮れました。彼はもう一度やり直させてくれと懇願しました。それで私は、その件は終わったと思っていました。

けれども、いまあなたの手紙を読んで、彼がどれほど簡単に私をだましていたのかがわかりました。私は幸せな家庭を望んでいたあまり、大きなもみ消しに加わってしまったのです。いま私の頭のなかはグルグル回っていて、これ以上なにも言えません。多分私はきっと、いつもと同じで、あなたの助けにならなかったのでしょう。でも私があなたを愛していること、あなたの幸せを願っていることだけは受け入れて下さい。

この手紙を読んで、彼女の心のなかに、「母とは正直な関係が始められるかもしれない」との希望が生まれた。私は彼女と母親を電話の多重回線につないで三人で話し合うことにした。話をしてみると、彼女の母は彼女が子供の時に起きたことに同情し、自分がいかに非力だったかがわかったと言った。その言葉を聞いて、私ですら彼女と母は建設的な親子関係を築けるかもしれないと希望を持ったほどだ。だがその希望は、彼女が母に次のように求めたことへの母の返事を聞いて消え去った。

「いまさら父と別れてくれとは言わないけれど、父が私にしたことがどれほどひどいことだったかを、あなたの口から父に言ってほしい」

母親はしばらく無言だった。そして「そんなことは言えない。お願いだからそんなことを頼まないで」と答えた。

母親のその返事は、「私はあなたではなくあなたを性的に虐待したお父さんの味方をする」と言っているのと同じだった。この母親は「自分がいかに非力だったかがわかった」と認めた後も、その状態をなんとかしようとは考えようとせず、相変わらず非力のままだったのだ。「すまなかった」と口で言うのは簡単だ。被害者の女性は、それを言葉だけでなく、母に行動で示してもらいたかったのだ。だが彼女の母は、娘の人生ではなく自分の生活の平安を優先した。

彼女の落胆は大きかった。だが彼女は、「母はそのことをずっと昔にすでに決めていたのだ」と理解した。いまになって、それと違うことをしてもらおうと願っても、願いが叶うはずはない。彼女は母が永久に非力な人間のままであるという事実を受け入れた。

それ以来、彼女は母との接触を必要最低限の手紙と電話だけに減らし、話題も表面的なものに限定することに決め、父とはいっさいの接触を断った。

【例4】新しい出発

先ほど「心のなかに住む小さな子供の自分」に向けて書いた手紙を紹介した、四十五歳のエンジニアの両親は、ずいぶん前に離婚していた。彼はまず母と会って父の性的虐待について語る決断をした。

彼から話を聞かされた母は驚き、父のことは「何かがおかしい」とは思っていたが、そんなことは知らなかった、と目に涙をためて言った。彼はそのことで母にあまりショックを与えるのはよくないだろうと少し心配だったが、話をしてみると母は思っていたよりずっと他人の気持ちを思いやる能力があった。母は彼を心から気遣う言葉を口にした。

また母は、彼の話を聞いてそれまで不審に思っていたたくさんのことに納得がいき始めたと言った。彼の飲酒や抑うつ症の問題についてだけでなく、彼女の結婚生活がなぜ惨たんたるものだったのかもそれで説明がつくというのだ。彼女は夫との性生活がずっとうまくいかなかった。それは夫が彼女に性的な欲求を感じていなかったからだった。彼女はそのことを自分のせいだと思っていた。だが母は知らなかったが、彼女の夫は、大人の女性にではなく、男の子供に性的な興味があったのだ（訳注：小児性愛者でかつ同性愛者だった）。また彼女は夫のかんしゃくも自分のせいだと思っていた。彼らの結婚生活はそんな状態だったので、二人が離婚したのも当然の結末だった。

こうして彼の母は、離婚してから何年もたったいま、かつての夫が病的な人間だったことをようやく理解できたのだった。彼は母に真実を語ったことで、それまで長い間背負ってきた肩の荷を降ろすことができただけでなく、母が長い間悩んでいた疑問にも答えを与えることができたのだ。母は息子をいたわる気持ちと、息子にそのようなことをした元夫に対する怒りを言葉にし、彼を心からサポートすると約束した。「私たちは、ここから前に進むのよ」と彼女は言った。

彼と母親が一緒に帰るのを見送りながら、私はすべての母親がこの人のようだったらどんなに良いだろうと思わずにはいられなかった。

卒業

「手紙書き」を何度もくり返し、「ロールプレイ」やその他の方法による練習を終え、リハーサルをくり返し、親と〝対決〟し、その結果、親とのその後の関係を（絶縁も含み）どのようなものにするかを決断できた時、あなたは内面に「強さ」と「心身の健康」が増しているのを感じているとことだろう。そしてその時には、あなたの「ものの考え方」、「ものの感じ方」、「行動の仕方」が変化し、それらが合わさってあなたの「個性」のなかに統一されているのがわかるだろう。それはプログラムから〝卒業〟する時が来たことを意味する。

グループに参加して知り合った、本当に信頼のできる唯一の人たちに別れを告げるのは、本人にとっても、グループの他のメンバーにとっても、カウンセラー（セラピスト）にとっても、ちょっと寂しいけれど、また同時にエキサイティングな瞬間である。もっとも、その後もずっと友情を保ち続け、生涯の友人となる人たちもたくさんいる。

〝卒業〟の時期は各人の状況やニーズによってまちまちだが、一般的に言って、近親相姦（的行為）の被害者の場合は治療のサイクルがすべて終了するまでに一年から一年半かかる。また、親との関係を永久に断ち切る必要がある場合には、二つの〝喪失〟（親と絶縁することと、グループのメンバーとの別れの二つ）が重なるので、その新しい状況に慣れるために、グループ内にとどまる期間はもう少し長くなる。

私は時どき、昔セラピーに参加した人から手紙や電話をもらうことがある。彼らから元気にしている様子を知らせてもらうことほど嬉しいことはない。七章でちょっとだけ触れた、幼い時に父親から「言う通りにしなければ里子に出してしまうぞ」と脅されていた女性は、性的虐待の被害者のために私が開いた最初のグループセラピーに参加した一人で、その時彼女は十六歳だった。だが彼女の父親はその数年前にすでに家を出ていなくなってしまっていたので、彼女は父親と〝対決〟することができなかった。

先日、その彼女から手紙が来た。今では理解のある人と結婚して三児の母となり、元気にしているとあった。彼女が手紙をくれたのは、ようやく父親の行方を突き止めて〝対決〟したことを私に知らせるためだった。

彼女によれば、父の唯一の反応は、「オレは病的な人間なんだよ」だった。謝罪の言葉はなかった。だが彼女はこう書いている。

でもあなたが言った通り、それ（謝罪の言葉を聞くこと）は重要ではなかったのです。私はただ、非難されるべき人の両肩に非難を返す必要があったのです。それができて、今はすっきりした気分です。

彼女の例はけっして珍しいものではない。虐待の被害者にとって、たとえいまはどれほど人生が暗く見えていようとも、どれほど心が沈んでいようとも、それですべてが終わりではない。セラピーの効果は実際にあり、本人が努力することで、自尊心が持てて罪悪感や羞恥心のない、より良い人生を送ることはできるようになるのだ。この章で取り上げた人たちはみな、絶望から健康的な生活へと自分を変えることができた。あなたにもきっとそれはできる。

十五章　「毒になる親」にならないために

「毒になる親」の行動パターンが親から子へ、子から孫へと代々伝わっていくことについてはすでに述べたが、それぞれの世代で家族の織りなすドラマは違っていても、親の「毒になる行動パターン」はすべての世代でみな同じような結果を導く。すなわち、子供の苦しみである。

この代々伝わる不幸をなくすには、親から子へとくり返されていく「毒になる行動パターン」の輪廻をどこかで断ち切らなければならない。もしあなたの親が「毒になる親」だったら、後の世代にこれ以上被害者を出さないためには、それはあなたの代でやるしかない。

ここで言う「くり返される輪廻」とは、虐待された子供が大人になってから自分の子供を虐待するようになることを指すが、私はそれを親子だけでなくすべての人間関係における虐待に拡大して考える。すべての虐待は、意識的に止めない限り、被害者が加害者になる連鎖反応を起こす。

虐待の輪廻を断ち切るには、まず〝被害者〟みたいな顔をするのをやめること、そして加害者（親による虐待の場合は自分の親）と同じような行動をするのをやめることだ。そして、配偶者、子供、友人、同僚、あなたに力を及ぼす人たち、そしてもちろん親に対して、二度と非力で依存的な子供のような態度で接することはしないと決めるのだ。また、もし自分が配偶者や子供に暴力を振るいそうになることがあったら、自ら進んで心理治療を受けると決めるのだ。こういったことは、自分の行動を変えるだけのように見えても、その効果はずっと広い範囲に波及していく。

こうして「毒になる親」の輪廻を断ち切ることにより、まずあなたは自分の子供たちを、あなたが体験したようなみじめな思いをすることから守ることになる。そしてその子供が将来「毒になる親」になることがなければ、つぎの世代も「毒になる親」になることはない。こうしてあなたは「毒になる家系」の流れを変え、後から来るすべての世代を救うことになるのだ。

子供に心を開く

「毒になる親」の輪廻を断ち切る最も効果のある方法のひとつは、自分の子供に対して常に心を開いて相手になってあげることだ。たとえあなたがそのようなことを親からしてもらったことがなかったとしても、自分の子供にしてあげられないということではない。

二章に登場した四十二歳の会計士の女性は、良い母親になる自信がなかったので、若いころから子供を作るのが怖かった。案の定、結婚して子供ができてからは、しつこく何かをねだられたりダダをこねられたりすると、やはり金切り声をあげてわめき散らしてしまうようになった。だが彼女は離婚したのちにセラピーを受けてから、自分はまさしく母親が自分に対してしてきたことをくり返していることに気がついた。

それ以来、彼女は気分が落ち込んだりイラだっている時には、内面に注意をめぐらせて心の奥をさぐり、子供たちをひどく扱わないよう意識的に注意するようになった。もちろんそれには大変な努力がいり、必ずうまくいくというわけではなかったが、少なくとも努力をしているだけの結果はでてきた。

彼女はまた、〝対決〟をしてから母親とは以前よりもオープンに話ができるようになった。母の母も、そのまた母も、子供に心を開かない救いようのない母親だったことを理解したのだ。彼女は、自分の子供に対してはいつでも心を開いて相手になってあげられる母親になろうと決心した。

そこで彼女は、セラピーを続けながら育児教室に参加した。彼女の親はあまりにも「親の義務を果たさない親」だったので、良い親というのはどう行動するものなのかよくわからなかったからだ。また彼女は自分をいたわることを学び、内面のむなしさとどう闘ったらよいのかについても少しずつわかってきた。新しい友人もでき、問題のある男に情を移してしまう弱さも少なくなった。

「自分の親のようにはならない」という決意

本書の冒頭に登場した整形外科医は、六か月のセラピーで見違えるように変わった。彼は子供時代に父親に暴力で虐待されていたことを認め、「手紙書き」や「ロールプレイ」などのプログラムをすべてこなし、両親と〝対決〟した。そして過去から引きずってきた苦しみを少しずつ解放し始めると、自分の家に伝わる虐待のサイクルを自分の結婚生活でも知らずにくり返していたことがわかるようになった。そのころ彼はこう語っている。

ぼくは絶対に父のようにはならないと数え切れないほど自分に誓ってきたけど、よく考えてみれば、まさに父がぼくを扱ったのと同じように妻を扱っていたんだ。ぼくは妻に暴力を振るったことは一度もなかったから、自分は父のような人間とは違うと思っていたけれど、じつは言葉の暴力を振るい、不機嫌になることで彼女をいじめていたんだ。家を出て、社会に出たつもりでいたけれど、相変わらず背中に父を担いで歩いていたようなものだった。

それまでの彼は、父親から虐待されていたことも父親の虐待的な行動パターンを自分がくり返していたことも否定していたため、意志さえあればそのパターンから抜け出せることに気がつかなかったのだ。くり返される輪廻は、その存在に気がつかなければ断ち切ることはできない。もし妻が出ていかなかったら、彼が事実を知ることはなかっただろう。

彼はさんざん苦しんだが、幸運にも努力がむくわれた。彼の変化を認めた妻が、試験的に戻ってみることに同意したのだ。彼が変わることができたのは、内面にたまった怒りを彼女に向けて発散するのではなく、その原因となっている根源（＝父親）に向けることができたからである。いまでは、彼は痛めつけられていた子供時代のことや、自分が抱いている恐れや不安についてもオープンに彼女に話すことができるようになった。こうして彼の「毒になる家系」の輪廻は断ち切られた。

四章に登場した、アルコール中毒の父親を自分のビジネスに参加させて失敗した工場経営者は、若いころからアルコール中毒の人間とは絶対に関わりになるまいと誓っていたが、結婚した相手がアルコール中毒であることを長い間知らなかった。そして最近では、十代になった子供たちがアルコールとドラッグの依存症になりそうな気配になってきた。彼は一口も飲まないのだが、妻は相変わらず毎日飲んでいてやめようとしない。そのうちに、子供たちをそそのかして一緒に飲んだりするようになった。

だが、彼はもう以前のような臆病な男ではなかった。ここで行動を起こさなければ子供たちまで依存症になってしまうと確信した彼は、ついに、この状態をなんとかしなければ離婚すると妻に宣言し、治療を受けることに同意させた。そして二人の子供もカウンセリングを受けることになった。

六章で紹介した、子供を身体的に虐待して裁判所の命令で私のところに送られて来た女性を覚えているだろうか。私は彼女に対し、まずはじめの数回のカウンセリングで、衝動的に行動してしまう性格をコントロールする技術を身につけさせることに専念した。彼女は苦しみに満ちた子供時代についてのカウンセリングを始める前に、まず現在の、日々の生活をコントロールすることを覚えなければならなかったからだ。それには怒りをコントロールすることが必要だった。

私は彼女を、子供を虐待する傾向のある親のための、週一回集まる治療グループに参加させた。そのグループで、ストレスが高まると子供をたたいてしまう衝動をコントロールする訓練をするのと並行して、私は個人別カウンセリングで別のことを行った。まず、怒りや子供をたたきたい衝動が起きた時に、その直前に体に起こる感覚を感じ取る練習をさせた。「怒り」という感情は非常に生理的な側面を持っており、体に反応がたくさん出る。したがって、体に起こる反応に注意を払うことによって、自分の心理状態を察知するバロメーターとして使うことができるのだ。

例えば、怒りが高まった時には、首や肩の筋肉が収縮して固くなる、胃がムカムカしたりキューッと締め付けられるようになる、あごを固く噛みしめている、呼吸が速く、そして浅くなっている、心臓が強く打っている、目の裏側に熱い涙が出ている、などの身体的反応が出ている。

これらの体感覚が認識できるようになったら、つぎはそれにどう対応したらよいかを考える。それまで彼女は体が発している危険信号に気づかず、内面に怒りがわき起こると、反射的にわめいたり子供の顔をたたいたりしてテンションを外に放出していた。刺激に対して反射的に「反応」してしまうのと「対応」することの違いについては十一章で解説したが、たいていの人は、生まれてこのかたそんなことは考えたことがない。彼女もこの段階ではかなり戸惑い、どうしたらよいのかが見いだせなかった。

そのきっかけをつかんでもらうために、私は彼女に「あなたの親がかんしゃくを起こして暴力を振るいそうになった時にはどうしてほしかったか」とたずねてみた。彼女は「部屋から出て行ってほしかった。気が静まるまでどこかで時間をつぶしていてくれればいいと思った」と答えた。そこで、彼女もそうすればよいとわかった。

つぎに私は、そのほかにも何か彼女ができそうなことはないか考えてもらった。彼女は少し考えてから、「もし子供に暴力を振るいそうになったら、『あなたをぶつといけないから、しばらくむこうの部屋に行っていて』と言うことにする」と答えた。そこまで自分で考えることができればもう大丈夫だ。私は「おめでとう！」と言って彼女を祝福した。

それから数か月間の努力の甲斐あって、彼女の衝動的な行動パターンは少しずつ変わっていった。そしてしだいに、自分も母のようになるのではないかという恐れがなくなり、自分に対する自信が生まれてきた。ここまで来て、やっと彼女自身の虐待された子供時代の傷を癒すカウンセリングが可能となった。

子供の時に父親から性的ないたずらをされていたある女性は、セラピーを受けて加害者の父親と〝対決〟してから、自信が増してくるのを感じ始めた。彼女には八歳になる娘がいたが、両親に娘をひとりだけであずけることはしないと決め、そう両親に宣言した。父親は加害者としての治療を受けることをまだ拒否していたし、自分を父から守ってくれなかった母親も信用できなかったからだ。

また、娘には健康的で正常な愛情の表現と変質者の行動の違いを教えるため、そのことについて子供向けに書かれた本を何冊も買ってきた。それらの教材は、子供に恐怖心を植えつけることなく、その問題をわかりやすく説明して身を守る方法を教えるためのものだ。

彼女はさらに、父が自分に対してしたことを兄弟姉妹の全員に言うことにした。それには大きな勇気がいったが、自分の娘ばかりでなく、甥や姪にも被害が及んではいけないと確信したからだ。自分の子供に対して性的な行為をする人間は、甥、姪、孫、その他どんな子供に対しても同様の行為をする可能性がある。

だが黙って彼女の話を聞いてくれた人もいたが、彼女の行動を喜ばない人もいた。「作り話をするな」、「親に対してひどいことを言っている」、「家のなかをめちゃくちゃにした」などと腹を立てて彼女を攻撃する人もいた。残念ながら、これも親と〝対決〟する時に起きる現象と同じなのだ。相手がどのように反応するかは、将来その人との関係がどうなるかを決定づける。したがって、家族や親戚のなかに関係が悪化する人が出てくることもやむを得ない。それは子供たちを守るために支払う代価なのだ。

子供に謝れる親になる

「毒になる親」の特徴のひとつに、彼らは自分のひどい行動について、まずほとんどと言っていいくらい謝らないということがある。だからこそ、もし子供を傷つけたと思った時には謝る、ということが、「毒になる家系」の毒素をつぎの世代に伝えないための重要な要素になる。

子供に謝ることができない人というのは、愛情が欠けている人間である。そういう人は、そんなことをしたら面目を失うとか、軟弱さの証拠だとか、親の威厳がなくなると恐れている。だが事実を言うなら、子供というのは謝った親を見下すようなことはしないばかりか、かえってそういう親を以前にも増して尊敬できるようになるものである。子供ですら、間違いを犯した時に謝ることができる人は人格者であり、そういう行動は勇気がある証拠だと感じるのだ。おざなりでなく、本心から謝罪するのは、お互いの心を癒し、「毒になる親」の輪廻を断ち切るための最もすぐれた行動である。

先ほども例に出した、内面の怒りをコントロールできなくて息子を暴力で虐待した女性は、彼女自身の虐待された子供時代に受けた心の傷を癒す心理セラピーを受けてから、虐待してしまった息子に謝りたいと思うようになった。だがなんと言ったらよいのかわからず、なかなかそれができなかった。そんな時にも「ロールプレイ」による練習は効果がある。私は彼女に彼女の息子になってもらい、私が彼女の役をすることにした。

ロールプレイでは、このように役を入れ替えて練習することがよくある。立場を入れ替えて演じることで、相手の気持ちを生々しく感じることができるからだ。私は彼女に、彼女の息子が彼女に対して言いたいと思っているだろうと思える言葉を、私（彼女の役）に向かって言ってもらった。

彼女はどんなことを言えばよかっただろうか。彼女は、彼女に暴力を振るった自分の母親に対して言いたかったことを言えばよかったのだ。だがその気持ちを語り始めた彼女は、途中で言葉につまり、目からあふれてくる涙をぬぐった。母親から暴力を振るわれていた子供時代の心の痛みがよみがえり、それが息子もきっとこう感じているだろうと思う気持ちと重なって、その痛みが両方同時に感じられたためだった。そして彼女は、自分の母がこのように謝ってくれさえすれば、と思う言葉を息子に言えばよいということがわかった。

その晩、彼女は息子に対する謝罪をさっそく実行することにした。やってみると、それまで思っていたほど難しいことではなかった。

親が謝るとは、子供に「きみはいま自分が感じた気持ちを信じてよいのだ」と教えるということとだ。たとえば子供が「親のした（言った）ことは不当だ」と感じていたとすると、「私がした（言った）ことは不当だった。あなたがそう感じたのは正しかった」と伝えることになる。またそれは、「親でも間違えることはある。だが、私はそれに気がついた時、こうして責任を取る」と教えるということでもある。そうすることで「子供も間違えることがあってかまわないが、間違いには責任を取らなくてはならない」と教えることにもなる。こうして、子供に謝ることにより、真に愛情のある人間の行動とはどういうものかを身をもって教えることになるのだ。

たとえあなたの親が「毒になる親」だったとしても、あなたはその流れを変え、あなたの子供の運命を変えることができる。あなたが親から伝えられた「罪悪感」、「自己嫌悪」、「怒り」などの遺産から自分を解放すれば、それが同時にあなたの子供を同様の遺産から解放することになるからだ。それによってあなたが「毒になる家系」のパターンを切り崩し、輪廻を断ち切れば、あなたは自分の子供に、そしてその子供に、そしてまたその子供に、かけがえのない贈り物をすることになる。そうやってあなたは子孫にポジティブな遺産を残し、希望のある将来を形作っていくことになるのだ。

エピローグ　もがく人生との決別

昔、「ウォー・ゲーム」という映画があった。アメリカ政府のコンピューターが、何者かの手によって世界核戦争を起こすようセットされてしまう。そのコンピュータープログラムを書き換えようと、あらゆる努力がなされるが、すべて失敗する。だが最後の土壇場で、コンピューターは自ら自分を止めてしまい、世界戦争は回避される。コンピューターが最後に出したメッセージは、「面白いゲーム。勝つための唯一の道は、そのゲームをしないこと」だった。

これと同じことは、多くの人が毎日くり返し続けている〝ゲーム〟についても言える。すなわち、〝「毒になる親」を変えようとする努力〟というゲームである。そういう親を持ったほとんどの人は、自分の親が子供を理解し受け入れることのできる、愛情のある親になってくれるようにと、それこそあらゆる犠牲を払ってもがいている。そうして〝もがく〟ことで本人はエネルギーを使い果たし、日々の生活は混乱と苦痛に満ちたものになっているのに、その〝もがき〟はまったく報われることがない。

そんな〝もがき〟は、いまこそもうやめるべきだ。〝ゲーム〟に勝つための唯一の道は、その〝ゲーム〟をしないことなのである。やめる〝ゲーム〟とはつぎのようなことだ。

1　自分の苦しみがなくなるように親を変えようとすること。
2　親の愛情を勝ち取るにはどうしたらよいかとあれこれ考えること。
3　親の考えや言動に対して感情的に反応すること。
4　いつの日か親は真心のこもったサポートを与えてくれるだろうという幻想を持つこと。

「毒になる親」を持った多くの大人は、いまになるまで自分の親が愛情をはぐくんでくれるようなあたたかい態度で接してくれなかったということは、将来もそのようなことは起きないということだろうと頭のなかではわかっている。だが、いくら頭ではわかっていても、感情の面ではなかなか割り切って納得することはできないのが現実かもしれない。

心のなかにいまでも住んでいる〝小さな子供〟はあいかわらず奮闘を続け、いつの日か親にも自分の素晴らしさがわかり、愛情を注いでくれる時が来るに違いないという希望にしがみついている。それはたとえ親の余命が少なくなっていても変わらない。

なかには、なぜ親が自分のことを悪く言うのか理解できないが、その非難も甘んじて受け入れて親の望みに添うよう努力しようと、心が切り刻まれるほどの思いで悲壮な決心をしたことがある人もいるだろう。だが、そこまで努力して、子供時代に与えてもらえなかった「愛情」と「理解」と「承認」を求めて接近しても、水のない井戸に戻ってもう一度水を汲もうとするようなものだ。何度バケツを投げ入れても、引き上げてみれば空のバケツが上がって来るばかりである。

先へ進もう

一章で紹介した、誤った宗教的信条に頭が凝り固まった両親に絶え間なくなじられていた女性は、そのような親を変えようともがき続ける子供の典型的な例だった。彼女にとって、いつの日か親があたたかい愛情を注いでくれ、自分のことを認めてくれるのではないか、という〝希望〟には、希望などないことを理解するには大変な勇気が必要だった。

彼女の両親は、常に自分の物差しで測って「子供が〝良い子〟なら愛情を与え、そうでなければ与えない」という人たちだった。彼女はついに、彼らが変わることはないと思い知った。彼らは永久に彼らのままなのだ、とはっきり気づいた時、彼女はそんな親を変えようとしているよりも、自分のためにすべきことをした方がいいと結論した。彼女はこう言っている。

私はずっと、私の親は正しくて、私は問題ばかり起こす悪い娘だと思っていました。だから、私の親がどうやって子供を愛したらよいのかを知らない人たちだったと認めるのは非常に困難でした。

私の両親は、どうやって私をコントロールすればよいか、どうやって私を批判すればよいか、どうやって私に罪悪感を持たせ、私に自分は悪い娘だと思わせたらよいかを知っていました。でも彼らは、どうやって私を本当の私でいられるようにしたらよいのか、どうやって私をリスペクトしたらよいのかがわからない人たちだったのです。それで彼らは、私が彼らの気に入ることをしているかどうかで愛情を与えたり引っ込めたりしました。

彼らは永久に変わらないんです。あれが彼らなのです。私は彼らを変えようなどとしているより、もっとやることがたくさんあるとわかったのです。

彼女がこの心境に達するまでには長い時間がかかった。すでに彼女は、十三年前に中絶したことに対する両親の態度について両親と〝対決〟し、両親がいまだにそのことについて彼女をサポートしてくれないことを母親の口からあいまいな言葉で聞いていた。しかも両親は相変わらず彼女の生活や時間の過ごし方について過剰な要求ばかりしていた。

彼女はそのような親との関わり合いの形を変えることを決め、私と一緒に新しいルールを作った。そして彼らが彼女の人生に侵入しようとしたり、コントロールしようとしたりした時に、常識で判断して受け入れられる限界を設定し、また自分も彼らの態度や考えを変えようとする無駄な努力をやめることにした。

〝もがく努力〟をやめるにあたり、最も実行するのが難しいのが、彼女が決めたこの後半の部分、つまり「毒になる親」をその状態のままにしておくということだ。もちろん、有害な親に横暴なことをされたり、ひどいことを言われたりした時に、なすがままにされているということではないが、そういう時にも不安に耐え、反射的に反応してしまう自分をコントロールすることを学ばなくてはならないということだ。

想像した通り、彼女が自分の信念に従って行動するようになると、両親は非常に腹を立てた。彼らは自分たちが彼女の人生に侵入し続けてきたことも、コントロールしようとばかりしてきたことも認めなかった。だが彼女は、もう彼らにそのことを認めさせる必要はなかった。自分の人生は自分がコントロールできるようになっていたからだ。時間とともに、両親はしぶしぶながらも彼女の新しいやり方を黙認する以外になかった。

それまでの彼女は、親との争いに膨大なエネルギーを使ってきた。だがそのような無駄な〝もがき〟をやめてからというもの、浪費していたエネルギーを自分のために使えるようになった。夫と過ごす時間も増え、二人の将来についても語り合えるようになった。そして二年後、彼女は念願のフラワーショップをオープンすることができた。

もしあなたが、自分が大人であることを親が承認してくれるのを待っていたいのなら、あなたはいつまでも非力で小さな存在のように振る舞っていればいいだろう。だが、あなたが大人であることを真に承認できるのはあなた自身であり、親ではない。「毒になる親」との〝もがき合い〟に完全に別れを告げることができた時、あなたはもう自分の人生を自分でだめにしてしまう必要はないことを発見するだろう。

〝愛情〟の意味をもう一度はっきりさせる

愛情とは、単に感情を意味するだけではない。それは態度でもあり、行動の仕方でもある。「子供をどう愛したらいいのかわからない親」というのは、言葉を変えれば「どのように愛情のこもった態度で子供に接し、行動したらいいのかわからない親」ということだ。

どのような「毒になる親」であろうとも、もし子供を愛しているかと聞かれれば「もちろんですよ！」と語気強く答えるに違いない。だが悲しいことに、同じ質問を子供のほうにすれば、そのほとんどは「愛されていると感じたことはない」と答えるだろう。「毒になる親」が言う〝愛情〟とは、あたたかい心をはぐくみ、子供を優しく安心させてくれる「態度」や「行動」のことではほとんどないのである。

「毒になる親」に育てられた子供は、愛情とは何なのか、人を愛したり愛されたりするというのはどういう気持ちになることなのか、ということについてよくわからず、混乱したまま成長する。その理由は、彼らは親から、〝愛情〟の名のもとに〝愛情とは正反対のこと〟をされてきたからなのだ。その結果、愛情とは「非常に混乱していて、劇的で、紛らわしいもので、苦痛を伴うことがよくあり、時としてそのために自分の夢や望みをあきらめなくてはならないもの」という認識を生む。だが、心が健康な人間ならすぐわかるように、真の愛情とはそんなものではない。

本当に愛情のある態度や行動が、子供を消耗させたり、混乱させたり、自己嫌悪を抱かせたりするようなことはけっしてない。愛情ある親の行動は子供の心の健康をはぐくむ。愛情が相手を傷つけるなどということはあり得ないのである。愛されている時には、だれでも自分は受け入れられ、気づかわれ、評価され、尊重されていると感じる。真の愛情は、あたたかい気持ち、喜び、安心感、安定感、心の平和、などを生む。

もしあなたが「毒になる親」に育てられた人間だったら、あなたは本当の愛情とはどういうことなのかがようやく理解できた時、自分の親は愛情のない、または愛情を理解することのできない人間だったのだということを思い知ることになるだろう。このことこそ、あなたが受け入れなければならない、人生で最も悲しい現実なのである。けれども、はっきりと親の限界を知り、彼らのおかげでこうむり苦しんだ被害について明確に確認することができた時、あなたは自分の人生において本当の愛情であなたを愛してくれる人たちのためにドアを開けることになるだろう。

自分を信頼する

幼い子供は、親が承認を与えてくれるかくれないかで、自分が正しいことをしているかいないかを判断する。すなわち、親の判断が自分の判断の物差しになっているわけだ。だが「毒になる親」の物差しはあまりにも歪んでいるため、それに従うには自分の考えを犠牲にして、どうも正しいとは思えないことを信じなくてはならない。この習慣は大人になっても続き、あなたはいまだに同様の犠牲を払っているかもしれない。

本書は、そのような物差しを、親のものではなく自分のものに変更することを助けるために書かれたものだったといってもよい。それはつまり、自分を信頼することを学ぶということでもある。それができるようになれば、あなたは自分の考えや行動にたとえ親が不賛成でも、たとえ承認を与えてくれなくても、そのために襲われる不安感に耐えることができるようになるだろう。なぜなら、その時あなたは、もはや何をするにも親の承認や賛同は必要なくなっているからだ。それがあなたの自立なのだ。

あなたが自立すればするほど、「毒になる親」はそれが気に入らないだろう。物事が現状から変わりそうになると脅威を感じるのが「毒になる親」の特質であることを思い出してほしい。だから、あなたの新しくて健康的な行動パターンを彼らが受け入れようとしなくても、まったく不思議はない。

時間がたてば、「毒になる親」のなかにもあなたを受け入れられるようになる人たちがいるかもしれない。そして、彼らも認識を新たにし、子供じみた行いを改めて、大人同士のつき合いができるようになるかもしれない。だがその一方で、ますます抵抗し、現状維持をはかろうとして争おうとする「毒になる親」も多いに違いない。いずれにせよ、「毒になる家」の有害な行動パターンから自分を解放できるかどうかは、あなた次第だ。

人間として真に成長するための道は平坦ではない。上り坂もあれば下り坂もあり、進んだり戻ったりすることもあるだろう。たじろぐことも、ためらうことも、間違えることも当然あると思っていたほうがいい。不安、恐れ、罪悪感、心の混乱、などといったものが、永久に完全になくなるということはあり得ない。そういうものがない人間はこの世に存在しないのである。だが、あっても、もう左右されなくなる。これがカギなのだ。

親との過去や現在の関係に対するコントロールを増していくにつれ、あなたはそれ以外の人間関係、特に自分自身との関係が劇的に改善されていることに気づくだろう。そうなった時、あなたはおそらく生まれてはじめて、「自分の人生を楽しむ」自由を手に入れることになるだろう。

訳者あとがき

本書の旧バージョンが刊行される少し前の九十年代なかばから末にかけて、日本で社会問題になっていたのは子供が家で親に暴力を振るう家庭内暴力（ＤＶ）でした。ＤＶといえば、普通は夫婦や同居しているカップルの間で男性が女性に対して振るう暴力を指しますが、当時はまだそういうことが問題として取り上げられることのない時代でした。同様に、親が子供に振るう暴力も問題にされることはなく、子供が親に暴力を振るう出来事が相次ぐようになると、「最近、子供がおかしくなってきている」と言われました。

そんな九十年代なかばのある日、たまたま日本に一時帰国した時に新聞を読んでいて、とんでもない記事に出くわしたことがありました。それは見開き全面二ページを使った大きな特集記事で、当時出版界などでブームになっていた多重人格症について、数人の専門家が座談会形式で意見を述べ合っているものでした。

多重人格になる後天的な要因としては、子供時代に親から受けた虐待の影響があると言われています。ところがその討論のなかで、一人の精神科医が「アメリカでは子供の虐待についてよく言われているが、日本にはその問題は存在しないのであてはまらない。日本ではむしろ逆で、子供が親に暴力を振るう家庭内暴力のほうが問題なのだ」と発言していたのです。

専門家であるはずの精神科医が、この程度の認識しかないとは。しかも討論に参加しているほかの人たちはだれ一人として反論していないのです。私はあきれて、文字通り開いた口がふさがらない気がしました。

ちょうどそのころ、ある著名な心理学者の方とお会いする機会があったので、その記事について話したところ、その先生は「なにをバカなことを！」と吐き捨てるように言って絶句してしまいました。彼はカウンセラーとして数十年間に何千人もの子供をカウンセリングした実績があり、虐待の実態をよくご存じだったのです。

そのころよくテレビなどで騒がれていた子供が親に暴力を振るう家庭内暴力も、ほとんどの場合は、コントロールばかりして苦痛をもたらす親に子供がキレて逆襲した結果にほかなりません。彼らは抑えきれない「怒り」や「悲しみ」をかかえたまま、友人にも話せず、理解してくれる人もおらず、暴れることしかできなかったのです。逆襲というより、彼らは泣き叫んでいたのかもしれません。

そこで私はその先生に「日本では、親による子供の虐待の問題は臨床心理学の学会で取り上げられないのですか」とたずねてみました。すると彼は「そんなものはありゃせんのですよ」と答え、「数年前にようやく臨床心理士の資格を認定する組織が設立されたが、行政や一般社会の理解はあまり進んでいない」と嘆いておられました。二十五年前の日本の状況はこのようなものだったのです。

私がスーザン・フォワードの『毒になる親』を訳して世に出そうと思ったのは、あの精神科医の発言と、この心理学者の言葉がきっかけでした。当時アメリカでこの本はペーパーバックになって書店では大衆書のコーナーに並んでおり、私は少し前に読んでいました。私は毎日新聞社出版局の永上敬氏に連絡を取り、著者とも邦訳について電話で話をしました。

当時はまだインターネットがあまり普及していなかった時代で、邦訳の初版が出版されると読者からたくさんのお便りが郵便で編集部に寄せられました。その後、文庫版が発売になった頃から徐々にインターネットが普及し始め、単行本、文庫ともにオンラインで購入できるようになるにしたがいネットに読者のレビューが載るようになりました。

それから二十年、重版が続くとともに読者のレビューも数を増していき、このあとがきを書いている現時点で、ネットショップに載っているレビューを合計すると九〇〇件近くにのぼります。はじめのころに編集部によせられた手紙や葉書を加えれば、読者からいただいた感想は千件を超えるでしょう。私はほぼみな読ませていただいています。

お便りをくださった方やネットに投稿された方の多くは、子供のころから親に心身を傷つけられてつらい思いをしてきた方々です。人には言えない思いを赤裸々につづったものもたくさんありました。それらは本人が自分で考え抜き、自分の言葉で文章化したものです。感動的な名文を書かれている方もいます。中年を過ぎてから子供時代の体験と後の人生を振り返り、その関連性にようやく納得した思いを述べている方もいました。それらを拝見しているうちに、カウンセラーや心理学者にも読んでもらいたいという気がしてきました。十年も二十年も前のレビューまでさかのぼって何百件も読むのは大変かもしれませんが、カウンセリングで聞くのとはまた違った声もたくさん聞こえてくるに違いないのです。

一方、数は少ないですが、なかには内容をよく理解せず、またはよく読まずに早合点して批判しているものも見かけました。内容をよく理解し、じっくり考えたうえでの批判ならもちろん歓迎ですが、ほとんどの批判はそうではないようです。

本書の内容でもっとも議論を呼んだのは、やはり「許さなくてもよい」というところと、〝対決〟についてでしょう。蛇足になるとは思いますが、ここでもう一度大切な点をいくつか再確認しておきましょう。

「許さなくてもよい」とは「許すな」ということではなく、「心底から許せていないのに自分を偽って許したようなフリをしない」ということです。また「許さなくてもよい」とは「恨みの感情を持ち続けること」ではありません。「恨み」とは、強弱の違いこそあれ、だれもが持つことがあるネガティブな感情ですが、心のなかにいつまでも持続させているのは本人にとって不幸なことです。その感情にばかり意識が集中し、前に進めなくなってしまうからです。許さないままでも、心のしこりをほぐし、ネガティブな感情を握りしめている手をゆるめて、その気持ちを放してやることはできます。著者が本書のなかで述べている「怒りや悲しみからの自己の解放」もそれと同じことです。

子供時代から親によってつらい思いをさせられてきた方は、本書を読むにつれて強い怒りや悲しみが噴き出してきたかもしれません。虐待に限らず、多くの場合、「怒り」とは知らされていなかった真実を知った時に生じる最初の感情なのです。しかしその「怒り」を噴き出るにまかせて周囲にまき散らしている人は、その状態から卒業しないとそこで永久に足踏みです。怒りのコントロール法を学び、「強い怒り」と「深い悲しみ」を感じ取りながら通り抜けていくことが、心の回復に必要であることを著者は十二章で詳しく説明しています。

つぎに〝対決〟についてですが、著者は実行する前に充分な準備が必要であることを強調してくり返し注意を与えています。おもな点をもう一度簡単にまとめておきましょう。

忘れてならないのは、
・強くサポートしてくれる人たちがいること。
・トレーニングとリハーサルをすでに十分すぎるくらい行っていること。大切なのは、相手の言動に対して「反射的で自動的な反応」をしないことと、自分を防衛するために相手を攻撃しないこと。
・起きたことの責任がだれにあるのかを十分に理解していること。
・〝対決〟を行った後に両親（および家族のほかのメンバー）との関係がどうなるかについて心の準備ができていること。
さらに、
・心のなかの怒りがコントロールできないうちは行ってはならない。
・アルコールなどの依存症がある人は、まずその問題に取り組まねばならない。
などの点も重要です。

これらはみな簡単なことではありません。たとえば、「理解してサポートしてくれる人を見つけること」ですら、実際にはなかなか難しいことです。虐待の被害者は孤立していることが多く、本文にもあるように心を開いて人と信頼関係を築くことが困難な場合が多いからです。しかも、親しい友人がいても理解してくれるとは限りません。本当のことを言って友人から嫌われてしまう危険性は実際に大きいのです。
目的についても勘違いをしないよう確認しておきましょう。〝対決〟をする目的は、
・親に復讐するため、罰するため、けなすため、などではない。
・自分の怒りをぶちまけるためではない。
・親から何かを引き出すためではない。
・親と闘って勝つことではない。
・親を変えることではない。目的は自分が変わること。
・親に自分をわからせよう、認めさせよう、としない。
真の目的は、
・親と正面から向き合い、はっきりと冷静に話をすること。
・そのことへの恐怖心を、勇気を出して乗り越えること。
・親に真実を語ること。
・親と今後どのような形の関係を維持することが可能かを判断すること。
最終的な目標は、精神的に独立して自分の人生を生きることです。

〝対決〟を「闘うこと」のように勘違いしてしまうことがあるのは、日本語の〝対決〟という言葉には「闘う」というイメージが含まれることもあるので、その語感から来るのか

もしれません。また見逃されがちですが、著者は「状況によっては直接対面して行わなくてもよい」ということも説明しています。直接対決をするには、効果とリスクを両方考えることが必要です。

本書で著者は、虐待には「精神的な虐待」「身体的な虐待」「性的な行為」「ネグレクト」などさまざまな種類があることをわかりやすく説明してくれましたが、それらすべての種類の虐待に共通しているのは、被害者の心が大きく傷つけられて歪められているということです。つまり、すべての虐待の根本は心の虐待なのです。

そこで『毒になる親』の刊行から十年ほど後に、『不幸にする親』(ダン・ニューハース著、講談社+α文庫)という本を訳しました。この本は過剰で有害なコントロールという視点から心の虐待に的を絞ったもので、著者は「許し」や「対決」についてもさらに考察を進めています。心の面をよりよく理解されたい方は、本書の内容を補うものとして一読されることをお勧めします。

いま、日本も世界も、新型コロナウイルスのパンデミックとそれにともなうロックダウンで、経済も医療も崩壊寸前の危機を迎えています。感染への不安と経済的な不安が重なり、多くの人が家に閉じ込められ、閉塞感が社会を覆っています。家のなかで顔をつきあわせている時間が増えるとともに、夫婦や親子の間で衝突が深刻になるケースも増えていると言われます。有毒な親との同居を続けざるを得ない方や〝毒になる家〟に住んでいる方は、出口のない状態に追い込まれたように感じているかもしれません。

パンデミックがもたらす困難な日々はまだ当分続きそうです。この状況下で親の問題を抱えて暮らしている方は、苦境を人間を磨く機会ととらえて、なんとか乗り越えられることを願っています。

最後になりましたが、この「完全版」刊行の企画は、二十三年前に旧バージョンの刊行を快く引き受けて編集を担当してくださった現在の毎日新聞出版の永上敬氏が立ててくださいました。「ページ数はいくら増えてもかまいません」と言ってくださった永上氏には感謝しきれません。この場を借りて、あらためて厚くお礼申し上げます。

二〇二一年二月二日

玉置　悟

スーザン・フォワード（Susan Forward）

UCLA（カリフォルニア大学ロサンゼルス校）演劇科を卒業後、結婚して二児の母となり家庭に入っていたが、1965年にUCLA大学病院の神経精神病学科でボランティアとして働いた時に、患者と心を通わせて治療を効果的に進めることができる才能を見出されて医師の助手になる。それがきっかけで南カリフォルニア大学精神医学ソーシャルワーク科大学院に入学し、1970年に修士課程修了。ソーシャルワーカーの仕事をしながら1974年に臨床心理セラピストの資格を取り、セラピストとして独立。その後、ケンシントン大学で心理学の博士号を取得。1978年、親による性的虐待を扱った最初の作品“Betrayal of Innocence”が出版されて注目を集め、1980年にDVや虐待の被害者の心理治療を行う最初のセンターをロサンゼルス郊外の街に開く。虐待に関する人々の意識を高めるため、80年代はじめからABCラジオで視聴者参加型の啓蒙番組を始め、同番組は月～金の毎朝2時間、6年間にわたって続いた。著作活動も精力的に続け、1986年に出版された“Men Who Hate Women and The Women Who Love Them”（未邦訳）は140万部を超えるヒットとなり、テレビ映画化された。本書のオリジナルである“Toxic Parents”はそのつぎに書かれたもので、初版は1989年に出版され、20年間に100万部を超えるロングセラーになった。その後も自身が運営する2カ所のセラピーセンターで被害者の心理治療を続けながら、南カリフォルニア各地の数多くの医療機関や大学病院精神科でカウンセラー、セラピストのインストラクター、コンサルタントを務め、また講演家としても全米各地から招かれて数多くの講演を行った。今日でも、アメリカの多くのセラピストが“Toxic Parents”をセラピーの教材として使っている。2020年2月没。

玉置悟（たまき・さとる）

1949年東京生まれ。東京都立大学工学部機械工学科卒。70年代末より米国在住。日本のロック音楽界の黎明期にグループを育てるなど、70年代を通じて音楽業界で活躍。渡米後は駐在員、リサーチ会社勤務などを経て、長らく通訳、翻訳に従事。書籍の翻訳では本書のほか『不幸にする親』『やめられない心　依存症の正体』（ともに講談社）、『社会悪のルーツ』（毎日新聞社）などの自己啓発書／心理学関係書や、『インテリジェンス　闇の戦争』『三つの帝国の時代』（ともに講談社）、『トップシークレット・アメリカ　最高機密に覆われる国家』『ロッキード・マーティン　巨大軍需企業の内幕』『中国の産業スパイ網』（いずれも草思社）など国際政治関係をおもに扱っている。

TOXIC PARENTS:
Overcoming Their Hurtful Legacy and Reclaiming Your Life
by Dr. Susan Forward with Craig Buck

This translation is published by arrangement with Bantam Books, an imprint of The Random House Publishing Group, a division of Random House, Inc. through Japan Uni Agency, Inc.

装幀　岡　孝治

写真　kung_tom/shutterstock.com

毒《どく》になる親《おや》　完全版《かんぜんばん》

第一刷　二〇二一年三月三〇日
第三刷　二〇二四年七月二〇日

著者　スーザン・フォワード
訳者　玉置《たまき》悟《さとる》
発行人　山本修司
発行所　毎日新聞出版
〒一〇二-〇〇七四
東京都千代田区九段南一-六-一七　千代田会館五階
営業本部　〇三（六二六五）六九四一
図書編集部　〇三（六二六五）六七四五

印刷　精文堂印刷
製本　大口製本

ISBN978-4-620-32674-0